该书系国家社会科学基金"十四五"规划2022年度教育学一般课题"农村客籍教师乡土适应危机的预防与干预研究"（课题批准号：BGA220158）系列成果之一。

国际化视野下的
乡村卓越教师职前培养

周　丹◎著

南京大学出版社

图书在版编目(CIP)数据

国际化视野下的乡村卓越教师职前培养 / 周丹著. —
南京：南京大学出版社，2023.12
ISBN 978 - 7 - 305 - 27499 - 2

Ⅰ. ①国… Ⅱ. ①周… Ⅲ. ①农村学校—师资培养—
研究—中国 Ⅳ. ①G451.2

中国国家版本馆 CIP 数据核字(2023)第 255640 号

出版发行　南京大学出版社
社　　址　南京市汉口路 22 号　　　　邮　编　210093
书　　名　**国际化视野下的乡村卓越教师职前培养**
　　　　　GUOJIHUA SHIYE XIA DE XIANGCUN ZHUOYUE JIAOSHI ZHIQIAN PEIYANG
著　　者　周　丹
责任编辑　曹　森　　　　　　　编辑热线　025 - 83686756
照　　排　南京南琳图文制作有限公司
印　　刷　苏州市古得堡数码印刷有限公司
开　　本　718 mm×1000 mm　1/16　印张 13.5　字数 242 千
版　　次　2023 年 12 月第 1 版　2023 年 12 月第 1 次印刷
ISBN 978 - 7 - 305 - 27499 - 2
定　　价　68.00 元

网址：http://www.njupco.com
官方微博：http://weibo.com/njupco
官方微信号：njupress
销售咨询热线：(025) 83594756

序

《中共中央 国务院关于全面深化新时代教师队伍建设改革的意见》（中发〔2018〕4 号）是建党以来第一次以中共中央名义印发的关于教师队伍建设的文件，其中明确指出要立足我国国情，借鉴国际经验，根据各级各类教师的不同特点和发展实际，考虑区域、城乡、校际差异，采取有针对性的政策举措，定向发力，重视专业发展，培养一批教师；加大资源供给，补充一批教师；创新体制机制，激活一批教师；优化队伍结构，调配一批教师。教育部等六部门印发的《关于加强新时代乡村教师队伍建设的意见》（教师〔2020〕5 号）中进一步提出要求，乡村教师是发展更加公平更有质量乡村教育的基础支撑，是推进乡村振兴、建设社会主义现代化强国、实现中华民族伟大复兴的重要力量。面对新形势新任务新要求，乡村教师队伍还存在结构性缺员较为突出、素质能力有待提升、发展通道相对偏窄、职业吸引力不强等问题，必须把乡村教师队伍建设摆在优先发展的重要地位，不断创新教师教育模式，培育符合新时代要求的高质量乡村教师，努力造就一支热爱乡村、数量充足、素质优良、充满活力的乡村教师队伍。

乡村教师专业发展存在特殊性。这一特性需要我们关注影响乡村教师专业发展的有效性和普遍性因素并对其作出解释，结合教师培训政策形成一套通过学校发展规划、政策制定、资源的集聚与开发支持，促进乡村教师专业发展能力的提升。乡村教师专业发展不是狭义的教育问题，更重要的是对教师事业的发展问题。不仅要从狭义教育的角度关注一体化的教师教育课程、机构与教学等问题，而且要把教师教育作为一种事业，从政府、市场、教师教育机构、中小学校和教师个体等因素联系的角度考虑，即从乡村事业发展的角度对教师教育事业进行管理。乡村教师专业发展与新农村建设存在相互促进关系。应观照不同地区乡村教师的特殊性，建构乡村教师与农村环境相互依存的发展方式，承认与开发乡村教师所具有的与乡土联系的知识，从而提高乡村教师的自身价值,从根本上解决乡村教师发展问题。

乡村卓越教师是乡村教师队伍的榜样和引领者,卓越性不仅体现在其卓越的教学水平上,还体现其卓越的专业品质和职业操守上。培养更多乡村卓越教师,源源不断地向乡村中小学校输达卓越教师,是教师职前教育的历史使命,也是提高基础教育教学质量的关键。作为教师教育的灵魂,教师教育课程的发展不仅影响着教师培养质量,也与基础教育的前途息息相关。将发展乡村教师的卓越品质作为教师教育课程整体优化的目标之一,结合教育发达国家在教师教育方面积累的经验,为国内乡村卓越教师培养提供了新的研究视角。

该书从政策指定、培养标准、课程设置、培养方式以及外部保障提出了构建乡村卓越教师职前培养体系的政策建议,以及师范院校乡村卓越教师职前培养模式的优化路径。首先,探讨了乡村卓越教师的内涵与素质结构,提出乡村卓越教师培养的根本就是培养出在乡村任教且认同乡村,并具有卓越潜质的乡村教育人才,也就是培养“下得去、留得住、教得好”的优秀乡村教育人才。其次,对部分师范院校在乡村教师培养实践的现状与问题的调查与分析,从培养机构的角度掌握乡村教师职前培养的现状,并发展其中存在的主要问题与障碍,并就成因进行剖析,进而提出相应的解决策略。最后,基于乡村卓越教师的职前培养,围绕美国、澳大利亚、英国、芬兰等国家乡村教师职前培养体系中的先进做法与经验的梳理与总结,为现有乡村卓越教师职前培养模式的完善提供路径参考。该书丰富了师教育的理论研究,为教师教育改革研究提供有价值的思路,也为改变现有乡村教师专业培养模式找到恰当的切入点。在提供实践的理论指导之外,进行以培养乡村卓越教师为目标的教师教育模式重构行动研究,为解决乡村教师乡土情怀生成深植难、培养机制相对割裂分散、专业发展内生动力不足等问题提供实践路径。

该书系国家社会科学基金“十四五”规划 2022 年度教育学一般课题“农村客籍教师乡土适应危机的预防与干预研究”(课题批准号:BGA220158)系列成果之一。

目 录

绪　论

一、我国乡村教育的发展需要更为优质的教育资源

2015 年 6 月,国务院办公厅发布关于印发《乡村教师支持计划(2015—2020 年)》的通知,文件中指出:"全面建成小康社会、基本实现教育现代化,薄弱环节和短板在乡村,在中西部老少边穷岛等边远贫困地区。发展乡村教育,帮助乡村孩子学习成才,阻止贫困现象代际传递,是功在当代、利在千秋的大事。发展乡村教育,教师是关键,必须把乡村教师队伍建设摆在优先发展的战略地位。党和国家历来高度重视乡村教师队伍建设,在稳定和扩大规模、提高待遇水平、加强培养培训等方面采取了一系列政策举措,乡村教师队伍面貌发生了巨大变化,乡村教育质量得到了显著提高,广大乡村教师为中国乡村教育发展做出了历史性的贡献。但受城乡发展不平衡、交通地理条件不便、学校办学条件欠账多等因素影响,当前乡村教师队伍仍面临职业吸引力不强、补充渠道不畅、优质资源配置不足、结构不尽合理、整体素质不高等突出问题,制约了乡村教育的持续健康发展。实施乡村教师支持计划,对于解决当前乡村教师队伍建设领域存在的突出问题,吸引优秀人才到乡村学校任教,稳定乡村教师队伍,带动和促进教师队伍整体水平提高,促进教育公平、推动城乡一体化建设、推进社会主义新乡村建设、实现中华民族伟大复兴的中国梦具有十分重要的意义。"

2020 年 7 月,教育部等六部门在《关于加强新时代乡村教师队伍建设的意见》中提出要"准确把握时代进程,深刻认识加强新时代乡村教师队伍建设的重要意义和总体要求",其重要意义在于强调:乡村教师是发展更加公平更有质量乡村教育的基础支撑,是推进乡村振兴、建设社会主义现代化强国、实现中华民族伟大复兴的重要力量。面对新形势新任务新要求,乡村教师队伍还存在结构性缺员较为突出、素质能力有待提升、发展通道相对偏窄、职业吸引力不强等问题,把乡村教师队伍建设摆在优先发展的战略地位迫在眉睫。

文件中还明确要求"创新教师教育模式,培育符合新时代要求的高质量乡

村教师",并强调加强定向公费培养。各地要加强面向乡村学校的师范生委托培养院校建设,高校和政府、学生签订三方协议,采取定向招生、定向培养、定向就业等方式,精准培养本土化乡村教师。面向乡村幼儿园、小学的师范生委托培养以地方专科、本科师范院校为主,面向乡村中学的师范生委托培养以地方本科师范院校为主,鼓励支持师范院校为乡村高中培养教育硕士。坚持以乡村教育需求为导向,加强师范生"三字一话"教学基本功和教学技能训练,强化教育实践和乡土文化熏陶,促进师范生职业素养提升和乡村教育情怀养成。鼓励师范院校协同县级政府,参与当地中小学教育教学实践指导,建立乡村教育实践基地,构建三方共建、共管、共享机制,确保教育质量……发挥 5G、人工智能等新技术助推作用。深化师范生培养课程改革,优化人工智能应用等教育技术课程,把信息化教学能力纳入师范生基本功培养。实施中小学教师信息技术应用能力提升工程 2.0,建设教师智能研修平台,智能遴选、精准推送研修内容与资源,支持教师自主选学,为教师提供同步化、定制化、精准化的高质量培训研修服务,五年内对全国乡村教师轮训一遍。加强县域内教育资源公共服务平台建设,组织城乡学校结对建立智能同步课堂,实现教师"智能手拉手"。鼓励有条件的地区先行探索,促进信息技术、智能技术与教育教学的深度融合。完善全国教师管理信息系统,推动系统数据的转化和应用,更好地服务乡村教师发展。

2022 年 9 月 6 日,在教育部召开的"教育这十年""1＋1"系列第十一场新闻发布会上,教育部教师工作司司长任友群表示,十年来,我国持续推进乡村教师支持计划,乡村教师"下得去、留得住、教得好"局面基本形成。我国乡村教育取得成就的同时,问题依然存在,从总体上看,乡村教育仍然是教育现代化建设的短板,乡村教师队伍仍然是教师队伍建设的薄弱环节,面临着补充渠道不畅、优质资源不足、结构不尽合理、整体素质不高等问题,乡村教育优质资源分布的不均衡、教育资源分配的不公平现象依旧存在。因此,获得更为充分且优质的教育资源仍是乡村教育发展的主要路径。

二、教师队伍建设是解决乡村教育问题的必由之路

从教育发展的宏观战略上来看,提升乡村教育的首要问题是建立一支优质的乡村教师队伍,而教师队伍建设的关键在于提高教师的素质。构建吸引优秀人才的良性生态应成为我国乡村教师队伍建设的主要目标。就现阶段而言,我国乡村教师职业吸引力较以往已经有了大幅提升,尤其是在经济发达地

区。但也存在一定的不良现象,如有些从业者认为乡村学校工作压力小、待遇高而选择该职业,入职后毫无进取心;部分乡村定向师范生由于在本科学习开始前已经与当地教育局签订合同,因为没有就业压力导致其学业表现不佳,并不是同龄人中的佼佼者;还有些非师范教育背景的大学生投身乡村教育,仅是为了暂时解决就业问题等。因此,乡村教师的筛选、留任、发展与退出机制需要更大力度的改革。从战略上高度重视乡村教育,实施有利于乡村教育发展的资源配置机制,切实保障乡村教育师资队伍建设的有序进行,显得尤为重要。

教师是学生学习过程中的最重要角色。然而,全世界尚有太多乡村儿童无法接触到高质量教育,使得提升乡村教师素质成为一个备受关注的议题。首先,乡村教师的角色已经发生了变化。他们不再只是一种向学生传递信息知识的渠道,其更核心的角色是培养学生探索、分析及有效利用信息的能力,帮助学生成为更好的公民,并发展其在全球化经济中应该具备的能力,如批判性思维、问题解决以及团队协作的能力。其次,大量证据表明,国际测试中学生成绩更高的国家,经济发展速度也会更快。换言之,学生知识更丰富的国家,经济也更为发达。这一高度相关关系中,教师位于中心地位。而他们教学有效性的高低,就是判断学生在学校学习了多少知识的最重要预测指标。此外,最近的研究数据,尤其是来自美国的数据,证明了教师素质至关重要。能力薄弱的教师教出的学生,只能掌握该年级50%或更少的课程内容;而合格教师的学生平均可以完成该年级的全部课程内容;那些卓越教师的学生,则会学到150%的课程内容甚至更多。此外,持续的优秀教学可以补偿弱势学生的学习缺陷。

对于建设一支高素质乡村教师队伍而言,有三件事至关重要——教师招聘、教师职前培养、职后培训与激励。其中,教育人才的培养是各个国家教育系统的重点。卓越教师既非天生,也不是被后天制造,而是二者相结合的结果,需要同时具备合理的人员结构、培训以及激励机制。乡村教师的培养要以教师专业发展的科学理念为指导,全方位、全流程提升乡村教师素质,不能将提升乡村教师素质简单地理解为"补知识、提能力"。专业素质是教师在从事教育劳动过程中形成的比较稳定的道德观念、行为规范和道德品质的总和,它是调节教师与他人、教师与集体及社会相互关系的行为准则,是一定社会或阶级对教师职业行为的基本要求,它应包括教师职业理想、教师职业责任、教师职业态度、教师职业纪律、教师职业技能、教师职业良心、教师职业作风和教师职业荣誉等要素。

三、提高职前培养效能是乡村教师队伍建设的关键

什么是好的教师教育？这个问题长期以来一直备受关注。各国教师培养项目在内容、设计、周期、学校实践之间的关系和学科理论方面具有不同的特征。什么是好的乡村教师教育？我国在该领域的探讨已经持续了多年。尽管乡村师资队伍建设备受关注，但在乡村教师的职前培养与职后培训过程中仍存在诸多不足。在职前培养方面，尽管大多数高等院校已经意识到了乡村教师培养的特殊性，但是在课程设置以及实际培养过程中，依然有着忽视乡村教师乡村情怀涵养、乡土资源利用能力培育、乡土社会适应能力培养等现象。一些针对乡村教师开展的培训过于强调提升乡村教师学科知识与专业技能，从而忽略了对其价值观的引领以及职业认同感的强化。长期以来，乡村教师爱岗敬业、无私奉献，为乡村教育的发展做出了巨大贡献。然而随着时代的发展，乡村教师队伍的构成逐渐多元化，队伍中功利主义思想蔓延，少数乡村教师缺乏工作积极性，教育理念滞后，体罚、侵害学生的事件也偶有发生。

师范高等院校承担着教师培养的重大职责，其中乡村定向师范生培养工作的成效对乡村师资队伍建设有着至关重要的影响。我国的"师范生公费教育政策"始于2007年，各省也先后推行了适应地方需求的师范生定向培养政策。江苏省教育厅、发改委等五部门联合印发文件，2016年起在高考本科提前批次定向招录乡村定向师范生。受委托的师范院校，结合当地乡村教育发展实际，为乡村学校培养一专多能、素质全面的本土化师资。学生毕业后回乡村学校任教，各县（市、区）确保定向师范生有编有岗。对按协议到苏北地区乡村学校任教的，省财政依规给予学费补偿。截至2022年，全省9所高校共计培养20 115名本科乡村教师定向师范生。

尽管，在国家、省级层面都已经制定了相关的培养制度，但从整体上看，现有的乡村教师职前培养机制不够完善，且还未形成成熟的乡村教师培养体系。招生安排不能贴合实际需求，就公费师范生招生来看，师范院校无法精准把控乡村教师的需求和数量，存在着信息不对等的情况[①]；培养目标关于"为乡村培养教师"的定位不明确，有学者调查了我国培养农村小学全科教师的22所

---

① 田恒平. 乡村教师培养与补充的现实路径思考[J]. 教师教育研究，2016，28(03)：30-35.

地方院校的培养目标,指出培养目标的定位并不清晰①;课程体系不具针对性,忽略了乡村独特的教学环境,在课程目标、课程设置、课程内容以及课程实施上表现出"去农化"的特征②。这种情形下培养出来的乡村教师,一方面,这些师范生对乡村环境存在情感上的隔阂,很难产生情感联系,缺乏对乡村教育和乡村学生的责任感与使命感;另一方面,无论是在知识储备还是基本功素养方面都不能与乡村教育的特别需求相契合。因此,要创新我国乡村教师职前培养机制,培养能够适应乡村教学环境、具有乡土情怀的预备教师,从根源上解决乡村师资不完备的问题。

四、他国乡村教师职前培养经验具有一定借鉴意义

培养卓越的教师是一项复杂的任务,其特点是教育学、内容知识和教学技术研究的融合,并受到多种背景的影响,例如国家和地方的政策、机构、地方地区和劳动力市场。Grossman 和 McDonald(2008)认为,教师教育的研究已经脱离了影响它的背景,在"教师教育中提倡实践标准和新手教师在典型学校环境中实际实践活动之间的差距"③方面存在知识空白。总的来说,学者们建议教师教育项目应该提供跨课程和实地实习的教学和学习的连贯愿景,未来的教师应该意识到社会背景对学校教育的影响。

教师教育在国际上被视为一个政策问题,在国家背景下,相互竞争的价值观都在发挥作用。了解一些相互竞争的质量话语可能有助于教师教育工作者理解国家政策,这些政策为教师职前培养课程的设计提供信息,也对他们的工作产生影响,也为决策者、机构和研究人员之间的富有成效的辩论提供了支撑。教师职前培养课程的教育理论与课堂所需的教学实践之间存在联系,毕业生对课堂需求准备不足,并且无法满足入职后不同教学环境的需求。这些担忧促使人们相信,教师的质量取决于教师教育工作者的质量,以及教育技术培训课程的质量。White 和 Kline(2012)认为,以乡村为重点的教师教育计划应该为预备教师说明"课堂、学校和更广泛的乡村社区之间的联系以及它们在

---

①　余小红.农村小学全科教师职前培养研究[D].上海:华东师范大学,2018:44.

②　李彤.美国乡村教师职前培养机制研究——以蒙大拿州乡村教师职前培养项目为例[D].天津:天津师范大学,2022:1.

③　GROSSMAN P, MCDONALD M. Back to the future: Directions for research in teaching and teacher education[J]. American educational research journal, 2008, 45(1): 184 - 205.

这三种不同背景下的位置"①。Corbett 等(2017)认为,乡村教师的准备工作应超越职业培训,"支持在乡村环境中进行非标准教学的思考方式,并直接解决持续存在且紧迫的乡村问题,例如:人口流失、资源行业重组、资源枯竭、环境和栖息地退化以及耕地减少等"②,乡村教师的培养应提高为乡村工作准备预备教师所需的背景知识。

比较教育本身就是一个研究领域,以往关于乡村教师教育取向的研究已经为不同教师教育项目的目标建立了一个强有力的描述性框架,以往的比较研究也说明了在这方面存在重要的国家差异。对我们来说最重要的是,早期的研究已经确定,他国在乡村教师职前培养领域已经积累了相当的经验,对于优化我国乡村教师职前培养体系颇具参考价值。通过系统的历史和比较分析,本研究将对教育体系之间的许多基本相似性和差异是如何形成的进行探讨,以合理汲取他国乡村教师准备的相关经验并规避可能存在的风险,为促进乡村教师队伍建设的政策制定提供可行的建议。

① WHITE S, KLINE J. Developing a rural teacher education curriculum package[J]. Rural educator, 2012, 33(2): 36-43.

② CORBETT M, BRETT P, HAWKINS C. What We're about out here: The resilience and relevance of school farms in rural tasmania[J]. Journal of research in rural education, 2017, 32(4): 34-39.

第一章　乡村卓越教师概述

教师作为一个专业职业,有必要建立专业标准体系来区分教师之间的专业水平差距,这是目前促进教师专业发展的可行策略。目前,我国已经建立了系统的教师专业技术职务等级制度,形成了从取得教师资格证书的合格教师到专家级教师、教学名师、特级教师、人民教育家等荣誉称号教师的职称等级制度。在教师梯队中,卓越的高质量教师发挥着巨大的模范作用,通常拥有优质教师数量的多少也体现了一所学校的教育教学水平和发展层次。与其他职业一样,教师职业也需要高素质、一流的领导者和模范教师。如果没有高素质教师的进步,就很难保证教育质量的进步。

第一节　乡村教育发展需要乡村卓越教师的引领

时代发展迅速,各行各业更加重视劳动者的文化水平和综合素质。教师的素质是决定教育成败的最关键因素。为了满足当今社会对教师的更高要求,教师需要不断超越自我,寻求合适的发展道路,最大限度地提高自身素质,在特定学科和专业领域追求更卓越的目标。无论是基于社会发展对教师教学质量的高要求,还是教育部发布的培养优秀教师的政策指导意见,都蕴含着全社会对教师的期望,希望师范生在职前教育阶段能够自觉提升自身的高质量专业水平、提高教学技能,不断努力成为卓越的教师,追求专业发展的新境界。

要为广大教师搭建发展的平台,培养专业化的教师,我们更需要卓越的带头人引领整个教师队伍的进步。乡村卓越教师是乡村教师队伍的榜样和引领者,卓越性不仅体现在其卓越的教学水平上,还体现在其卓越的专业品质和职业操守上。培养更多的乡村卓越教师,源源不断地向乡村中小学校输送卓越教师,是教师职前教育的历史使命,也是提高基础教育教学质量的关键。教育改革与人民群众息息相关,社会各界要求提高教育质量和教师素质的呼声越来越高。尽管历史条件使教育改革有时困难重重,教育教学中需要解决的问题日益突出,但这并不能阻止培养卓越教师的呼声高涨。这一问题的解决对推进基础教育教学改革具有更大的意义。这就要求今后更加注重建设一批卓越的乡村教师,推动教师教育改革的进一步深化和发展,也更加注重发挥卓越教师在教学队伍中的引领作用。根据越来越多优质学校的发展经验,学校教师素质在整个教育教学体系中发挥着不可替代的重要作用。杰出教师的专业发展能力、教育教学知识和技能、道德素质和教师道德、实施教学改革项目的勇气和能力,以及对教学改革和课程改革目标的掌握,都可以在教学团队中发挥领导作用。

第二节　乡村卓越教师的内涵与素养

一、乡村卓越教师的内涵

社会学概念上的乡村是指行政区划乡镇所辖的地域实体,它的外延是以乡(镇)政府所在的圩镇为中心,包括其所管辖所有村庄的地域范围。乡村卓越教师即是在这些地域所在学校工作具有"卓越"品质的教师。卓越意为杰出的、超出一般的、高超出众。《辞海》解释卓越为优秀突出。

2014年12月5日,根据《教育部关于实施卓越教师培养计划的意见》(教师〔2014〕5号)和有关申报遴选要求,经高等学校申报、省级教育行政部门推荐、专家会议遴选,并经网上公示,教育部确定了80个卓越教师培养计划改革项目。2018年9月17日,为培养造就一批教育情怀深厚、专业基础扎实、勇于创新教学、善于综合育人和具有终身学习发展能力的高素质专业化创新型中小学教师,教育部发文实施"卓越教师培养计划2.0"。该计划提倡遴选乐教适教的优秀学生攻读师范专业,鼓励引导师范生到基层特别是农村中小学任教。在对卓越教师的定义上,从文件中在计划目标要求和卓越小学教师培养模式部分分别有所提及,要"培养一大批师德高尚、专业基础扎实、教育教学能力和自我发展能力突出的高素质专业化中小学教师",并提出要"针对小学教育的实际需求,重点探索小学全科教师培养模式,培养一批热爱小学教育事业、知识广博、能力全面,能够胜任小学多学科教育教学需要的卓越小学教师"。

一般语境下的"乡村卓越教师"是指乡村优秀教师或教学名师。显然乡村教师不可能都是卓越教师,"卓越"只是其中的少数。这种"卓越"是在乡村教学实践、乡村教育实践中锻炼出来的。胡习之等(2017)认为,乡村卓越教师培养语境下"乡村卓越教师"的内涵应为"具有卓越潜质、在乡村任教且认同乡村文化的教师"。①

乡村卓越教师培养的根本就是培养出在乡村任教且认同乡村,并具有卓越潜质的乡村教育人才,也就是培养"下得去、留得住、教得好"的优秀乡村教育人才。

二、乡村卓越教师的素质结构

高涵、周明星等(2016)指出乡村卓越教师素质结构内容具体包括以下六种素质:扎根乡村的角色意识、领悟乡村的思辨能力、适宜乡村的教育手段、感知乡村的表达方式、融通乡村的交流风格以及契合乡村的教学艺术。② 胡习之等(2017)认为,乡村卓越教师培养的关键是"下得去、留得住"。③ 乔晖等(2023)认为乡村卓越教师核心素养,既要具备"四有"好教师的品性,又应该具备"三维"动力。"四有"即指习近平总书记提出的"有理想信念、有道德情操、有扎实知识、有仁爱之心",这是所有教师须有的基本品性,乡村教师至少还应该具备"融入乡土社会的内驱力、立足乡村学校的发展力、关爱乡村学生的行动力",这是乡村卓越教师的特质。④ 本研究就乡村教师的特殊性出发,总结出乡村卓越教师所应具备的核心素养,即坚定的扎根意识、丰富的乡村知识、深厚的乡村情怀、扎实的乡村实践能力以及强劲的专业发展内力。

(一) 坚定的扎根意识

乡村卓越教师首先应具备坚定扎根乡村的意识。在现阶段各地区呈现高度城镇化的背景下,县域内乡村教师工作生活两地化成为一种趋势,即形成了一大批"候鸟型"的乡村教师。这些乡村教师在乡村学校工作,下班回到城里生活。受到"离农"思想的影响,他们已经与乡村社会脱离,成为在乡村教书的"局外人"。该现象的出现一方面表明我国新农村建设和乡村振兴战略开始取

---

① 胡习之.乡村卓越教师培养的路径[J].阜阳师范学院学报(社会科学版),2017(4):146-149.
② 高涵,周明星.乡村卓越中职教师师范素质及其养成机制探析[J].河北师范大学学报,2016,18(2):66-70.
③ 胡习之.乡村卓越教师培养的路径[J].阜阳师范学院学报(社会科学版),2017(4):146-149.
④ 乔晖等.走向卓越:面向乡村的教师教育课程整体优化[M].北京:中国社会科学出版社,2023:9.

得成效,交通的便利使得乡村与城市的距离缩短了;另一方面也表明当下乡村社会正遭受高水平教师向城性流动趋势不断增强、留守教师则极有可能普遍质量低下的危机与冲击。一定意义上,扭转"候鸟型"乡村教师将在乡村从教看作为流入城市学校做准备的"逃离"想法,激发他们对乡村社会的高度认同感和投身于乡村发展的坚定信念,心甘情愿地嵌入乡村社会,是缓解乡村高质量教师流失困境、确保乡村振兴战略有效达成的时代命题。

(二) 丰富的乡村知识

乡村卓越教师应有丰富的乡村知识。在教学中,乡土知识也是教师教学的一部分,而此类教学也应是乡村教师的优势与特色。乡村知识应包含农业知识(种植、养殖、农机具以及植保、畜牧等方面)、生态环境保护知识(生态保护理念、环境保护法律法规等方面)、安全生产知识(农业生产安全、农业专用机械的安全使用、防范自然灾害等方面)、推广科学种植知识(种植技术、肥料使用、施药方法、种植品种选择等方面)、农村社会经济发展知识(农业政策法规、新型农业经营模式、农村金融等方面)、农村文化与乡土文化知识(传统农俗活动、乡土文化特色、农民信仰等方面)、精准扶贫知识(扶贫政策、标准、模式等方面)、历史文化知识(乡村历史、文化建筑、历史名人等方面)。

乡村知识的积累离不开实践。社区实践是卓越教师职前培养的重要环节。实地经验有可能为未来的教师在实践的真实问题上做好准备。然而,Darling-Hammond 等(2010)已经发现了在大学所教授的教学法课程和以学校为基础的实地经验之间的脱节[①]。Clift 等(2004)认为未来的教师学习以新颖的方式教学,让学生参与有意义的数学学习,受益于参与结合领域经验和方法课程的教师教育课程[②]。Zeichner(2007)提出创建学术和从业者知识汇聚的混合空间,从而为多种知识来源提供机会[③]。杂交性是由各种教学知识来源的交集所创造的空间,包括教师教育者、教育研究人员、教师和未来的教师的知识。

---

① DARLING-HAMMOND L, MEYERSON D, LA POINTE M, ORR M. *Preparing principals for a changing world: lessons from effective school leadership programs*[M]. San Francisco: Jossey-Bass,2010.

② CLIFT R. Self-Study Research in the context of teacher education programs[J]. International handbook of self-study of teaching and teacher education practices,2004: 1333 - 1366.

③ ZEICHNER K. Accumulating knowledge across self-studies in teacher education. Journal of teacher education, 2007. 58(1), 36 - 46.

（三）深厚的乡村情怀

乡村卓越教师应具有深厚的乡村情怀。乡村教师的乡土情怀是一种自发和自然的情感，这些情感可以转变为他们发自内心地对乡村教育的责任感和使命感，并成为他们专注于乡村教育事业的动力之源。在乡村振兴背景下，建设高质量的乡村教师队伍面临两道屏障，第一道屏障为是否"留得住"乡村教师，第二道屏障和根本保证是乡村教师是否"愿意留"，两者的关键都在于"留师留人"，扎根乡土的教育情怀正是突破这两道屏障的关键。扎根乡土的教育情怀更多地指向超越物质伦理条件，源自内心深处对乡土的一种热爱而主动扎根乡村、服务乡村、奉献乡村的教育情感，亦是乡村教师铸牢中华民族共同体意识的体现。[①]

（四）扎实的乡村实践能力

许多教师教育项目都采用了以实践为基础的导向。Ball & Cohen(1999)的研究指出，未来的教师需要通过发展一个专业的社区，在专业的教学实践中发展知识、技能和性情。[②] 乡村教师应具有扎实的乡村实践能力，本研究认为该能力具体包含学习力、乡村教学资源的开发力和乡村教育治理力。

1. 适应乡村变化的学习力

当代专业教师的发展要求教师不仅要成为有能力的工作者，还要成为有能力的学习者。因此，Randi(2004)强调了教师代理和自我调节学习(SRL)策略对在教学实践中的有效表现的重要性。[③] 然而，Buzza等(2013)指出并不是所有的教师教育项目都让教师有机会学习开展此类实践，一些教师无法在现实课堂环境中充实他们的知识和技能。[④]

考虑到当前国家教育改革的要求和其学生的多元化需求，我国教师还需要提高其规范学习和教学实践的能力。我国课程改革在乡村学校遇到了教师

---

① 吴倩连，李祥. 民族地区乡村教师队伍高质量建设赋能乡村振兴[J]. 中国民族教育，2022(10).

② BALL D，COHEN D. Developing practice，developing practitioners[M]. L. DARLING-HAMMOND& G. Sykes（Eds.），Teaching as the learning profession：Handbook for policy and practice. San Francisco，CA：Josey Bass，1999：3–32.

③ RANDI J，ZEICHNER K. New visions of teacher professional development[J]. Yearbook of the national society for the study of education，2004，V103(1)：180–227.

④ BUZZA D，ALLINOTTE T. Pre-service teachers' self-regulated learning and their developing concepts of SRL[J]. Brock education：a journal of educational research and practice，2013，V23(1)：58–76.

的问题,且教师问题是课程改革过程中最大的挑战。Marton(2006)指出乡村地区的教师必须通过有限或不适当的支持和资源来适应课程中的必要变化。[①] Liu 等(2007)指出,一些培训过于简短和一般化,对于实施预期的课堂实践几乎没有实际指导。[②] 在这种情况下,当教师面对新的问题时,调节他们的学习的能力是非常重要的,此外,还认为代理和自我调节学习可以加强教师对自己学习的管理。代理和自我调节学习还提高了预备教师个人和集体参与专业学习的愿望,而不是被动地遵循外部指导。

2. 乡村教学资源开发力

乡村卓越教师应能够利用乡村社区独特的历史和文化作为其教学资源。在很多情况下,无论师范生最终将在什么学校任教,教师职前培养项目使用一刀切的课程来培训小学教师。问题是一个通用的课程标准不能确保所培养出的教师能够应对今后将面临的乡村社区环境。或者说这样一个通用的大学课程提供的知识与技能难以支持师范生入岗后文化背景的嵌入与学习经验的扩展。例如,大多数高等院校的乡村教师定向培养没有考虑到乡村社会背景问题,如乡村社区的专业知识和文化倾向。此外,乡村教师定向培养项目没有注意到贯穿乡村家庭的复杂网络以及文化交流与相互理解。因此,乡村小学教师没有准备好充分识别和解决文化冲突及教育教学困难的具体条件。事实上,大多数现有的乡村定向师范生并对课本中的理论知识并不完全信任,他们普遍认为有效的教学法应是结合特定的学习背景、文化和特定学生需求的。

乡村教师定向培养可以培养学生教师去想象乡村的生活方式、价值观、文化和教育的形成和实现的方式。它强调从特定地方、社区学习和培养的背景和价值。通过这种方式,乡村教师定向培养可以培养学生教师从以掌握教学方法的教学实践,转向培养促进批判性思维的教学实践,并为学生作为乡村社区的公民以多种方式参与社区实践做好准备。乡村教师定向培养可以使预备教师的教学实践在乡村学校中得到有效应用。而不是强调通过练习和技能的指导,而是让学生教师帮助学习者参与探索和使用建立在学生先前的知识和文化熟悉性之上的教学法。Cochran-Smith(2002)认为"以地方为基础的教育

① MARTON F. Sameness and difference in transfer[J]. Journal of the learning sciences, 2006, 15(4): 499 - 535.

② LIU Y, THOMPSON P. Teachers' understandings of probability [J]. Cognition & instruction, 2007, V25(2/3): 113 - 160.

的主要价值在于,它有助于加强儿童与他人和他们所居住的地区的联系"①。例如,乡村教师定向培养允许预备教师将课程与当地文化和当地知识联系起来。此外,乡村教师定向培养鼓励预备教师让学生参与现实世界的解决问题的活动,让学习者从记忆事实到调查研究社区关注的问题,如经济发展受限、水资源短缺、饥饿、贫困、学校治理不力等等。

3. 乡村教育治理力

乡村教育应为农村治理赋能,为良好治理的实现提供支撑。因而,乡村卓越教师应具有参与乡村治理的责任意识,还需要具备参与乡村社会建设的能力和条件。乡村教育是中华优秀传统文化得以世代传承并不断创新发展的重要落脚点。与生俱来的乡土记忆让农民对乡村有着天然的亲近感和温馨感,他们的文化背景、血缘关系、生活习惯等皆根植于当地,其地域认同和身份认同使得他们在乡村教育的学习中,具备良好和充分的文化基础,能在教育活动中丰富对乡土生命内涵的理解,较容易从乡土情境中建构"乡情",在了解和理解本土文化中,能够产生较为强烈的价值认同感,涵养自尊自爱的健全人格。乡村教育能够培养出农民认同本土文化、尊重他人乡土的情怀,并在凝聚乡土文化地方文脉的教育中,开展气度,拓宽视野,产生家国情怀,传承优秀文明基因。② 乡村教师,尤其是卓越的乡村教师,更应该担负起提振文化自信、传承和发展农耕文明的职责。

(五) 强劲的专业发展内力

乡村卓越教师应具有强劲的专业发展内容。教师专业提升是个人与专业认同交织的结果,在教师专业发展的浪潮中,乡村教师易被带入专业化发展的怪圈,原本是乡土文化传承者和学生关怀者的他们在自己专业提升中话语缺失,常常因"城市化的评价尺度"被贴上素质低下的标签,乡村教师被外部的期望所围困,而外部的要求扭曲了他们自身认同和自身完整,使他们正面临专业身份认同危机。③ 教师的工作性质决定了集体和团队对个人成长的推动作用,尤其是乡村教师,信息和交通相对封闭,如果缺乏志同道合的同伴同行之间的交流促进,更容易产生消极情绪。

---

① COCHRAN-SMITH M. Reporting on teacher quality: the politics of politics[J]. Journal of teacher education, 2002, 53(5): 379-82.

② 李晶晶. 乡村振兴战略下乡村教育何以赋能"三农"发展[N]. 光明日报, 2022-12-17.

③ 孙兴华, 马云鹏. 乡村教师能力素质提升的检视与思考[J]. 教育研究, 2015(5): 105-113.

乡村教师的专业发展不能脱离乡村的文化氛围,不能与乡村教育发展的历史脉络脱嵌,否则其专业发展是走样的、虚化的。因此,必须为乡村卓越教师的成长创造良好环境,并形成一套相应的机制。校内外的交流分享和互相学习的机制是非常必要的,尤其是参与一些专业共同体,得到更高层次的引领和促进,对于乡村教师的专业发展和职业认同都有极其重要的现实意义。超越自己工作环境之外的专业共同体,往往可以为乡村教师打开一扇窗,看到更广阔的教育世界,感受到坚强的专业团体后盾支持。内外部专业共同体的引领不仅增强了乡村教师的专业能力,也增强了职业认同感,激发了进一步的自我驱动力,逐步改变了学校的环境,获得了校长更多的支持。这一点可以复制和推广,是广大乡村教师成长的可行路径。在此基础上,无论他们发展的路径是循序渐进式还是跨越式,都通过在职以来的主动学习、大量阅读、研究探索、实践反思、交流请教、写作表达等具体行为和策略实现,这同样是具体可复制和行之有效的。[①]

第三节　乡村卓越教师职前培养可借鉴他国经验

乡村教育教师资源短缺、职业吸引力不足、留任困难、专业发展受限等带来的乡村教育问题是世界各国教育公平的难题,对于许多发达国家来说也不例外。尽管发达国家较早完成城镇化且已经开始逆城镇化进程,仍旧存在乡村教师不足、流失严重和水平不高等问题。为让乡村教师"下得去、留得住、教得好",发达国家已在乡村教师数量补充、岗位吸引和专业培训方面积累了诸多经验。而在教师教育,尤其是乡村(偏远学区)教师职前准备方面,以美国、澳大利亚为代表的发达国家早在二十世纪八九十年代便开始了乡村教师的职前培养问题的广泛讨论。

由于乡村教育的特殊性,乡村教师的培养过程也需要得到特殊的关注。国际报告和研究普遍发现,乡村、偏远地区的学生比城市的学生成绩不佳。经济合作与发展组织(OECD,2016)发现,来自乡村地区的学生在学习方面更有可能在学习方面被推迟。在美国,乡村学生在教育资金和高等教育入学率方

---

① 白芸.他们为什么能扎根乡村教育大地[N].中国教师报,2023-03-22.

面被认为处于不利地位,在印度和巴基斯坦的研究中也发现了类似的结论。①很明显,这是世界各地教育系统中的一条共同主线。

当前,尽管我国相继出台了一系列有助于乡村教师职前培养的倾斜性政策,如《教育部直属师范大学师范生公费教育实施办法》《乡村教师支持计划(2015—2020年)》等,但现实中乡村教师"下不去""留不住""教不好"的现象仍旧普遍存在,如何通过优化乡村定向师范生的培养方式、提高乡村教师的培养质量来促进广大乡村教师"下得去""留得住"并"教得好"? 他山之石可以攻玉。为科学、合理地构建适合我国当下国情与乡情的乡村教师职前培养机制,以之促进广大乡村教师专业成长,进而实现促进广大乡村教师"下得去""留得住"并"教得好"的目标,本研究在对我国乡村教师职前培养的现状开展调查研究的基础上,以教育较为发达且有关乡村教师研究成果较多的美国、澳大利亚等国为例,在分别阐述其乡村教师培养项目的优势与长项基础上,深入比较这些国家乡村教师职前培养项目以及培养模式的特征,并立足比较结果提出有助于培养我国乡村卓越教师的启示。

---

① OECD library. Education at a Glance[EB/OL]. (2016-05-09)[2022-12-16]. https://www.oecd-ilibrary. org/ocserver/eag-2016-en. pdf? expires = 1689565592&id = id&accname = guest&checksum=13FFC6E49BE3AE6FC4E7C3A14D778078.

第一章 乡村教师职前培养现状调查

习近平总书记在党的十九大报告中提出了乡村振兴战略,而乡村振兴必先振兴乡村教育。乡村定向师范生培养是实施乡村振兴战略的重要举措,培养一批高质量的乡村定向师范生是乡村教育发展的重要助推器。因此,自2016年起,江苏省开始实行乡村教师定向培养计划,计划培养一批扎根乡村、一专多能的乡村教师。2011年12月,教育部颁发了《小学教师专业标准(试行)》,在基本理念中强调教师要以能力为重,要突出教书育人实践能力,在不断实践和反思中提高专业能力。2015年,国务院在《乡村教师支持计划》中强调"合理规划乡村教师队伍规模,集中人财物资源,制定实施优惠倾斜政策,加大工作支持力度,加强乡村地区优质教师资源配置,有效解决乡村教师短缺问题,优化乡村教师队伍结构"。"十三五"期间,江苏制定《江苏省乡村教师支持计划实施办法(2015—2020年)》,通过乡村教师领雁和素质提升工程、定向师范生培养、职称评聘向乡村教师倾斜等政策,全面加强乡村教师队伍建设,培养了一大批"下得去、留得住、教得好、有发展"的本土化乡村教师。2016年起,启动实施乡村教师定向培养,招收乡村教师定向师范生,分为本科、五年制专科等两种办学层次,共招收数万名定向师范生,建立一支"下得去、留得住、教得好、有发展"的本土化教师队伍。其中,本科乡村教师定向师范生由南京信息工程大学、江苏师范大学、南京晓庄学院、江苏第二师范学院、扬州大学、南通大学等多所院校组织培养。

第一节 调查研究设计与过程

Y师范学院为响应国家政策,开始培养乡村定向师范生,至2023年5月已有三批乡村定向师范生毕业返乡服务,在乡村教师的培养方面已经形成了一定的经验与成果。以小学教育专业为例,自2016年至2022年1月,学院共培养乡村定向师范毕业生354人,学院在读乡村定向师范生813人。本研究以江苏 Y 师范学院为例,就乡村教师的职前培养的现实状况开展调查研究,对乡村定向师范生的培养方案实施情况、乡村定向师范生评价情况、毕业生反馈情况以及用人单位评价水平等进行深入探究,从培养机构的角度掌握乡村教师职前培养的现状,并发展其中存在的主要问题与障碍,并就成因进行剖析,进而提出相应的解决策略。

一、研究内容

本次调查主要探寻乡村教师职前培养的现实情况与存在问题。首先,以教育部、江苏省教育厅出台的相关政策与文件为出发点,以小学教育专业乡村定向师范生作为特定的研究对象,了解江苏乡村小学教师培养的总体计划、层次结构;其次,分析小学教育专业乡村定向师范生的人才培养方案,试图从培养单位的角度发现乡村定向师范生与普通师范生培养的异同;最后,从用人单位的角度出发,跟踪乡师班和普师班毕业生的职业发展路径,更进一步了解江苏省乡村定向师范生培的成效与可能存在问题。在此基础之上,剖析高等师范院校乡村定向师范生培养问题产生的深层次原因,进而提出破解难题的应对策略。

表 2-1　乡村教师职前培养现状调查研究内容框架

序号	步骤	维度	具体内容
1	现状调查	培养方案情况	培养目标、课程设置、教学实施、师资力量
		培养实施情况	报考动机、角色理解、目标认识、课程评价、实践反馈
		毕业生评价	(个案)
		用人单位反馈	(个案)
2	问题发现	问题1	报考动机与招生标准比较
		问题2	培养目标与课程设置比较
		问题3	本土化培养与学生返乡意愿比较
		问题4	培养质量与退出机制比较
		……	……
3	成因分析	(对照问题)	……

（续表）

序号	步骤	维度	具体内容
4	对策建议	对策 1	（针对问题 1）
		对策 2	（针对问题 2）
		对策 3	（针对问题 3）
		对策 4	（针对问题 4）
		……	……

二、研究设计

（一）样本选取

Y 师范学院是江苏省北部的省属高等师范本科院校。学校创建于 1958 年，前身是 Y 师范专科学校和 Y 教育学院。截至 2022 年 1 月，学校共两个校区，校园占地面积 1 500 亩，校舍建筑面积 58 万平方米；设有 18 个二级学院，开设 73 个本科专业，其中师范类专业 14 个、非师范类专业 59 个；教职工 1 500 余人，全日制在校本科生 22 000 余人。该校小学教育（师范类）专业（乡村定向）共培养乡村定向毕业生 266 人，现有在读乡村定向师范生 631 人。同时，学院还有在读小学教育专业普通师范生 457 人，在读专转本师范生 27 人。研究选取 Y 师范学院小学教育专业在读乡村定向师范生 631 人和已经毕业的 266 人作为主要研究对象开展问卷调查与访谈，此外还会对该专业的专任教师、辅导员、相关用人单位开展相应调查。

选择 Y 师范学院小学教育专业的乡村定向师范生培养过程作为调查样本的原因主要有以下几点原因：

第一，Y 师范学院是江苏省首批推行乡村定向师范生培养计划的高等师范院校之一。2016 年，江苏省乡村教师支持计划启动，通过"县来县去、有岗有编、提前录取、定向培养"的方式，每年为乡村学校培养教师。Y 师范学院自始便参与其中，承担了乡村定向师范生的培养任务。

第二，地处苏北地区的 Y 师范学院，其培养经验具有代表性。就全国范围而言，江苏省经济发展整体较快，教育水平也相对较高。苏北地区在省域内属于经济相对落后地区，其乡村教育发展与苏南、苏中地区还存在差距，具有我国乡村教育的典型性特征。因而，选择该校作为个案开展调查，其结果具有一定代表性。

第三，Y 师范学院师范生培养的相关教科研工作基础较好，有着大量的师范生培养数据资料，给调查研究的开展提供了便利。并且，与培养委托单位，地方教育局与各区县乡村学校有着紧密的合作与联系，也便于开展问卷调查与访谈工作。

（二）研究方法

本次调查研究主要采用的研究方法有文本分析法、问卷调查法与访谈法。

1. 文本分析法

通过分析教育部、江苏省教育厅等部门出台的乡村定向师范生相关政策与文件以及 Y 师范学院小学教育（师范类）专业人才培养方案，把握江苏省乡村教师的职前培养的概貌，了解乡村小学教师职前培养在培养目标、课程设置、实践教学、师资力量等方面的相关规定，为提升乡村教师职前培养质量提供数据支撑和现实依据。

2. 问卷调查法

本次调查分别对在读的、毕业的乡村定向师范生以及普通师范生发放调查问卷以掌握培养现实情况。关于乡村小学全科教师培养研究的调查问卷是在他人问卷的基础上，经过修改、预调研、再修改最终定稿形成，其内容涉及内涵理解、培养目标、课程设置等多个维度的内容。此外，还对定向师范生培养工作的委托方，即地方教育局、乡村学校发放用人单位评价问卷，全方位掌握培养质量情况。问卷内容详见附录。

3. 访谈法

访谈是研究者以口头述作为基本的一种访谈形式，也是教育科学研究中最常用的研究方法。在本研究中主要采用半结构式访谈，访谈对象为在读的小学教育专业乡村定向师范生、已经毕业且在乡村学校工作的师范生、小学教育（师范类）专业任课教师、乡师班辅导员（班主任），用面、点相结合的方式了解乡村定向师范生培养的具体情况。访谈提纲详见附录。

（三）研究过程

本研究于 2022 年 10 月通过发放网络调查问卷的形式，分别从乡村教师内涵理解、乡村定向师范生培养目标、小学教育专业课程设置与实施三个方面对 Y 师范学院小学教育（师范类）专业在校学生进行调查，从而了解乡村教师职前培养的现状。网络问卷共收回 536 份问卷，其中无效问卷 14 份，有效问卷 522 份。此外,还对已经毕业的学生开展了问卷调查与访谈,回收毕业生调查问卷 84 份,回收问卷有效率 100％。

访谈的对象主要包括乡村定向班的班主任和专任教师、小学教育专业负责人、返乡就职的毕业生和毕业生所在乡村小学的校长等。对教师开展访谈主要为了了解他们对全科教师专业的理解、课程设置、实践环节、对乡村教师培养的改进建议等方面的看法,作为完善政策和改进措施的依据;对师范生的访谈主要围绕专业报考动机、对乡村教师职业认同、培养目标的内涵理解、课程设置与实践环节的合理性等内容进行,目的在于了解其在整个培养计划实施过程中的体验与评价,从而进一步探讨乡村教师职前培养过程的存在问题,从而提供可借鉴的经验。

第二节　乡村定向师范生培养现状

一、乡村定向师范生培养实施的评价调查

调查问卷采用百分数和质性的分析方法进行统计,除基本信息以外的题目基本为正向选择题,采用五点计分法,用 EXCEL 和 SPSS22.0 相结合对问卷数据进行分析。

表 2-2 给出了参与调查的在读乡村定向师范生基本信息情况。小学教育乡村定向师范生以女生为主,且近两年女生比重有持续上升的趋势。整体上,四个年级合计女生占比约 75％。在生源方面,农村户籍学生过半,约占学生总人数的 70％。从四个年级学生的城乡构成来看,城镇户籍学生的报考比例呈上升趋势。数据结果也显示,报告本专业的学生中家庭收入较高的比重在逐步上升。从主修学科的数据来看,选择数学方向和语文方向的学生数差异不显著,英语方向师范生人数最少,且三年级学生中没有学生选择主修英语方向。该专业提供音乐、数学、科学三个方向作为辅修学科,其中选择美术方向的占大多数,每届学生都均有过半数学生选择该方向,其次为音乐方向,也有少部分学生选择科学方向。

表 2-2　被调查在读乡村定向师范生基本信息　　　　　单位:人

类别		年级				合计
		一年级	二年级	三年级	四年级	
性别	男	11(13.1%)	38(26.8%)	38(24.1%)	44(31.9%)	131(25.1%)
	女	73(86.9%)	104(73.2%)	120(65.9%)	94(68.1%)	391(74.9%)
户籍	城镇	33(39.3%)	42(29.6%)	45(28.5%)	36(26.1%)	156(29.9%)
	农村	51(60.7%)	100(60.4%)	113(71.5%)	102(73.9%)	366(70.1%)
家庭月人均收入(元)	2 000 以下	11(13.1%)	32(22.5%)	35(22.2%)	38(27.5%)	116(22.2%)
	2 000~3 000	16(19.0%)	32(22.5%)	43(27.2%)	34(24.6%)	125(23.9%)
	3 000~4 000	17(20.2%)	40(28.2%)	43(27.2%)	24(17.4%)	124(23.8%)
	4 000~5 000	25(29.8%)	15(10.6%)	12(7.6%)	23(16.7%)	75(14.4%)
	5 000 以上	15(17.9%)	23(16.2%)	25(15.8%)	19(13.8%)	82(15.7%)
主修学科	语文	38(45.2%)	46(32.4%)	83(52.5%)	41(29.7%)	208(39.8%)
	数学	36(42.9%)	73(51.4%)	75(47.5%)	66(47.8%)	250(47.9%)
	英语	10(11.9%)	23(16.2%)	0(0%)	31(22.5%)	64(12.3%)
辅修学科	音乐	—	25(17.6%)	20(12.6%)	27(19.6%)	72(13.8%)
	美术	—	109(76.8%)	100(63.3%)	111(80.4%)	320(61.3%)
	科学	—	8(5.6%)	38(24.1%)	0(0%)	46(8.8%)
合计		84(16.1%)	142(27.2%)	158(30.2%)	138(26.4%)	522(100.0%)

(一) 报考动机

关于为什么选择定向师范专业,大部分被调查学生表示选择专业是听从了父母和他人的建议。在专业录取方式方面,绝大多数学生都是第一志愿录取,说明选择专业的时候即使乡村定向生以往对于定向师范专业没有太多关注或者是对于自身未来发展没有太多打算,但身边的人比较推荐这个专业,不管出于什么原因选择了定向师范专业,相较于其他专业来说,对于小学教育专业认可度较高。

表2-3　专业选择方式的卡方检验表

方式	人数（百分比）	x^2	p
自主选择	116(22.2%)		
父母和他人建议	375(71.8%)	171.933	0.000
谋求一份工作	27(5.2%)		
其他	4(0.8%)		

表2-4　专业了解情况和录取方式的交叉制表　　　　单位:人

选项		专业了解情况			x^2	p
		不了解	有所了解	十分了解		
录取方式	第一志愿	61(11.7%)	374(71.6%)	12(2.3%)	9.374	0.009
	其他方式	16(3.1%)	36(6.9%)	23(4.4%)		

　　在多数人把定向师范专业作为第一志愿的情况下,对专业的了解程度有显著差异。江苏省定向培养政策实施不久,很多人只是略有耳闻,对于具体的政策要求只有个别是深入了解过的,甚至很多人都没接触过这个政策。定向培养师范生在入学前就已经与户籍所在县(市、区)教育局签订了《定向就业协议书》,毕业后回户籍所在教育局报到就业时有编有岗,到岗三年后教育局返还所有学费。也就是说政府出资培养能够为当地服务的教师,有效利用本地生源,防止人才流失。定向师范生的培养主要是为振兴乡村教育事业,所以也规定定向师范生在乡村学校任教并连续服务需满五年以上并可根据工作需要在乡村学校之间流动。若是违约则需高额违约金,所以填报之前考生也需要谨慎考虑。

表2-5　乡村定向师范生的报考动机内容的平均数和总体水平排序

动机内容	M±SD	排序
就业形势	4.970±0.235	1
经济收入	4.776±0.456	2
工作条件	4.707±0.361	3
社会地位	4.296±0.572	4
竞争压力	3.976±0.463	5
其他	3.909±0.612	6

　　表2-5为乡村定向师范生报考动机内容的平均数和总体水平排序。总

的来看,乡村定向师范生报考动机的 6 项内容平均值由高到低排序依次为:就业形势、经济收入、工作条件、社会地位、竞争压力及其他。从平均分的水平来看,前四种动机内容明显较强,均数大于 4,后两种动机水平内容稍弱,均数小于 4。

表 2-6 乡村定向师范生选专业首先考虑因素的卡方检验表

原因	人数	百分比	x^2	p
就业形势	297	56.9%		
竞争压力	33	6.3%		
经济收入	69	13.2%	163.800	0.000
社会地位	35	6.7%		
工作条件	65	12.5%		
其他	23	4.4%		

显而易见,不论是父母建议还是自主选择,半数以上的人先考虑的是就业形势,现在本科生、研究生越来越多,学历门槛越来越高,但是失业待业率也在上升,就业与专业不对口的情况屡见不鲜。虽然专业并不能真正意义上决定职业,但选个好专业可以方便未来就业。面对就业难的形势,选择定向培养是一条明确的出路,而且有编制就意味着"铁饭碗",稳妥又保险。乡村相较城镇教师缺口更大,机会更多压力会小一些,竞争只体现在内部提升,不用经过考编的残酷选拔,所以乡村定向师范是非常好的选择。对乡村教师职业的认知方面,总体而言,超过 90% 的乡村定向师范生认为乡村教师职业工作稳定、有保障,对社会贡献大,且能为乡村学生的发展创造有利条件,同时也有 20% 左右的师范生认为乡村教师收入和福利不高,不能实现自身价值,如表 2-7 所示。

表 2-7 乡村定向师范生乡村教师职业的认知情况 单位:人

选项	非常同意	比较同意	不能确定	较不同意	极不同意
社会地位高	38.5%	49.0%	4.2%	5.7%	2.7%
工作稳定、有保障	66.1%	28.7%	1.0%	2.7%	1.5%
收入高、福利好	34.9%	45.4%	3.6%	9.4%	6.7%
对社会贡献大	62.1%	33.3%	2.1%	1.5%	1.0%
工作富有挑战性	30.3%	52.7%	6.7%	5.7%	4.6%
能从工作中获得快乐和满足	23.4%	60.0%	6.7%	4.6%	5.2%
能实现自身价值	27.6%	51.5%	7.9%	8.8%	4.2%
能为学生的发展创造有利条件	52.7%	41.2%	1.0%	3.6%	1.5%

（二）对乡村定向师范生的理解

本研究就师范生的人生观与价值观、理想与信念、认可与推荐、代入感和荣誉、幸福感与生活激情、主动性与能动性几个方面来掌握乡村定向师范生对自我角色的理解。

1. 人生观与价值观

表 2-8　被调查乡村定向师范生人生观与价值观的卡方检验表　　单位：人

题干	不同意	不确定	同意	x^2	p
乡村教师能实现我的人生价值	22(4.2%)	259(49.6%)	241(46.2%)	43.600	0.000
乡村教师和城镇教师同样有价值，甚至更伟大	37(7.1%)	108(20.7%)	377(72.2%)	86.178	0.000

在相对艰苦的环境下培养出同样优秀的学生，乡村教师相比城镇教师通常会付出得更多，要克服硬件设施上的不足和教学资源的短缺，对心理和身体素质都是一种考验。乡村教师承担着为缩小城乡差距培养人才的任务，要努力去追赶城镇的脚步，多数被调查师范生认可这份职业的伟大。当然，也存在高质量的教师都不太愿意去乡村任教的现象，由于乡村学校的发展空间小、机遇少，所以能留在乡村的教师也有专业素质不够的，会给一些人乡村教师难以实现人生价值的错觉。

2. 理想与信念

表 2-9　被调查乡村定向师范生理想与信念的卡方检验表　　单位：人

题干	不同意	不确定	同意	x^2	p
当乡村老师能实现我的理想	79(15.1%)	224(42.9%)	219(42.0%)	19.244	0.000
毕业后即使有选择其他职业的机会，我仍会选择当教师	47(9.0%)	194(37.2%)	281(53.8%)	38.800	0.000

对于多数乡村定向师范生来说，面对其他工作机遇，他们是不确定如何去选择的，说明对于他们而言乡村教师无论物质上还是精神上的吸引力都不够，不足以支撑他们去坚定地选择。不过也有相当一部分愿意坚持，其中有一些主心骨能坚定地不忘初心。虽然对乡村教师的评价还不错，但很明显乡村定向师范生的理想信念是不够的，还需要适当引导使他们坚定要成为一名乡村教师的信念。

3. 认可与推荐

表 2-10　关于乡村教师职业认可度和推荐度的交叉制表　　　单位:人

题干		乡村教师这一职业神圣而光荣			x^2	p
		不同意	不确定	同意		
愿意亲戚朋友做乡村教师	不愿意	0(0%)	0(0%)	31(5.9%)	14.571	0.000
	不知道	37(7.1%)	49(9.4%)	146(28.0%)		
	愿意	19(3.6%)	17(3.3%)	223(44.6%)		

推荐度受认可度影响,数据显示有一大半的乡村定向师范生是愿意亲戚朋友从事乡村教育事业的,说明他们对成为一名乡村教师非常认可,推荐度高。但在几乎八成的被调查对象都觉得乡村教师神圣而光荣的情况下,没有明确的态度的人也还有很多,说明这个职业对他们来说还缺乏吸引力,自然不会想要推荐给亲戚朋友。这也表明了乡村定向师范生给予乡村教师很高赞誉,但他们的职业认可度还有待提高。

4. 代入感与荣誉感

表 2-11　代入感和荣誉感的卡方检验表　　　单位:人

题干	不同意	不确定	同意	x^2	p
我感觉乡村教育与自己密切相关	20(4.2%)	65(12.5%)	437(83.7%)	155.733	0.000
当听到赞扬乡村教师的话语时,我会很开心	22(4.7%)	68(13.0%)	422(80.8%)	146.800	0.000

当存在未来会成为一名乡村教师的想法时,心理上会产生很大变化。即使还没有正式上岗,已经产生强烈的代入感,提前进入角色,认为自己就是一名乡村教师,对相关话题会比较敏感。数据显示乡村定向师范生的这种心理转变比较普遍,不管对这个职业的认可度多高,身处定向师范班,潜意识里把自己看作乡村教师的一员,对这个集体荣辱与共,所以听到赞扬乡村教师的话就像听到夸赞自己的话一样开心,体现出强烈的集体荣誉感。

5. 幸福感与生活激情

表 2－12 幸福感与生活激情的卡方检验表 单位:人

题干	不同意	不确定	同意	x^2	p
我能从乡村教育工作中获得快乐和幸福感	26(5.0%)	152(29.1%)	344(65.9%)	73.733	0.000
从事乡村教育使我的生活充满激情与活力	27(5.2%)	182(34.9%)	313(60.0%)	59.511	0.000

乡村教师的幸福感是维系他们终身从事乡村教育事业的重要情感因素,对乡村教师找寻人生意义和价值有决定性影响。乡村定向师范生大部分认为自己能从这份职业中获得快乐和幸福,产生积极情绪,获得生活的激情与活力,从而能更好地服务于乡村教育事业。相反,在工作中体会不到幸福感的人容易产生职业倦怠,对于不确定的人来说职业情感需要加强。

6. 主动性与能动性

表 2－13 主动性与能动性的卡方检验表 单位:人

题干	不同意	不确定	同意	x^2	p
主动关注国家的乡村教育政策	38(7.3%)	76(14.6%)	408(78.2%)	121.111	0.000
为帮助乡村留守儿童努力学习心理学知识	19(3.6%)	57(10.9%)	466(89.3%)	164.444	0.000

若要做一名合格的老师,不仅要有精神和情感支撑,更要有付诸实践的行动力。乡村定向师范生对于专业发展的态度具有相对一致性,说明他们有专业自信,有为乡村教育事业贡献一份力的心理准备,能够为今后发展蓄力。他们能主动关注国家政策,加强知识技能储备,为帮助乡村留守儿童努力学习心理学知识,做好全面准备。数据显示乡村定向师范生自我效能感普遍不低,通过高校的培养后,他们一定可以做得更加出色,成为乡村教师队伍强有力的后备军。

结果发现,乡村定向师范生的职业认同感处于中等水平的居多。在影响乡村定向师范生职业认同感的维度里,专业的选择和自我职业效能感比较统一,对定向师范专业接受度较高且对乡村教育事业主观能动性较强;职业认知和职业情感这两方面有待加强,职业价值观念和职业理想要培养的人较多,职业幸福感和职业激情要增强的人也多。

（三）对培养目标的认识

为掌握被调查的不同性别以及四个年级乡村定向师范生对培养目的的认识理解,本研究主要从八个维度上进行差异比较与分析,即遵守师德规范;热爱小学教育事业,具有乡村情怀;具有较好的学科素养;具有良好的教学能力;掌握班级管理技能;具备综合育人能力;具备自主反思能力;具有团结协作精神。结果如表 2‑14 所示。

表 2‑14 乡村定向师范生培养目标理解的性别差异(M±SD)

目标维度	男生	女生	t	p
师德规范	4.887±0.228	4.992±0.234	−2.748	0.479
乡村情怀	4.982±0.234	4.537±0.235	−2.562	0.491
学科素养	4.770±0.316	4.690±0.371	1.342	0.373
教学能力	4.734±0.470	4.787±0.452	−0.704	0.600
班级管理	4.284±0.486	3.895±0.422	5.436	0.007
综合育人	3.383±0.445	4.050±0.574	−7.387	0.012
自主反思	3.276±0.375	4.153±0.535	−5.387	0.004
团结协作	3.965±0.682	4.384±0.506	−4.677	0.000

表 2‑14 给出了乡村定向师范生培养目标理解的性别差异性比较。在师德规范、乡村情怀、学科素养和教学能力方面的性别差异不显著,说明性别对这些目标维度的影响相对稳定。而在班级管理能力、综合育人能力、自主反思能力以及团结协作精神这几个方面的理解上存在显著的男女差异:在综合育人、自主反思和团结协作方面女生得分显著高于男生,在班级管理能力目标的理解上男生显著高于女生。

表 2‑15 乡村定向师范生培养目标理解的年级差异(M±SD)

目标维度	一年级	二年级	三年级	四年级	F	p
师德规范	4.701±0.330	4.643±0.413	4.624±0.336	4.517±0.341	0.729	0.532
乡村情怀	4.853±0.217	5.059±0.301	5.000±0.182	4.922±0.147	8.953	0.000
学科素养	4.360±0.652	4.212±0.563	4.343±0.587	4.271±0.450	0.845	0.471
教学能力	4.750±0.335	4.693±0.413	4.664±0.336	4.707±0.361	0.736	0.540
班级管理	4.175±0.780	3.807±0.537	3.900±0.740	3.784±0.538	4.391	0.007
综合育人	4.165±0.680	3.806±0.526	3.900±0.640	3.784±0.528	4.292	0.006
自主反思	3.760±0.517	4.010±0.419	3.971±0.470	4.186±0.336	7.250	0.000
团结协作	4.640±0.347	4.690±0.361	4.805±0.473	5.011±0.567	6.616	0.000

表2-15为乡村定向师范生学习培养目标理解的年级差异,不同年级在师德规范、学科素养和教学能力这三个维度上差异并不显著;而在乡村情怀、班级管理、综合育人、自主反思、团结协作这五个维度上差异显著。LSD事后检验的结果见表2-16。

表2-16 乡村定向师范生培养目标理解的事后检验

目标维度	年级 I	年级 J	$M_I - M_J$
乡村情怀	一年级	二年级	−0.204*
		三年级	−0.152*
		四年级	−0.069
	二年级	三年级	0.053
		四年级	0.136*
	三年级	四年级	0.082
班级管理	一年级	二年级	−0.050
		三年级	−0.165*
		四年级	−0.372*
	二年级	三年级	−0.115
		四年级	−0.321*
	三年级	四年级	−0.207*
综合育人	一年级	二年级	0.359*
		三年级	0.268*
		四年级	0.380*
	二年级	三年级	−0.092
		四年级	0.021
	三年级	四年级	0.112
自主反思	一年级	二年级	−0.250*
		三年级	−0.211*
		四年级	−0.426*
	二年级	三年级	0.040
		四年级	−0.175*
	三年级	四年级	−0.215*

(续表)

目标维度	年级 I	年级 J	$M_I—M_J$
团结协作	一年级	二年级	-0.070^*
		三年级	-0.141^*
		四年级	-0.374^*
	二年级	三年级	0.087
		四年级	-0.147^*
	三年级	四年级	-0.199^*

由表 2-16 数据可知,在热爱乡村教育事业,具有乡村情怀上,一年级的乡村定向师范生培养目标理解水平显著低于二年级、三年级,四年级显著低于二年级;虽然一年级低于四年级,三年级低于二年级,四年级低于三年级,但差异水平并不显著。

在班级管理能力上,一年级的乡村定向师范生培养目标理解水平显著低于三年级、四年级,二年级显著低于四年级,三年级显著低于四年级;虽然一年级低于二年级,二年级低于三年级,但差异水平并不显著。

在综合育人能力上,一年级的乡村定向师范生培养目标理解水平显著高于二年级、三年级、四年级,虽然三年级高于四年级,三年级高于二年级,二年级高于四年级,但差异水平并不显著。

在自主反思能力和团结协作精神上,一年级的乡村定向师范生培养目标理解水平显著低于二年级、三年级、四年级,二年级显著低于四年级,三年级显著低于四年级;虽然三年级低于二年级,但差异水平并不显著。

（四）对课程设置的评价

为了解小学教育专业乡村定向师范生课程设置评价现状,本研究开展了针对师范生的问卷调查。大学生作为课程实施的客体,往往无法全面理解课程设置者的设计理念,并且对课程分类的标准并不熟悉,导致被调查学生并不能很好地从人才培养方案的角度理解乡村定向师范生各类课程的性质。为了方便乡村定向师范生对课程体系进行评价,本研究从乡村教师能力构成的角度出发,设计问卷内容的维度与相关题目。因此,在调查问卷中,将乡村定向师范生对课程设置的评价分为了五个维度,分别是教育认知、教学设计、交流互动、班级管理以及教学策略课程的评价。表 2-17 给出了各个维度相对应的课程。

表 2-17　乡村定向师范生课程设置评价维度及对应内容

维度	对应课程
教育认知课程	教育学原理、普通心理学、儿童发展心理学、教师职业道德与政策法规、小学教学与评价、小学教育心理学、中外小学教育史、教育统计学等
教学设计课程	小学语文(数学/英语)课程标准与教材分析、小学语文(数学/英语)教材法、教育见习、教育实习等
交流互动课程	教师人际沟通与礼仪、留守儿童心理辅导、积极心理与生命成长、演讲等
班级管理课程	小学班队原理与实践、小学生品德发展与道德教育、安全知识与急救技能学习、安全知识与急救技能学习、教育见习、教育实习等
教学策略课程	小学课堂教学技能、小学语文(数学/英语)教学法、小学数学解题研究、教育见习、教育实习等

表 2-18　五个维度题目在第三部分课程评价量表中的分布情况

维度	题号
教育认知课程	1、14、19、20
教学设计课程	2、6、10、15
交流互动课程	3、7、11、16
班级管理课程	4、8、12、17
教学策略课程	5、9、13、18

表 2-19　乡村定向师范生课程设置评价的总体状况

维度	每个维度的平均总得分	每一维度中的四个题目的平均得分
教育认知课程	14.83	3.71
教学设计课程	13.02	3.26
交流互动课程	13.53	3.38
班级管理课程	13.06	3.27
教学策略课程	13.63	3.41
合计	68.07	3.41

1. 乡村定向师范生课程设置评价的总体状况分析

由表 2-19 可知,Y 师范学院乡村定向师范生课程设置评价总得分为68.07,所有题目平均得分为3.41,其中教育认知课程维度中每个题目的平均得分为 3.71,教学设计课程中每个题目的平均得分为 3.26,交流互动课程中每个题目的平均得分为 3.38,班级管理课程中每个题目的平均得分为 3.27,教学策略课程中每个题目的平均得分为 3.41。

这些数据都说明了乡村定向师范生课程设置评价现状在整体上处于中等偏下水平。另外,还可以得出以下结论:乡村定向师范生的教学设计课程最低,教育认知课程最高;教学设计课程、交流互动课程和班级管理课程低于平均分。

为深入了解乡村定向师范生课程设置现状,本研究将对课程设置的几个维度进行具体分析,分别是教育认知、教学设计、交流互动、班级管理以及教学策略课程。

2. 教育认知课程

表 2-20　乡村定向师范生对教育认知课程评价情况

题目	选项	频率	百分比	得分	平均分
1. 我认为教育认知方面的课程设置很合理。	完全不符合	8	1.5%	1 * 1	3.62
	不符合	32	6.2%	4 * 2	
	一般	200	38.4%	25 * 3	
	比较符合	193	36.9%	24 * 4	
	非常符合	89	17%	11 * 5	
	合计	522	100%	235	
14. 我从教育认知方面的课程中收获颇丰。	完全不符合	80	15.3%	10 * 5	3.78
	不符合	265	50.7%	33 * 4	
	一般	160	30.7%	20 * 3	
	比较符合	17	3.3%	2 * 2	
	非常符合	0	0%	0 * 1	
	合计	522	100%	246	
19. 我认为教育认知方面的课程能帮助我成为一名合格甚至卓越的乡村教师。	完全不符合	80	15.3%	10 * 5	3.71
	不符合	257	49.2%	32 * 4	
	一般	145	27.7%	18 * 3	
	比较符合	33	6.3%	4 * 2	
	非常符合	8	1.5%	1 * 1	
	合计	522	100%	241	

题目	选项	频率	百分比	得分	平均分
20. 我认为教育认知方面的课程实施质量很高。	完全不符合	72	13.8%	9 * 5	3.72
	不符合	265	50.7%	33 * 4	
	一般	160	30.7%	20 * 3	
	比较符合	17	3.3%	2 * 2	
	非常符合	8	1.5%	1 * 1	
	合计	522	100%	242	

　　教育认知是指教师对教育教学活动内在规律的基本认识和看法，以及对自身教育教学活动所持有的基本观念和态度。由表 2-20 可知，当前乡村定向师范生的教育认知课程是得分最高的一个，四个题目平均得分是 3.71，这表明乡村定向师范生在教育认知方面很有自己的看法。其中最低分是第 1 题 3.62 分，题目是我认为教育认知方面的课程设置很合理，7.7% 的人不同意这个观点，而剩下 92.3% 的人都同意此观点。结合访谈了解到，部分师范生认为应该把更多的时间都放在专业技能的训练上，减少一些不必要的课程。最高分是第 14 题的 3.78 分，"我从教育认知方面的课程中收获颇丰"，66% 的人不同此观点，这证明了尽管学生不肯定该方面的课程设置，但课程的学习过程给学生带来了很多收获。另外，有学生表示辅修科目的一些课程对他们是一种负担，如舞蹈、钢琴。乡村定向师范生以后都是要到农村去的，很多学校并没有配备专门的舞蹈室、钢琴等设施，已经参与过实习的师范生表示所在学校都没有钢琴，学生可以减少不必要课程的学习时间，然后把更多的时间放在主修学科的课程学习上，加强教学设计、教学策略的理论学习与实操训练，学会如何上好一堂课才是最主要的目标。

　　3. 教学设计课程

表 2-21　乡村定向师范生对教学设计课程评价情况

题目	选项	频率	百分比	得分	平均分
2. 我认为教学设计方面的课程设置很合理。	完全不符合	0	0%	0 * 1	3.28
	不符合	24	4.6%	3 * 2	
	一般	353	67.7%	44 * 3	
	比较符合	121	23.1%	15 * 4	

（续表）

题目	选项	频率	百分比	得分	平均分
	非常符合	24	4.6%	3 * 5	
	合计	522	100%	213	
6. 我从教学设计方面的课程中收获颇丰。	完全不符合	8	1.5%	1 * 1	3.22
	不符合	8	1.5%	1 * 2	
	一般	369	70.7%	46 * 3	
	比较符合	137	26.3%	17 * 4	
	非常符合	0	0%	0 * 5	
	合计	522	100%	209	
10. 我认为教学设计方面的课程能帮助我成为一名合格甚至卓越的乡村教师。	完全不符合	8	1.5%	1 * 1	3.18
	不符合	16	3.1%	2 * 2	
	一般	377	72.3%	47 * 3	
	比较符合	113	21.6%	14 * 4	
	非常符合	8	1.5%	1 * 5	
	合计	522	100%	207	
15. 我认为教学设计方面的课程实施质量很高。	完全不符合	8	1.5%	1 * 1	3.34
	不符合	8	1.5%	1 * 2	
	一般	313	60.0%	39 * 3	
	比较符合	185	35.5%	23 * 4	
	非常符合	8	1.5%	1 * 5	
	合计	522	100%	217	

由表 2-21 可知,乡村定向师范生教学设计课程平均分为 3.26,在五个维度中得分最低,且访谈结果表明师范生在教学设计方面信心略有不足。此维度中四个题目得分最低的是第 10 题"我认为教学设计方面的课程能帮助我成为一名合格甚至卓越的乡村教师"。教师进行教学设计是依据自己对于有效教学的理解和认识,意识决定行为,而第 10 题中 72.3% 选了"一般",4.6% 的人选了"不符合",这表明师范生对相关课程的实施并不满意,由于课程内容中没有涉及太多设计意识和决策等相关内容,很多时候看到教材内容不知如何下手。师范生依据教学理论和方法进行教学设计,每一节课都可以产生多种教学设计方案,它们不可能是等效的,只有灵活选用最佳设计,才能提高课堂教学效率。

4. 交流互动课程

表 2-22　乡村定向师范生对交流互动课程评价情况

题目	选项	频率	百分比	得分	平均分
3. 我认为交流互动方面的课程设置很合理。	完全不符合	2	3.1%	2 * 1	3.32
	不符合	7	10.8%	7 * 2	
	一般	28	43.1%	28 * 3	
	比较符合	24	36.8%	24 * 4	
	非常符合	4	6.2%	4 * 5	
	合计	65	100%	216	
7. 我从交流互动方面的课程中收获颇丰。	完全不符合	0	0%	0 * 1	3.44
	不符合	6	9.2%	6 * 2	
	一般	28	43.1%	28 * 3	
	比较符合	27	41.5%	27 * 4	
	非常符合	4	6.2%	4 * 5	
	合计	65	100%	224	
11. 我认为交流互动方面的课程能帮助我成为一名合格甚至卓越的乡村教师。	完全不符合	0	0%	0 * 1	3.57
	不符合	1	1.5%	1 * 2	
	一般	33	50.8%	33 * 3	
	比较符合	24	36.2%	24 * 4	
	非常符合	7	11.5%	7 * 5	
	合计	65	100%	232	
16. 我认为交流互动方面的课程实施质量很高。	完全不符合	2	3.1%	2 * 1	3.20
	不符合	11	16.9%	11 * 2	
	一般	27	41.5%	27 * 3	
	比较符合	22	33.9%	22 * 4	
	非常符合	3	4.6%	3 * 5	
	合计	65	100%	208	

由表 2-22 可知,师范生的交流互动课程得分为 3.20～3.57,平均得分为 3.38,可以看出师范生能够较好地融入学生集体中,这可能是因为部分乡村定向师范生同时有着两个身份,一是在校大学生,二是实习学校的教师。四

题得分最高的是第 11 题"我认为交流互动方面的课程能帮助我成为一名合格甚至卓越的乡村教师",选择"比较符合"的人数占了总人数的 50.8%,"一般""非常符合"的人数占了 47.7%。大部分师范生认识到交流、沟通的能力对于乡村教师角色非常重要,要善于与学生、家长、社会进行交流。得分最低的是第 16 题,就"我认为交流互动方面的课程实施质量很高。"这一题,选择"一般"的人数仅占 38.5%,大部分师范生表示由于交流互动方面的课程除在见习、实习中能够进行实际操作,其他课程均为理论性课程,多以讲授理论知识为主,实践锻炼的机会较少,导致大家的学习效果不佳,仅限于理论层面。

5. 班级管理课程

表 2 - 23　乡村定向师范生对班级管理课程评价情况

题目	选项	频率	百分比	得分	平均分
4. 我认为班级管理方面的课程设置很合理。	完全不符合	0	0%	0 * 1	3.12
	不符合	56	10.8%	7 * 2	
	一般	361	69.2%	45 * 3	
	比较符合	97	18.5%	12 * 4	
	非常符合	8	1.5%	1 * 5	
	合计	522	100%	202	
8. 我从班级管理方面的课程中收获颇丰。	完全不符合	0	0%	0 * 1	3.34
	不符合	49	9.3%	6 * 2	
	一般	273	52.3%	34 * 3	
	比较符合	176	33.8%	22 * 4	
	非常符合	24	4.6%	3 * 5	
	合计	522	100%	217	
12. 我认为班级管理方面的课程能帮助我成为一名合格甚至卓越的乡村教师。	完全不符合	0	0%	0 * 1	3.26
	不符合	24	4.6%	3 * 2	
	一般	361	69.2%	45 * 3	
	比较符合	121	23.1%	15 * 4	
	非常符合	16	3.1%	2 * 5	
	合计	522	100%	212	

题目	选项	频率	百分比	得分	平均分
17. 我认为班级管理方面的课程实施质量很高。	完全不符合	8	1.5%	1 * 1	3.34
	不符合	56	10.8%	1 * 2	
	一般	329	63.1%	39 * 3	
	比较符合	128	24.6%	23 * 4	
	非常符合	0	0%	1 * 5	
	合计	522	100%	217	

由表 2-23 可知,乡村定向师范生的班级管理课程得分范围是 3.12 至 3.34,平均得分是 3.27,处于中等水平,因此我们可以看出乡村定向师范生对班级管理相关课程的满意度较高,得分最高的是第 8 题和第 17 题,两题平均分均为 3.34。可见,乡村定向师范生对相关课程的评价总体水平并不高,且在自身班级管理能力信心不足。成为一名优秀的乡村教师,不仅要提升自己的教育教学水平,还要提升班级管理能力,适当增强自己的应变能力。当然,这不单是乡村教师需具备的应变能力,而是每位教师都应具备的基本技能。但面对乡村教育的现实,大量的留守儿童,乡村定向师范生的未来工作环境是相较于城市更为复杂的教育环境,更应加强自身的班级管理能力。

6. 教学策略课程

表 2-24　乡村定向师范生对教学策略课程评价情况

题目	选项	频率	百分比	得分	平均分
5. 我认为教学策略方面的课程设置很合理。	完全不符合	0	0%	0 * 1	3.31
	不符合	16	3.1%	2 * 2	
	一般	346	66.2%	43 * 3	
	比较符合	144	27.6%	18 * 4	
	非常符合	16	3.1%	2 * 5	
	合计	522	100%	215	
9. 我从教学策略方面的课程中收获颇丰。	完全不符合	0	0%	0 * 1	3.58
	不符合	8	1.5%	1 * 2	
	一般	225	43.1%	28 * 3	
	比较符合	265	50.8%	33 * 4	
	非常符合	24	4.6%	3 * 5	
	合计	522	100%	233	

(续表)

题目	选项	频率	百分比	得分	平均分
13. 我认为教学策略方面的课程能帮助我成为一名合格甚至卓越的乡村教师。	完全不符合	0	0%	0 * 1	3.29
	不符合	16	3.1%	2 * 2	
	一般	346	66.2%	43 * 3	
	比较符合	152	29.2%	19 * 4	
	非常符合	8	1.5%	1 * 5	
	合计	522	100%	214	
18. 我认为教学策略方面的课程实施质量很高。	完全不符合	0	0%	0 * 1	3.45
	不符合	24	4.6%	3 * 2	
	一般	249	47.7%	31 * 3	
	比较符合	241	46.2%	30 * 4	
	非常符合	8	1.5%	1 * 5	
	合计	522	100%	224	

由表 2-24 可知,乡村定向师范生在教学策略课程这一维度中的题目平均分排第二,这表明了乡村定向师范生对教学策略相关课程的满意度是较高的,也从侧面显示出学生在教学策略掌握与运用学习等方面充满了自信。这一维度中四个题目中平均得分最高的是第 9 题 3.58 分,乡村定向师范生普遍认为自己从该类课程中获得了相关知识与技能。

（五）对实践环节的反馈

对实习环节的反馈本,研究主要是让乡村定向师范生从培养单位即 Y 师范学院的实习工作安排和实习单位提供的相关支持与指导两个方面进行评价与反馈。由于一年级至三年级的学生对教育实习没有亲身经历,研究组仅对被调查对象中四年级的 138 名师范生开展了调查。因此,该部分的研究结论来源既有问卷调查的统计数据结果,同时也有就实习工作对相关负责老师进行的相应访谈。

1. 高等院校实习工作安排

（1）教育实习时间

从某种程度上来说,教育实习其实就是积累经验的过程,时间对其有着重要的影响,因此教育实习时间的长短一定程度上会影响到实习的质量和效果。

充分的实习时间才能保证实习的内容、形式和效果。在研究中发现,师范学校安排的教育实习的时间需要进行适当的延长。

访谈一

问题:你们学校的教育实习是安排在什么时期? 你们学校实册的教育实习周期是多久?

师1:基本安排在大四上学期,一般为8周。

通过对Y师范学院带队教师的访谈可知,实习时间上,高等师范院校基本安排在大四上学期。实习周期上,一般都是18周。教育部规定,高等师范院校教育实习的最短时间本科为8周,专科为6周。Y师范学院的教育实习时长经过多届毕业生以及相关用人单位的反馈,多次修改,现阶段师范生的实习时长为18周。但大部分师范生仍认为实习的机会不够多、时间不够久。此外,由于教育实习安排在师范生在校学习的最后一个学年,面临毕业的师范生承受着沉重的就业压力,无法专心对待教育实习。长时间后,教育实习会变得更加形式化。因此,短暂的实习时间与不断拓展的实习内容以及不断提高的对实习质量的要求间出现了矛盾,成为教育实习中的一大问题。

此外,对实习学校指导教师访谈也支持了这一观点。

访谈二

问题:您认为关于师范生的实习期时间够吗? 在这个时间段中,您认为师范生是否能够从专业意识、知识、技能、情感、能力方面产生性质层面的变化?

师1:不够,这些师范学生能将课堂教学方面的内容吃透就非常好了。

由此可见,师范生普遍认为实习期完全不够,学生们在这个实习时间进而只能简单地、非常浅层地摸到一点实训教学内容、这对于师范学生累积实践性的专业知识方面是非常不利的,更不利于培养师范生教育实习的反思能力,师范生的教育实习质量很难在短时期内产生根本性改变。

(2)与实习学校关于指导工作的沟通

在实习过程中,高等师范院校与实习学校间关于实习指导工作的有效沟通能够提高实习工作的质量和效果,有利于更好地解决实习中出现的问题,能够为师范生提供全面有效的指导。从研究中发现,高等师范院校与实习学校间关于指导工作的沟通和交流仍需进一步加深。

表 2－25　乡村定向师范生关于指导老师指导办法接受度统计表

数据统计	频次	比例
只有实习学校老师的指导	107	77.5%
只有乡村定向带队教师的指导	0	0%
两方老师一起指导	31	22.5%
两方老师都不指导	0	0%

从表 2－25，在教育实习期间，77.5%的师范生表示指导是由实习学校指导教师进行指导，仅有 22.5%的师范生表示是由双方指导教师共同指导。由此我们可以发现，在教育实习过程中，师范生主要接受实习学校指导教师的指导，接受双方教师共同指导的师范生所占比例较小，双方指导教师在实习期间就实习指导工作的沟通和交流需要进一步加深。

此外，就这个问题对实习学校指导教师的访谈也支持了这一观点。

访谈三

问题：贵校教育实习指导教师针对学生实习工作与师范院校指导教师，进行沟通的频率如何？

师 2：几乎没有沟通，只有学生们主动要求帮助的时候会与其所在学校的老师展开沟通交流。

通过对实习学校指导教师的访谈可知，双方指导教师对师范生的指导工作沟通交流比较少。究其原因，主要是由于其所在专业使用的是混合队伍的实习方式，一个老师需要对 15 个左右的师范学生进行指导，并且他们还担任着繁重的教学任务，如此一来，指导老师们必然精力不足，分身乏术，不可能全部精力都放在实习工作的指导中。因此，他们不能够及时地与实习学校就实习指导工作进行及时且深入的沟通和交流，对于教育实习的指导方面有不尽如人意之处。

（3）高等师范院校指导教师指导频率

实习指导的质量很大程度上决定了教育实习的效果。目前，我国对关于实习指导方面的规定以及约束进行了一定程度的改进以及加强。但由于各方面的原因影响，关于怎么以实习指导的办法来加强教育实习成效方面，不管是理论场面还是实践层面，几乎都没有什么分析与研讨文献，这对于指导功能的效果发挥是有一定影响的，进而也影响到了教育实习的成效。在研究中发现，高等师范院校指导教师在实习中对师范生的指导频率需要进一步提高。

表 2 - 26　Y 师范学院指导教师指导频次统计情况

数据统计	频次	比例
实习期内随时进行指导	23	16.8%
偶尔指导	97	70.2%
出现问题,有学生要求帮助的时候予以指导	17	12%
从来没有指导过	1	1%

从表 2 - 26 中的数据可知,Y 师范学院带队教师对师范生全程随时指导的选择比例仅占总数的 16.8%。由此可以发现,在实习过程中,高等师范院校的教师对师范生的指导频率有待进一步提高。

另外,关于导教师指导频率较低这一问题产生的原因,通过对高等师范院校指导教师访谈获知,由于部分实习学校与高等师范院校间距离较远,高等师范院校指导教师很少也很难去实习学校对师范生进行全程指导,其中 6 名高师指导教师还表示,他们在师范院校中还有很多教学任务,无法全身心投入实习指导工作中。因此,在实习过程中,部分师范生无法及时得到高校教师指导,这样对高等师范院校掌握师范生在实习当中遇到的问题能以及处理这些问题时造成了不良影响,进而使得教育实习的效果无法得到提升。

(4)教育实习评价方式

把教育实习作为评价对象进行的价值判断活动就是教育实习评价。它是根据教育实习的目标和标准,对教育实习进行考核,判断其与实习目标间的差距,希望能够有所改进。通过对师范生的问卷调查和对双方指导教师的访谈发现,Y 师范学院师范生教育实习评价的现状及主要存在的问题是:

第一,教育实习评价方式需要更加多元化。教育实习评估的办法关系着其评估工作的详细执行,对教育实习起着导向和激励作用,影响着教育实习的效果。在研究中发现,师范院校对教育实习进行评价的方式存在着一定的问题。

访谈四

问题:实习结束后,对师范生的教育实习采取怎样的评价形式呢?

师 3:实习过后,由两校指导教师对所指导的师范生进行结果性评价。

从上面的访谈可知,在对师范生教育实习的评价方式上,实习结束后,高等师范院校按一定的评价指标进行结果性评价,评价方式不够多元化。但实施评估必须是以对师范学生的实习阶段的审查,改进整个过程,进而最终提高教育实习质量为最终目的而展开的。而高等师范学校关于教育实习最后的成果性评估的办法对其学生在实习当中找出以及处理问题方面并无帮助,原因是不重视过程方面的评估从而忽视了其重要性。

第二,教育实习评价主体需要更加多元化。教育部印发的《关于加强师范生教育实践的意见》中提到需要改进和完善各方共同参与的教育评估系统,其评估主体应以其学校的指导老师评估为主,同时也需要同伴评估、学生们的自我评估、实习学校的学生评估、实习学校的评估各方都兼顾,全面客观评价师范生的教育实践。多元化的实习评价主体有利于更加全面地评价师范生的教育实践。

在对师范生教育实习进行评价的主体这一问题进行访谈时,6名高校指导教师和8名被访实习学校指导教师均表示仅有两校的指导教师参与了师范生的教育实习评价工作,评价主体的单一化,不利于全面客观地对师范生的教育实习工作进行评价。

就是否应该将实习评价的主体更加多元化这一问题,对师范生进行了具体的问卷调查,具体调查统计状况见表2-27、表2-28和表2-29。

表2-27　关于教育实习方面评估主体的数据统计情况

数据统计	频次	比例
将自己放入实习评估的主体中,展开自我评估	128	92.7%
未展开自我评估	10	7.3%

表2-28　乡村定向师范生实习互评数据统计情况

数据统计	频次	比例
实习生之间应该相互评价	105	76.4%
实习生之间不应该相互评价	33	23.6%

表2-29　实习教学班的学生放入其实习评估主体的数据统计情况

数据统计	频次	比例
自己实习的班级学生应该对自己的工作予以评估	98	71.2%
自己实习的班级学生不应该对自己的工作予以评估	40	28.8%

自上述三个方面的统计数据能够看到,92.7%的师范生表示自己对自己实习的了解程度很清楚,应把学生本人划入实习评估主体。76.4%的师范生表示师范生们应进行互相评估,这样的方式能够提高他们之间的交流沟通,进而使自己能够更好地反思。71.2%的师范生表示,自己所教班级学生对自己

的实习工作有最直观的感受,应该对自己的实习进行评价。另外,有76.4%的师范生表示,实习评估主体方面需要以自主以及他评相结合的方式进行。

第三,缺乏对双方指导教师的评价。关于评估主体方面,如上述内容提到的,只是让两方的指导老师来进行,评估并不包含师范学生对两方指导老师的评估。并且在整个教育实习过程中,双方指导教师起着极为关键的作用,对实习效果有重要影响。对他们进行评价能够促进实习工作更加有效地进行,能够优化指导教师队伍,更好地提高实习工作的指导质量。所以在教育实习评价中,应当将师范生对双方实习教师的评价纳入评价范围。

2. 实习学校在教育实习中的相关支持

(1)安排的教育实习内容

2016年3月17日,教育部颁布《关于加强师范生教育实践的意见》,其中要求构建全方位的教育实践内容体系,要求设置足量的教育实践课程,创建包含师徒体会、教学、班级管理、教研等所有方面的体验式教育实践系统[13]。现如今,我们国家关于教育实习方面的指导工作,其目标并不清晰,其内容方面也有待完善。关于其内容方面,大多数都只是对学生们的工作实习进行指导,详细说来就是教案的撰写以及课堂教学的指导和评估。研究后发现,实习学校安排的教育实习内容也存在这样的问题。

访谈六:

问题:高等师范院校师范生有没有参与到你们本校的课题研讨、教育变革分析等活动?

师4:没有,这些方面不会让学生们参与进来。因为时间方面不允许。

从访谈可见,实习学校安排的教育实习内容并没有涉及如专业课题研讨、基础教育改革研究等教研实践的内容,实习学校的指导内容存在一定的片面性,安排的教育实习内容需进一步拓展。

(2)提供给师范生授新课的机会

表2-30 乡村定向师范学实习期内新课讲授状况统计

数据统计	频次	比例
新课讲授1~8节	113	81.6%
新课讲授8~15节	18	13.1%
新课讲授15~20节	6	4.2%
新课讲授20节以上	2	1.1%

关于新课的讲授时长长短同样会对教育实习的成果造成直接影响,足够的新课讲授时间能够让师范学生们很好地得到一线课堂教学实训,有利于获得实践性知识,在培养师范生专业意识、情感和技能方面起到重要作用。研究中发现,实习学校提供给师范生授新课的机会存在一定的问题。

由表 2-30 中能够看到,高等院校师范生授新课 1 到 8 节的人数最多,占总比的 81.6%,20 节以上比例仅占 1.1%。另外,98.9% 的师范生数讲授新课时数在 20 节以下。以 8 周实习期来,20 节以内的新课讲授也意味着师范学生们每个星期只能上 3 节不到的新课。从上面的统计来看,实习学校给师范生安排讲新课的机会比较少。

原因在于,不管是实习的学科还是其所在实习的学校教学现状都不一样。实习学校重视主要科目的教学质量,对师范生的教学能力多持不信任的态度。因此,很多师范生在实习过程中很少能够有机会独立地去讲授新课。

（3）提供的班主任工作机会

在研究中发现,实习学校为师范生安排的班主任工作实习的机会存在一定的问题。

表 2-31　乡村定向师范生协助班级管理情况

数据统计	频次	比例
完全协助班级管理	35	25.1%
偶尔协助班级管理	55	39.8%
没有这方面的工作	48	35.1%

查阅表 2-31 可知,Y 师范学院有 74.9% 的师范生并未能完全协助班主任管理工作,在这个学校的学生教育实习中,关于学生的参与方面,并没有得到有效落实,实习学校为师范生提供的管理班级的实习机会比较少。

而在班主任在实习当中的工作,让师范学生参与班级管理的详细表现为对学生们的考试、班会的设计安排以及别的课外活动安排等。例如,在"你独立设计组织班会或团会或其他课外活动的次数"这一问题上,对 Y 师范学院师范生进行了问卷调查,具体情况见表 2-32:

表 2-32　乡村定向师范生独立设计组织班团会和其他课外活动情况

统计数据	频次	比例
单独进行班团会以及别的课外活动设计和安排 0 次	92	66.5%
单独进行班团会以及别的课外活动设计和安排 1~5 次	46	33.5%
单独进行班团会以及别的课外活动设计和安排 5~10 次	0	0%
单独进行班团会以及别的课外活动设计和安排 10 次以上	0	0%

从表 2-32 中数据可以看出,66.5%的师范生都没有能够独立承担设计组织班团会和其他课外活动,33.5%的师范生可以自己单独进行班团会以及别的课外活动设计和安排。实习学校的指导老师给了少部分师范生独立承担班主任实习工作的机会。但 1~5 次的单独进行班团会以及别的课外活动设计和安排,并不能很好地使师范学生的班级管理能力得到提高,也不能使其关于班主任的工作品质得到保证。基于此,能够看到师范学生单独负责班主任工作的时候或者说机会并不多。

究其原因,主要是源于实习学校的指导教师对于师范生工作能力的不信任,不敢放手让师范生独立地去设计并组织班队会等活动。而且,很多师范生在实习学校的指导教师并非班主任,没有机会也没有权限让师范生参与到班主任工作中。

(4) 实习指导教师对师范生实习工作的重视程度

实习学校指导教师的主观态度会直接影响他们指导工作的质量,也会对师范生的实习工作产生一定的影响。在研究中发现,部分实习指导教师对实习工作的态度上存在一定的问题。

表 2-33　实习学校指导教师对师范院校师范生教育实习态度情况

统计数据	频次	比例
非常支持	87	62.8%
给予部分支持	44	31.9%
态度马虎	7	5.3%
不支持	0	0%

从表 2-33 可以知道,31.9%的师范生表示实习指导教师只给予部分支持,5.3%的师范生表示实习指导教师态度马虎。从中可以发现,部分实习学校指导教师主观上并不是完全支持实习工作。

就此问题又对实习学校的指导教师进行了访谈,其中有 4 名实习学校指导教师认为教育实习对正常教学秩序造成了影响,更担心影响教学进度。另有 2 名实习学校指导教师认为,师范生的教育实习可以帮自己减少一定工作量,他们是"免费劳动力"。

自上述问卷调研和访谈中可以看出,部分实习学校指导教师在主观意愿上并不重视高等学校师范学生的教育实习工作,因而影响其对师范学生的指导工作,而指导不力就一定会对师范生的教育实习质量产生不好的影响。究其原因,是由于实习学校指导教师对于师范生能力的不信任,主观上对实习工作不重视。而且,近年来升学压力不断加大,实习指导教师担心会对教学质量产生不好的影响,从而对实习安排缺乏积极性。

二、乡村定向师范毕业生反馈

关于 Y 师范学院小学教育专业乡村定向毕业生对本科阶段培养质量的评价反馈,本研究主要分培养目标达成度评价和培养协议履行情况两个方面开展了调查,对 2020 年起毕业的三届共计 69 名毕业生进行了问卷调查,并结合江苏省高校毕业生就业管理信息系统中的相关统计数据进行分析。

(一) 培养目标达成度评价

为了掌握乡村定向师范毕业生对四年本科培养的评价情况,本研究通过网络问卷调查了自 2020 年起毕业的三届共计 69 名毕业生,要求其对本科学习毕业时培养目标的达成情况进行评价,包括遵守师德规范、热爱小学教育事业、科学素养、教学能力、班级管理技能、综合育人能力、自主反思能力以及团队协作精神,被调查对象对共计八种专业素养各方面能力以及发展潜力达成率均超过 85%,如图 2-1 所示。其中在师德规范、热爱事业方面的达成度为 100%,科学素养、教学能力综合育人能力的达成度水平并列第二位,均为 95.65%,团队协作精神的达成度为 91.30%。而在班级管理技能和自主反思能力方面评价表现相对最低,为 87%。

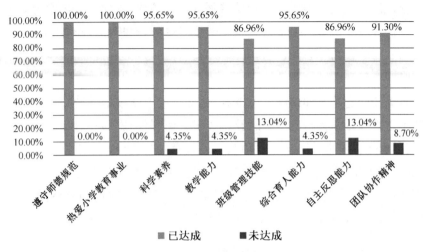

图 2 - 1　Y 师范学院小学教育专业乡村定向师范毕业生专业素养达成评价

(二) 乡村定向师范生培养协议履行情况

乡村定向师范生的培养是基于学生本人与地方教育局签订的培养协议展开的,约定在四年本科学习完成后返回原籍进行相应的服务。乡村定向师范生是否返乡从教或违背协议,这也在一定程度上能够反映出其培养成效。江苏省高校毕业生就业管理信息系统显示,Y 师范学院小学教育(乡村定向)专业近 3 年共培养 367 名毕业生,其中 2020 届 101 名毕业生,2021 届 148 名毕业生,2022 届 118 名毕业生,从图 2 - 2 的柱状图可知,违约情况仅为个别现

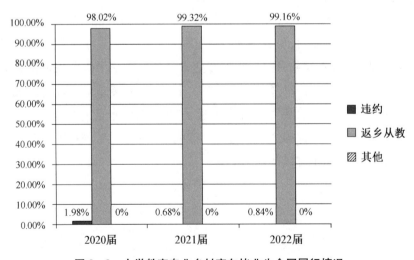

图 2 - 2　小学教育专业乡村定向毕业生合同履行情况

象,第一届毕业生中有2名学生违约,后面两届毕业生中各有1名学生未按协议履行服务义务,退出了该培养项目。由此可见,Y师范学院小学教育专业乡村定向师范生的培养协议履行情况是较好的。这也从侧面反映了学生对乡村教育事业的坚定信念与执着追求。

三、用人单位等评价反馈

该部分的评价反馈主要来自用人单位与毕业生家长。

(一)用人单位评价

用人单位即与乡村定向师范生签署定向培养协议的地方教育以及工作的乡村学校。由于研究条件所限,研究小组只获取了2020届毕业生的用人单位反馈数据。根据江苏招就"2020年江苏用人单位调查"的结果,Y师范学院小学教育专业乡村定向毕业生得到了用人单位的高度好评。另通过纸质问卷发放和电话采访调查用人单位对Y师范学院小学教育乡村定向师范毕业生认可程度,结果显示满意度总体较高。图2-3和图2-4给出了用人单位对乡村定向师范生知识满意度职业能力满意度的调查结果。

知识满意度方面,主要就现代科技基础知识、社会人文知识、跨学科专业知识、专业前沿知识和专业基础知识这几个维度开展的调查,结果显示用人单位对这几个方面的知识满意度是依次降低的。尽管整体满意度都超过了80%,但是仍然可以看出用人单位认为毕业生在专业基础知识、专业前沿知识的掌握方面还存在欠缺。

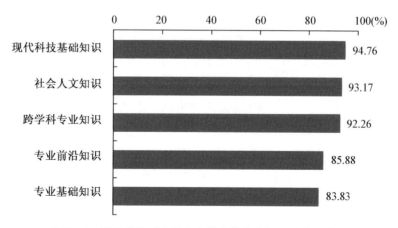

图2-3 用人单位对乡村定向师范毕业生知识满意度情况

　　而在职业能力方面,整体满意度也是超过了 85%。调查数据显示,用人单位对毕业生职业能力各个维度的细化能力的满意度有所区别,从高到低依次为创新能力、动手操作能力、科学思维能力、沟通交流能力、应用分析能力和管理能力。可见,今后乡村定向师范生的培养应重视师范生管理能力、应用分析能力的提升。

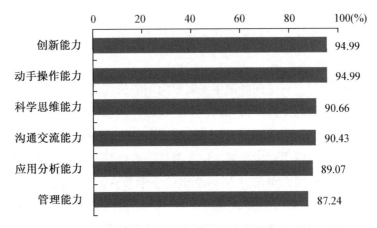

图 2-4　用人单位对乡村定向师范毕业生职业能力满意度情况

(二) 学生家长评价

　　学生家长的评价对师范生的培养工作也有着一定的指导意义。因此,本研究联系了 Y 师范学院小学教育专业乡村定向毕业生的家长,对其进行了电话访谈,就对子女工作的满意度以及对子女能力提升的满意度开展调查,其中能力提升又具体分为道德素养提升、知识水平提升和专业能力提升三个方面。调查数据结果如图 2-5 所示,被电话采访的 48 名毕业生家长中,超过六成对其子女工作较为满意,近三成基本满意,4.17% 的家长表示对子女工作并不满意。在子女能力提升的满意度上,毕业生家长对道德素养的提升满意度最高,满意的比重达到 83.33%,剩余的家长表示基本满意。其次为专业能力提升,家长表示满意的比重占六成,近四成家长基本满意,另有个别家长表示不满意。知识水平提升的满意度最低,为 56.25%,仅刚刚过半,41.67% 的家长表示基本满意,也有个别家长不满意孩子的知识水平。这些数据为后续人才培养方案的制定以及培养课程的具体实施提供了参考。

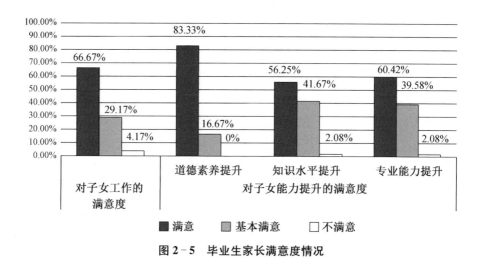

图 2-5　毕业生家长满意度情况

第三节　乡村定向师范生培养存在的问题

根据问卷调查与访谈的相关调研数据与结果来看,Y 师范学院小学教育专业乡村定向师范生培养过程中的各环节依然存在不少问题,主要表现在报考动机与招生标准存在差距,增加培养难度;课程体系无法满足目标设定,影响培养质量;职业认同与返乡意愿均有限,缺乏内生动力;实际教育教学能力存在不足,亟待有效提高等方面。

一、报考动机与招生标准有差距,增加培养难度

(一)师范生的报考动机趋于功利化

在报考小学教育(师范类)专业(乡村定向)的学生中,大部分学生的报考动机并非完全出于热爱乡村教育事业,而是听从了教师、家长的意见,或为了减轻家庭的经济负担,或由于免费师范生定向培养的工作福利才选择了这一专业。在招生标准方面,由于招生标准单一导致学生素质分化较大。专业的选择基本确定了一个人未来的职业方向,它对个人的事业发展会产生深远的影响。以上的调查结果显示学生报考教育专业的主要原因是听从了家长或老师的建议,部分学生认为教育专业就业前景好,比较好找工作才选择报考。不过,也不排除有几种原因重合的情况。当问到师范生在报考前对教育专业的

了解情况时,绝大部分师范生对教育专业仅仅是有些了解,少数学生表示对教育专业十分了解。当问到乡村定向师范生入学之后对本专业的喜欢程度时,多数师范生选择了比较喜欢,占70.8%。还有14.1%的人选择了非常喜欢。只有6人表示自己非常不喜欢教育专业。性格会影响人们对职业的选择,对于内向且不善于交流的人并不适合从事教师职业。当问到师范生的性格时,有98人认为自己的性格是介于活泼开朗和内向喜静之间,占51.0%。有24.5%的人认为自己的性格属于活泼开朗。当问到师范生是否有人告诉过他们适合做教师时,40.6%的学生表示有很多人说过,还有38.02%选择了个别人说过。

师范生对未来教师职业的期望反映了他们各自的职业价值观。拥有不同的职业价值观就会对教师职业有不同的期望。有些人期望职业给他们带来较高的经济收入和社会地位;而有些人则是期望自己在教师这个职业里能寻求自己的发展,实现个人价值。当问到师范生择业时会更多考虑到哪些方面时,有354人表示会同时考虑职业的经济收入和工作环境,占67.8%。334人择业时更看重的是职业的稳定性,占65.9%。还有304人更多考虑的是职业要符合自身兴趣特长,占58.2%。当问到师范生希望从未来自己的职业中获得什么时,希望改善生活条件的人数最多,共计329人,占63.0%;其次,307人希望能从自己的职业中获得成就感,占58.8%;还有277人希望在未来的职业中能够发挥自己的创造性,占53.1%。

当问到教师职业是否能更好地实现自身的职业理想时,有70.9%的人做出了肯定的回答,他们认为教师可以实现自身的职业理想。既然绝大多数的人认为教师能更好地实现职业理想,那么其中对教师职业感兴趣的肯定大有人在。因此调查问卷中设置了这样一个问题:您对将来成为一名教师是否感兴趣?有253人对教师职业非常感兴趣,占48.5%。还有188人表示有些感兴趣,占36.0%。只有11人明确表示对教师职业很不感兴趣。当问到师范生对教师职业最大的期望时,排在前三位的分别是提高工资待遇(345人,66.1%)、改善生活环境(329人,63.0%)和减轻教师负担(307人,58.8%)。这也从侧面反映了教师职业在这三个方面的不足,不令人满意。

(二) 师范生对乡师教职持消极态度

对教师职业是否有清楚的认知会影响师范生的职业价值观。对于乡村定向师范生来说,职业定位已然十分明确,但也并不是所有人毕业之后都会选择从事教师行业。目前师范生还不能做出职业选择行为,所以他们的职业选择是带有倾向性的,主要是看他们的意愿。因此,此次问卷中设置了九个陈述句来考察师范生对教师职业的认知情况。结果显示大多数师范生对教师职业持消极的看法。尽管他们认为教师工作稳定、有保障,但认为该职业社会地位不高、对社会贡献与价值一般。师范生通过教育见习和亲身实习能够更加理性客观地去看待教师职业,所以当问到师范生了解教师职业的途径渠道时,有321人选择的是亲身实习,占61.5%。其次,有201人选择的是学科老师,占38.5%。还有256人选择了家人,占49.0%。当问到师范生将来成为一名教师之后可能会遇到哪些问题时,有362人选择了教学任务繁重,占69.3%。324人认为学生难以管教,占62.1%。还有53.6%的人选择了职业倦怠。这表明了师范生对乡村教师职业困境的认知有着消极情绪。

当问到教师职业是否是一个道德要求高但工资回报低的职业,有76.04%的学生做出了肯定回答。又问到当今社会对教师无私奉献精神的倡导是否变得过时时,绝大多数的学生认为没有过时,共计389人,占74.5%。对于教师职业的价值,我们可以从三方面来入手:教师对学生发展的价值、对自身的价值和对社会的价值。当问到教师对学生发展的价值最主要体现在哪里时,有343人认为最主要体现在促进学生情感、态度、价值观的发展,占65.7%。有106人选择的是培养学生的方法和能力,占20.3%。还有73人选择的是教给学生知识与技能。当问到教师这一职业对自身的价值最主要体现在哪里时,有250人认为最主要体现在发挥自己的才能和创造性,占47.9%。有171人认为可以实现为社会服务的理想,占32.8%。当问到与社会上的其他职业相比,教师职业的社会贡献主要体现在哪里时,选择人数最多的前三项是道德教化(426人,81.6%)、知识传播(392人,75.1%)和文化传承(356人,68.2%)。教师对学生、个人和社会都有一定的价值,就师范生看来教师职业对哪几个方面产生的价值更大。调查结果显示有68.8%的人认为教师对学生的价值更大,只有11.9%的同学认为教师对自身的价值更大。

二、课程体系无法满足目标设定,影响培养质量

(一)课程设置的乡土性待加强

综合上述分析,乡村定向师范生的课程设置有一定的特色,但也存在一些需要进一步加强的地方,特别是课程设置的乡土性需要进一步彰显。乡村定向师范生的乡土课程只作为选修课模块之一,且时段偏少。而乡村定向师范生最大的独特性应该体现在乡土情怀与乡土文化教育,但课程设置的只是添加了乡土教育选修主题教育,并未得到充分重视,选修课的时段偏少,对于学

生来说并不能得到充分的乡土文化教育。

在核心课程上小学教育定向师范生未设有乡土课程,从此核心课程的类别来看是普遍师范生都应具有的核心课程,没有体现出乡村定向师范生特有的乡土特色。同时乡村定向师范生的课程设置的只是在模块类别上进行总体,在具体内容上无法体现出乡村教育的具体特色,例如心理学,是定向培养与普通师范培养都具有的课程,但鉴于乡村教育的特殊性(留守儿童偏多),定向师范生的课程设置应该在乡村儿童心理教育进行针对性;课堂教学普遍按照普通师范生的常规模式进行,未能实现培养计划中的乡村课堂、乡村教学模式,所以乡土教育仍需加强。

表 2-34　核心课程比较

核心课程比较

小学教育普通师范生	小学教育乡村定向师范生
小学教育基础 儿童发展心理学 小学生心理健康教育 小学数学课程标准与教材研究 小学班级管理和少先队活动组织 小学语文(数学、英语)教学法	教师职业道德与教育政策法规 教育学原理 小学教育研究方法 小学教育心理学 中外教育史 小学语文(数学、英语)教学法 儿童发展心理学 小学班队原理与实践

(二) 课程设置与实施的紧密性不充分

对于课程设置的乡村定向师范生的课程是有乡村情怀的培养,乡土文化课程的设置,但在实施过程中我调查到定向师范生的乡村独特性并未充分体现,与课程设置衔接不够紧密。本研究从教师与学生的角度进行采访调查,对Y师范学院教育科学学院的老师、定向师范生和普通师范生进行了聊天式采访后,选取了以下具有代表性的访谈内容。

访谈七

问题:老师,您认为乡村定向师范生专业课程设置的与实施过程中有什么问题?

师 5:乡村师范生课程设置得是十分合理,并且是具有一定的乡土特色的,但在实施过程中教师的教学并没有多大的变化,与实际衔接不够。

师 6:现在的课程设置的适应乡土特点,并且有可操作性。但实施过程中教师与学生在乡村教育主题上没有深化,开的课时比较少,一周一次,只能简单了解,达不到深入学习的效果与要求,导致学生没有乡土教育意识。

访谈八

问题:同学,你认为乡村定向师范生专业课程设置的与实施过程中有什么问题?

乡生1:对于我们的课程设置我了解得不是很清楚,但在课堂中我没有感觉到我们作为乡村定向师范生的不同,上的课的内容和普通师范生的是一样的。

乡生2:我认为我们的课程设置,虽然上稍有不同,但在实际实施过程中具有乡村特色的课程例如"最美乡村教师"案例是作为选修课程,上课的次数也相当少,所以乡村定向师范生的课程在实施过程中乡村的独特性并未充分体现。

经过对采纳到的素材的整理归纳可以看出,学校的乡村定向师范生的课程设置在上是有一定的乡村独特性的,但在实施过程中与课程设置的衔接不够紧密,课堂没有针对性教学,学生体会不到乡村教师的乡村教育特色,乡村的本土课程实施得不够充分,老师的教学方法也需要作出积极转变。

(三)定向单位投入程度不够高

定向师范生其中独特之一就是定向培养、定向就业,但在定向师范生的培养过程中定向单位投入程度有待提高,需加强与师范院校的联系,共同培养。对此本研究对 Y 师范学院教育科学学院的乡村教育负责老师进行了采访,选取了具有代表性的访谈内容:

访谈九

问题:定向单位给予高校在培养上有什么措施?

师7:定向单位会有一个考核要求,作为培养标准之一,但个人认为可以进一步改善,比如"考核标准在校成绩占 30%,教师资格笔试成绩占 40%,就业面试成绩占 40%",我认为在校成绩的比重可以提高一些,这样使学生在校具有紧迫感、认真提升技能。

师8:定向单位在与我们定向师范生培养上,在实习培养上有一定的支持,但在过程中定向单位投入程度相对较少,地方与高校联系不够,导致学生对乡村教育现状了解太少,学生对于乡村教育的向往与职业认同感偏低。

经过对掌握的素材整理归纳可以看出:定向单位在人才培养过程中参与度较少,定向单位需进一步加强与高校的合作,提高投入程度,与高校联合培养师范人才。

（四）高校师资配置情况不理想

乡村定向师范生的教育改革实施过程面临师资配置不足的瓶颈，这也是高校乡村课程设置开展面临的困难。对此本研究对 Y 师范学院教育科学学院的乡村教育负责老师进行了采访，选取了具有代表性的访谈内容：

访谈十

问题：乡村定向师范生的课程在设置实施过程中存在什么问题吗？

师 7：我们的课程设置已经进行了改革，但在实际的操作过程中师资配置和教师的素质能力仍需要加强。

师 8：乡村师范生的教学过程是接下来改革的重要内容之一；学校在设置课程和实施课程都面临两难，想要安排课程学分挤不出来，在教学过程中师资力量是我们缺乏的最重要的部分，外聘老师又不太清楚乡村定向师范生的目标要求，所以在实施过程中把握不好课程的难易度。高校乡村定向师范生的专有师资力量仍需加强。

师 9：在课程实施过程中学生不能体会到乡村教育的情怀，因此高校需要进行导师培训，加强高校教师队伍建设。

经过整理归纳访谈素材可知，在实施过程中高校有高校的难处，导致课程设置与实施脱节其因素之一是高校的师资力量不足，这是高校在定向师范生人才培养的一个瓶颈；高校在师资配置需要进一步投入，教师需要进一步进行教学模式的转变，以适应培养新型人才的迫切需要。

三、专业发展意识与行动均有限，缺乏内生动力

只有具备了正确的专业发展意识，才能做出积极的专业发展行为。根据对乡村定向师范生的调查，不难发现他们中的一部分人，在专业发展的道路上存在一定的"惰性"。他们会按培养计划安排自己的学业生活，大都可以达到生源地教育局做出的基本要求，部分人也早早地取得了毕业所需的相关证书等。但在满足这些条件后，他们的专业发展之路便只是缓慢推进甚至停滞不前。这表明他们的专业发展意愿有待提高。

（一）部分乡村定向师范生缺乏专业发展自主意识

思维是行动的根本。根据调研发现，乡村定向师范生们虽然对乡村教育事业怀有一定的理想和热情，但这只是停留在表面的。他们中并不是所有人都出身于乡村，大都缺乏乡土情感。他们虽然认可乡村教育事业对于乡村振

兴发展的重要性,但是并不能切实意识到自己作为未来的乡村教师,在乡村教育事业中的主体作用。主体意识的缺乏,会导致他们在专业发展的过程中对自我的要求不高,甚至出现"得过且过"的现象。来自社会的不良意识形态冲击了师范生应有的价值取向。目前,乡村定向师范生的专业发展受到诸多因素的制约,各种思想观念不断冲击着其原有的价值取向。社会对于教师这一职业的认识一般是:收入稳定、假期多、福利待遇好,是一个适合安稳度日的工作,实际上,这一观念确实导致了师范生们拼搏意识的缺失。他们会认为自己只要达到基本要求就好,不需要付出过多的努力,反正职业特性如此,过多的努力也并不会有多大回报。

（二）部分乡村定向师范生缺乏专业发展内生动力

通过调查我们可以看出,大部分乡村定向师范生的家庭收入属于中等水平,居住在县城,基本属于小康家庭。出于这个原因,大部分乡村定向师范生选择报考该专业,是以取得稳定工作和稳定收入为主要目标。贪图稳定就会导致个人拼搏意识的缺失,从而专业发展动力不强,专业发展意愿自然也就不会强烈。

在培养院校的课程设置中,鲜少设有专业发展的相关课程。在此次调查中,部分同学表示,在大学四年里仅仅上过两三次大学生职业规划的课程,并且该课程讲的职业规划范围过大,对于乡村定向师范生这一特殊群体并没有很明确的指导意义。虽然学院给每名大一新生安排了生涯导师,但学生普遍反映平时很难有与导师接触的机会,生涯指导也局限于表面,难以深入实践。由此可见,增强学生的专业发展意识并未受到培养院校的高度重视。在缺乏专业的指导的情况下,学生们专业发展意愿不高也是可想而知的结果。

在乡村定向师范生培养计划上,大部分培养院校是严格按照培养标准进行的,也就是说,师范生技能水平达到教师要求,通过了技能测试,并具有了专业老师所需要的知识和技能,在毕业前取得相关证书,毕业后就可以直接到生源地教育局进行岗位分配,并保证有岗有编。这样的培养计划虽然保证了乡村定向师范生未来就业的稳定性,但也确实在一定程度上抑制了他们专业发展意愿的强烈程度。

四、实际教育教学能力存在不足,亟待有效提高

从问卷数据、课堂观察和访谈结果来看,乡村定向师范生的教学实践能力存在不少问题,主要表现在以下几个方面:

（一）学情分析能力方面存在的问题

通过分析学情分析能力方面的问卷结果可以发现乡村定向师范生学情分析不深入、不具体。59.1%乡村定向师范生不能够准确地分析学生的认知特点、知识水平、学习动机和学习风格。通过翻看实习手册与访谈进一步发现，乡村定向师范生分析学情不够全面，大多数乡村定向师范生只分析了学生的已有知识经验、学生认知水平和学习能力，而疏忽了对学生学习动机和态度、不同层次学生的学习需要的分析，没能全面考虑到学生的心理特点、能力水平和学习特征等。此外，学情分析不够具体细致，且不具有针对性，不能体现自己对所教班级学生的学情分析，难以指导进一步的教学设计，容易与教学设计割裂开来。

（二）教材理解能力方面存在的问题

1. 整体把握教材能力欠佳

通过问卷调查发现，62.4%乡村定向师范生不能清楚把握整本教材的教学目标、教材特点、章节的具体内容和各章节之间的联系。通过对乡村定向师范生的进一步访谈发现，乡村定向师范生整体把握教材情况不佳，由于自身原因与课程原因，接触小学教材较少，也未深入研读过教材，不能宏观把握知识的内在逻辑联系，不清楚教材编写的逻辑、结构特点。

2. 使用教材情况不佳

通过问卷调查发现，大多数乡村定向师范生在使用教材方面都存在困难，主要表现在：难以吃透教材，不能灵活使用教材；难以接合具体学情，不能创造性地使用教材。在对乡村定向师范生的访谈中得知，虽然他们基本能够根据教材内容进行相关教学设计，但在使用教材时普遍存在的问题是：对教材内容的理解不深入，教学设计没有自己的见解；灵活利用教材能力不足，不能使教材知识与学生生活实际相联系，导致教学内容局限于书本知识；由于学情分析把握不准，难以真正将学情与实际教学相联系。

3. 利用乡土教学资源能力不佳

该能力的培养与发展，需要乡村定向师范生具备一定的乡土文化知识，需要乡村定向师范生亲身到乡村感受与城市不同的生活环境。通过问卷数据可以发现，乡村定向师范生对这项指标的自评多集中于"弱""一般"，说明大部分乡村定向师范生对自己这项能力不满意。而通过对小学教育专业教师的访谈进一步得知,乡村定向师范生利用乡土教学资源能力较差,因为缺少乡土文化知识,也缺少真正到乡村实践学习的机会。

（三）教学设计能力方面存在的问题

1. 教学目标设计不合理

通过调查显示,73.1%的乡村定向师范生能够制定三维教学目标,通过翻看实习手册与访谈发现,制定的三维目标的具体内容仍然存在不少问题:第一,目标不具体,不注重行为动词的选用,因而不具有很强的可操作性,影响教学活动的效果,比如小学语文学科出现"学生能够提高分析课文的能力"的目标,小学英语学科出现"学生能够掌握四会单词和句型""学生通过本节课的学习能够提升阅读能力"的目标;第二,确定的目标比较笼统、模板化,缺少与学情的联系,很少考虑班级学生的学习起点、学习的真正需求以及学生的"最近发展区"。

2. 教学方法的选用效果不佳

通过调查问卷、课堂观察、访谈发现,乡村定向师范生选用的教学方法比较丰富,包括讲授法、问答法、练习法、直观演示法等,超过60%的乡村定向师范生选取了新课程倡导的自主合作探究式学习法,但是存在教学方法运用效果达不到预期的情况,具体表现是乡村定向师范生在教学实践中教学方法选择不恰当、运用不熟练,如使用讲授法时语言不生动,表述不是非常严密准确;使用合作讨论、合作探究法时未注意引导和总结,造成表面上的热闹假象,达不到预想的效果。

3. 设计课堂问题的能力不足

通过问卷调查发现,73.1%的乡村定向师范生不善于设计有效问题来逐步启发和引导学生学习,数据表明乡村定向师范生在设计有效的课堂问题上能力欠缺。通过访谈、课堂观察进一步发现,乡村定向师范生过分关注提问形式,为提问而提问,不擅长设计具有思考深度、培养小学生思维能力的问题,小学生的相应能力没有得到发展。此外,由于课堂上的提问量大,显得有些琐碎,不能很好地调动学生的学习兴趣。

（四）教学技术能力方面存在的问题

1. 教学表达缺少感染力

通过问卷调查、课堂观察发现,乡村定向师范生上课的语调较为平淡,语音没有抑扬顿挫,缺少充沛的感情,缺少感染力,无法唤起学生的兴趣;且上课表情不够丰富自然,较为单一平淡,甚至表情紧张,致使课堂氛围不够活跃。

2. 板书设计问题繁多

通过问卷调查及课堂观察发现,第一,乡村定向师范生的板书形式比较单一,不够新颖别致,通常是在重难点文字、算式内容等教学上,且色彩单一,对图画、表格等形式使用较少。第二,乡村定向师范生板书书写时机把握不准,出现写得过早或延迟的情况,不能及时抓取学生的注意力,不利于在恰当时机启发学生的思维。第三,调查显示 56.99% 的乡村定向师范生不能精简呈现教学内容,重难点不够突出,通过课堂观察也发现,乡村定向师范生的板书条理不够清晰。这些问题从侧面反映出乡村定向师范生在备课时板书设计不充分、考虑不全面。

3. 过分依赖多媒体,课件制作形式花哨

通过问卷调查发现,乡村定向师范生能够熟练使用多媒体技术进行教学。但通过课堂观察发现,虽然乡村定向师范生能够熟练操作多媒体设备来满足上课需求,但是课件的制作大多形式过于花哨、内容华而不实,违背了制作课件辅助教学的本意。问卷结果显示,超过 90% 的乡村定向师范生经常使用甚至每节课都使用课件,通过课堂观察笔者也发现他们倾向于使用多媒体,但是比较依赖这一种教学手段,有些忽视了学科教学特点,如语文课的教学有些脱离课本,仅依靠课件展示的内容上课;依赖课件的同时也忽视了其他教学手段的利用,如比较疏于对板书的精心设计,出现课件内容丰富而板书设计随意的情况。

(五) 教学掌控能力方面存在的问题

1. 教学应变能力欠佳

通过问卷调查发现,92.5% 的乡村定向师范生处理课堂突发事件能力不佳,78.5% 的乡村定向师范生把控课堂节奏的能力也比较欠缺。通过进一步的问卷和访谈还发现,乡村定向师范生难以处理好突发事件的原因主要是处理经验不足,对于学生恶作剧式的突发事件、自身教学失误等不知如何进行因势利导的处理,有时甚至影响了课堂的秩序和进度。另外,乡村定向师范生根据学生反馈来调节课堂节奏的能力比较不足,表现在不能灵活根据学生精神状态、注意力变化来调整课堂节奏,课堂节奏的轻重缓急不明显。

2. 多样评价能力不足

通过问卷调查发现,67.7%的乡村定向师范生认为自己课堂上评价学生的语言单一,在课堂观察中笔者了解到,乡村定向师范生对小学生的课堂评价局限于"很好""真聪明""真棒""再思考思考"之类的语言,语言比较简单可以明显看出来,这种评价语言单一,表面上对学生进行了鼓励,但对学生的实际引导作用较小。通过课堂观察,乡村定向师范生普遍存在评价语言较为单一的情况。表扬学生的评价语过于格式化,仅仅是"很好""真棒"之类的词汇语言,而不解释好在哪里、为什么好,不能激发学生的学习积极性;学生回答不到点上时,乡村定向师范生不能对其作出启发性的评价,难以体现评价语言对推动学生发展的作用。

第四节　提升乡村定向师范生培养质量的对策建议

乡村定向师范生的培养过程及其效果深受其自身、培养院校、社会等方面的影响。因此,要对每个问题进行具体分析,并针对这些问题给出具体的、切实可行的策略和建议。本研究主要从激发乡村定向师范生主观能动性、高等师范院校乡村定向师范生培养体系的完善以及政府相关政策的优化三大方面提出了提升乡村定向师范生培养质量的相关建议。

一、充分激发乡村定向师范生的主观能动性

乡村定向师范生是未来的准乡村教师,他们的主观能动性对他们最终是否选择返乡执教,对未来从事乡村教育是否有信心有着重要的影响。

(一) 树立终身从教理念,增强自身的职业使命感

应当正确认识教师作为"人类灵魂的工程师"的伟大和崇高性,摒弃偏见,不能单纯地因为环境待遇不好而放弃。乡村定向师范生既然选择这个职业,享受了有编有岗的待遇,就应当承担应当肩负的使命,明白国家之所以培养乡村定向师范生的意义。乡村定向师范生培养计划作为国家对农村教育的帮扶政策,乡村定向师范生就肩负了国家对振兴农村教育事业的使命,只有乡村定向师范生安心投身乡村教育,促进农村教育的发展,才能给农村儿童带来光明的前途,不辜负国家的期望。

对于调查中态度较消极、职业认同感较低的乡村定向师范生,首先要自我积极调整对乡村教育事业的负面认知,淡化职业选择的差距感,强化教师职业的价值,在思想上乐于接受教师这个职业,然后要消除对乡村教育的偏见,在正面的榜样人物引导下,潜移默化地建立起合理的人生观、世界观和价值观。与城市相比农村的生活环境和工作条件确实比较艰苦,作为将来要从事乡村教育事业的乡村定向师范生必须有吃苦耐劳的精神,保持积极的心理状态,知道艰苦的环境不仅可以磨炼人的意志,还能增长才干。乡村定向师范生应把乡村教育事业作为自身发展的重要机遇,努力实现职业理想,锻炼成长为我国教育事业的栋梁之材。

(二)明确学习目标规划,树立正确的学习价值观

既然已经选择乡村定向师范生专业,应"既来之,则安之",应当沉心静气利用四年大学时光丰富自身的知识储备和专业技能。要提升综合素质全方面发展自己,不能没考试的时候松懈,有考试的时候又过度紧迫,可以建立短期和长期目标,分阶段实现自己的计划,让自己的时间不被荒废。建立正确的学习价值观,明白不能一味地认为通过考试毕业就是目的或者赚取金钱地位是目的,不能"为了学习而学习",只有从根本上认识到这点才能将全身心投入学习中去,经历过奋斗的洗礼才能成为栋梁之材,这样在以后的教育事业中才能对学生负责、对家长负责。

只有树立起足够的专业发展意识,才能让师范生在日常的学习与工作中重视专业发展。乡村定向师范生要对自己的专业发展情况有一个清晰的认知、明确自己当前的专业发展水平、把握好专业发展的机会。要根据自身水平的高低制订合适的专业发展规划。确定专业发展目标,列出实现目标需要做的事,随后在实践中一一落实。要注重规划方式,规划要具体且细致。在执行规划后作出适当的反馈,根据反馈更新规划,高效快速地提高自己的专业发展水平。

(三)学会借鉴与反思,持续完善职业发展规划

乡村定向师范生要学会在日常生活中与他人沟通交流,在与师长沟通交流的过程中,要主动听取他人意见;在与同学沟通交流时,可以借鉴他们的规划内容,取长补短。可以在同辈中定期开展研讨会,分享彼此的见解和观点,将学到的理论付诸实践,加强自我锻炼,采取合适的实践方式。乡村定向师范生们的专业发展规划中不可避免地存在一些不足,所以反思自己是很重要的

一步。通过对自身的反省,可以准确地掌握自己当前的专业发展状况,为今后发展打下良好的基础。要有一个好的学习态度,不要马虎,要认真对待每次规划的更新。就如同树立终身学习的观念一样,无论是现在作为学生还是日后工作入职,都要秉持专业发展的信念,持续完善专业发展的规划。

二、持续完善高等师范院校乡村定向师范生培养体系

师范院校作为师范生的培养机构,承担着为国家培养下一代的重任。乡村师范生作为乡村教育事业的储备力量,学校更应予以重视。师范院校应进一步健全人才培养计划,把培养学生的专业发展能力纳入计划,在培养师范生基础技能的同时,还应重视培养学生的专业发展能力。

(一)加强定向师范生的师德教育

单纯通过物质条件优势吸引人才投身乡村教育,对于乡村教育事业的振兴是治标不治本的,一旦物质条件受损人才就会流失。针对乡村定向师范生缺乏职业理想信念的情况,师范院校需要加强乡村定向师范生的师德教育,通过多种形式的课程和活动相结合,例如必修课、选修课、主题班会、乡村优秀教师先进事迹学习活动等,帮助他们明确教师职责,树立正确的职业理想和信念。同时,针对乡村定向师范生对从事乡村教育幸福感不强的情况,师范院校要帮助乡村定向师范生建立与乡村教育事业的情感联系,尽可能创造机会让他们见习或顶岗实习,通过实践亲身体验乡村教育的乐趣,培养他们对乡村教育的兴趣,促进乡村定向师范生认知结构的调整,逐渐形成乡村教师职业认同。

(二)改进课程体系与教学方法

课程是教学的关键,关系到培养人才的质量,而课程的质量也直接影响学生学习的积极性。乡村定向师范生的培养对乡村教育的改善具有巨大作用,课程设置的与实施则是乡村定向师范生人才培养的重要保障。通过调查研究发现,师范院校有关师范生专业发展的课程还不足,教学内容也不够生动,纯粹的理论讲解很难激发学生的学习兴趣与动力,理论知识的教学效果一般。因此,师范院校应把理论和实际结合起来,为师范生提供不同的专业发展课程。

应健全定向师范生课程设置的乡村教师本土化培养,优化课程设置的具体相关内容,改良教育专业原有的常规相关课程,将乡土教育的培养元素融入

课程内容、教学方法、评价方式、教学组织形式等各个方面。如课程内容上，《学科课程与教学论》可增加专业听评课的教学，《班级管理》《课堂管理》等管理类课程凸显对农村班级、农村学生、农村课堂的管理教育特色，教育实践课程，例如实习要强化定向生返校后的校际情况交流；在教学方法上，通过研讨式、参与式教学增加小组合作、人际交往机会；评价方式上，加入对课程学习过程中变革力各要素的表现评价，增加对学生的主体评价与过程评价；教学组织形式上，依据课程乡土特色进行多样化尝试，如基于理论与实践相结合的多职业多视角（大学教师、城乡学校校长、骨干教师、学者、教研员）的协作教学，与定向单位协作教学。强调教学的实际操作和指导能力的现场教学，旨在提高团队实践教学的组织能力、适应能力和领导自信等。让定向师范生要有乡情、热爱家乡、热爱农村教育，这样才能够很好地融入农村文化和农村生活，只有这样他们才能认真工作。成为"下得去、留得住、能安心、干得好"的乡村教师。

课堂教学是学生学习专业知识和技能的主要途径，教师教学方式和态度会影响教学质量的高低，因此教师要重视课堂教学环节，要在课堂上对师范生进行专业知识的教学、综合类课程的教学以及职业情感知识教学。为促使师范生对职业情感的理解，可以在上课时对师范生进行职业情感知识的普及。在上课时，教师富有感情且有激昂情绪的状态有助于帮助师范生加强对教师职业的兴趣和热爱。在接触与教师职业相关的课程，师范生对教师职业进行更彻底的理解，对教师职业有着正确的认知和评价，从而激发积极的职业情感。

师范院校还可以对乡村定向师范生的专业发展能力进行评定，根据他们专业发展水平的高低程度，制定相应的措施。针对部分学生在达到毕业考核要求后，专业发展便停滞不前的情况，建议培养院校加强对乡村定向师范生的毕业考核力度，适当调高要求，以此激励乡村定向师范生们不断进行专业发展。时间频率上，可以不定时考核抽查，这样可以让学生们意识到平时积累的重要性，注重专业发展的过程。根据学生的表现，可以对他们进行奖励和惩罚，让他们既有物质上的奖励，又有精神上的奖励。总之，培养院校需要提高对乡村定向师范生的专业发展要求，不断提高他们的专业发展能力，这样对他们未来投身乡村教育事业大有益处。

(三) 创造更多的教育实践机会

理论知识和实践经验结合是教学环节的重要步骤。作为培养院校，应为乡村定向师范生提供大量的实践机会，观摩优秀课堂，模拟课堂说课授课，从书本中来,到课堂中去。积极参加教学实践,有助于增强师范生对教育教学的好奇心,引发他们的兴趣,激发学习的动机。针对年级差异,对于大一大二的乡村定向师范生应更多地让他们观摩优秀课堂,从中总结积累丰富的经验,而对于大三大四的乡村定向师范生则应当给他们足够的空间和条件去模拟课堂,更应当给他们创造实战机会,站上真正的讲台并完整地上完一节课,不断地打磨自己的课堂,并且融入真正的课堂更能增加师范生的职业认同感,体会到作为一名教师的职责使命。在真实课堂中,师范生更能认识到自己的优势与不足并总结经验教训,扬长避短,逐步建立属于自己的教学方法。在实践中,不仅可以培养他们的责任感,更有助于让他们体验到成就感,这样才能得以不断地提升自己,获得自我实现。

（四）营造良好的校园学习氛围

大学的生活环境更能影响学生的价值观。在这个充满诱惑的时代,作为一名准教师更应当以身作则。从物质追求动机内容和报考动机的访谈我们可以看出乡村定向师范生的学习动机不乏功利性。培养院校更应当关心乡村定向师范生的学校生活环境和心理价值观,让他们明白教师作为一个职业并不是赚钱的工具,不能盲目崇尚金钱主义,不能用单纯利益的眼光衡量教师职业的付出。应打造良好的校园文化,营造浓厚的校园氛围。这种传递社会主义核心价值观的良好校园氛围将会是一种潜移默化的力量激励着乡村定向师范生学习动机的提高。尤其对于刚脱离家庭庇佑的大一新生,应当加强纪律的约束和帮助他们建立正确价值观;而对于即将步入社会的大四毕业班学生,更要加强对其的正确价值观引导,树立良好的就业和消费观念。良好的校园环境不仅仅会对师范生的学业职业产生积极影响,甚至会对学生的一生都产生深远影响。

（五）加强师资配置推动课程实施

高校加强定向师范生的师资配置,积极推动定向师范生课程设置的有效实施,保证乡村定向师范生课程设置的开展。第一,高校可打造一支专业培养定向师范生的教师队伍,积极转变教师的教学模式,适应新时代的乡村教育发展;第二,提高教师福利,吸引有创造性的青年教师投身乡村教育人才培养;第三,高校与定向单位联合培养,邀请城乡学校校长和小学优秀教师进行交流教学,同时学生可以到定向地方学校进行见习,了解乡村教育现状,让学生感受乡村教育,培养乡村教育情怀。

三、不断优化政府乡村定向师范生相关政策

不仅仅师范生自身的学习和师范院校的培养会影响师范生的培养质量，社会的支持也会影响。乡村教师职业的经济和社会地位会影响乡村定向师范生对教师职业的评价进而影响其职业情感。因此，可以通过建立有效的激励与淘汰机制、提高其经济地位和社会地位以及加强相关政策的宣传与引导来优化乡村定向师范生的培养质量。

（一）建立有效的激励与淘汰机制

从根源上分析，要整体提升乡村定向师范生的职业认同感便对师范院校的生源提出了一定的要求，高思想、高觉悟的生源有利于定向师范专业的整体发展。针对乡村定向师范生专业选择时对定向师范专业了解不够深入的情况，在招生的时候，师范院校工作人员应全面宣传"定向师范生"政策相关内容，完善准入和退出机制，让学生和家长明确自己的权利和义务，理性报考。学生在全面了解定向师范专业的情况下自愿报考，说明实施的政策具有约束性、稳定性与号召性，能招到真正愿意为乡村基础教育事业贡献一份力的学生。

尽管乡村定向师范生学习动机整体上呈积极状态，但也不乏小部分学生因有编有岗产生安逸怠慢思想而导致其学习动机不足。从政策完善入手，可建立有效的考核机制，定期对乡村定向师范生的学习状况进行考核，检验学习效果。不仅可以有效监督乡村定向师范生的学习近况，激发乡村定向师范生的学习动机，督促乡村定向师范生学习，更能在考察中查漏补缺，提高他们的专业水平。加强乡村定向师范生的学业管理，对成绩优异的乡村定向师范生可设置专项奖学金奖励，对成绩落后的学生先进行学业警示，多次警示后仍不思进取行为懒散也将取消其乡村定向师范生名额，进而从根本上提升乡村定向师范生队伍水平。同时，可在毕业前期，按照四年在校成绩划分乡村定向师范生学业等级，将其纳入乡村定向师范生就职双向择校考察的重点依据，使优秀的乡村定向毕业生可以拥有更多更好的就业选择机会。这一模式必将成为增强乡村定向师范生学习动机的重要推动力，也能大幅提升乡村教师队伍的综合水平。

（二）提供良好的工作条件和待遇

教师是社会中的普通人民群众，也是各个家庭的一分子，家庭中的"顶梁

柱"角色。我们不能忽视经济因素对教师职业观念的影响,仅凭强大的精神动机无法推动和支撑教师职业理想的实现。农村条件艰苦、教学环境差、教师工资福利待遇低是现在仍然存在并且深刻影响农村教育发展的重要原因。很多农村小学无法留住教师,即使乡村教师仍在农村任教,他们依然在寻找一个合适的机会离开农村转向待遇更好的工作单位,"下不去""教不好""留不住""走不远",这样的教师不但难以投入工作的积极性,而且不能专心任教。现如今,在国家政府大力投入基础教育的经费,着力提升乡村教师的薪酬待遇和乡村教育的基础设备的基础上,同时可以将农村教育经验作为教师的宝贵阅历,纳入教师以后的职称评选和评奖评优中去,对在乡村有长期从教经历的教师提供优先政策,从而为乡村定向师范生长期从事农村教育提供物质上的动力。

（三）加强相关政策的宣传与引导

江苏省乡村定向师范生培养计划实施的年限还不长,很多学生和家长对乡村定向师范生培养计划并没有很好地认识与了解,政府和教育行政部门以及培养院校应当大力宣传乡村定向教师培养计划,加强优化培养计划方案和协议条款细则,使学生了解各方面的权利和义务,使其在报考前就得以充分了解培养政策,结合自身实际考虑是否报考,避免造成后悔的情绪,否则不仅影响乡村定向师范生的学习动机,更对学生的长远发展不利。报考后教育行政部门应对学生和家长的不明白之处进行解释说明,细化到乡村定向师范生后期在培养院校就读和就业后的各项待遇政策,缓解乡村定向师范生的忧虑,增强学生和家长对乡村定向师范生培养计划的信任感。同时政府应积极营造尊师重教的社会氛围,提高教师的社会地位,增强教师的荣誉感,让师范生为将来可以从事教育行业而感到骄傲和自豪。

第三章 乡村卓越教师职前培养专业标准探析

教师专业标准是不同发展阶段的教师在专业伦理和专业知识等方面应达到的要求。教师的专业化需要标准,教师职前培养标准是培养准教师的载体,是各国政府依据自身情况与社会现实需要制度的纲领性文件,能够较为专业、全面且非常系统地规定师范生专业发展的各项要求。教师的专业标准是促进教师专业发展的必备条件之一,并且是规范和衡量师范生专业发展水平与质量的重要参照依据。一般来说,教师专业标准的基本内容包括专业理念与师德、专业知识、专业能力三大方面。其中,专业理念与师德包括职业理解与认识、对学生的态度与行为、教育教学的态度与行为等。职业理解与认识的具体内容有贯彻党和国家教育方针政策,遵守教育法律法规;理解教育工作的意义,热爱教育事业,具有职业理想和敬业精神等。教师的专业技能是教师在教育教学活动中所形成的顺利完成某项任务的技能和本领。教师的专业技能是教师综合素质最突出的外在表现,也是评价教师专业性的核心因素。本章通过对我国和他国师范生培养的专业标准进行分析与比较,吸收国外在专业标准制定方面的经验与教训,对于优化我国教师专业标准,推动教师教育发展有着一定的价值。以科学化的专业标准指引,乡村定向师范生能够注重自身素养的提升,在职业情怀、专业水平和教学能力共同发展的过程中实现从一般到卓越的质变飞跃。

第一节 我国乡村教师职前培养目标的特征分析

科学有效的教师职前培养标准能够为师范生的培养奠定良好的基础。因此,回答到底要"培养什么的乡村教师"这一基本命题对于乡村卓越教师职前培养工作显得至关重要。我国乡村卓越教师培养的专业标准主要从各级政府乡村教师相关政策文本中体现,关于乡村卓越教师的培养标准、乡村卓越教师的特质以及乡村卓越教师的培养路径的讨论也一直是学术界的热点话题。

21世纪以来,国家出台了一系列向乡村倾斜的教师政策,譬如"特岗计划""农村硕师计划""三支一扶"计划、免费师范生计划等。这些政策对改善乡村教师队伍结构和提高乡村教师队伍质量起到了很大的积极作用。但是,乡村教师队伍的整体状况依然令人担忧,教师年龄老化、知识退化、方法旧化现象非常严重,优秀人才不愿去、一般人才进不去、不合格教师退不出问题非常突出。让优秀人才进得去、留得住、教得好,造福于乡村教育应该是国家和人民的共同愿景。为此,国家出台了《乡村教师支持计划(2015—2020年)》等相关政策以优化乡村教师师资队伍,促进乡村教育的发展。这些政策文本的表述充分反映了乡村定向师范生的培养标准。

一、乡村师范生培养总体要求

《乡村教师支持计划(2015—2020年)》的出台是把乡村教师队伍建设作为实现教育现代化的重要战略基点,给予乡村教师群体特别的支持与关照,对于改善乡村教师队伍现状、促进我国教育事业发展具有极为重要的战略意义。该《计划》中明确指出"拓展乡村教师补充渠道。鼓励省级人民政府建立统筹规划、统一选拔的乡村教师补充机制,为乡村学校持续输送大批优秀高校毕业生。扩大农村教师特岗计划实施规模,重点支持中西部老少边穷岛等贫困地区补充乡村教师,适时提高特岗教师工资性补助标准。鼓励地方政府和师范院校根据当地乡村教育实际需求加强本土化培养,采取多种方式定向培养'一专多能'的乡村教师。高校毕业生取得教师资格并到乡村学校任教一定期限,按有关规定享受学费补偿和国家助学贷款代偿政策。"

2020年,教育部等六部门关于《加强新时代乡村教师队伍建设的意见》中,为加强新时代乡村教师队伍建设,努力造就一支热爱乡村、数量充足、素质优良、充满活力的乡村教师队伍,指出要创新教师教育模式,培育符合新时代要求的高质量乡村教师。"加强定向公费培养。各地要加强面向乡村学校的师范生委托培养院校建设,高校和政府、学生签订三方协议,采取定向招生、定向培养、定向就业等方式,精准培养本土化乡村教师。面向乡村幼儿园、小学的师范生委托培养以地方专科、本科师范院校为主,面向乡村中学的师范生委托培养以地方本科师范院校为主,鼓励支持师范院校为乡村高中培养教育硕士。坚持以乡村教育需求为导向,加强师范生'三字一话'教学基本功和教学技能训练,强化教育实践和乡土文化熏陶,促进师范生职业素养提升和乡村教育情怀养成。鼓励师范院校协同县级政府参与当地中小学教育教学实践指导,建立乡村教育实践基地,构建三方共建、共管、共享机制,确保教育质量。"

《计划》鼓励支持地方院校定向培养"一专多能"的乡村教师,这符合客观规律,也符合乡村学校的现实特点。一些学者的研究结果显示,真正能到乡村学校任教并能长期坚守乡村的教师大都是当地人,"定向培养"乡村教师有助于为乡村学校补充"留得住"的新鲜力量;从未来趋势上看,小规模乡村学校将会长期存在,"全科教师"符合乡村学校的教学实际需求,要加强小学教育专业"全科教师"的培养,培养"一专多能"教师,体现出《计划》因地制宜的特色,可谓是"对症下药"。

二、地方培养目标分析——以江苏省为例

国家出台《乡村教师支持计划(2015—2020 年)》后,各省(自治区、直辖市)均响应号召,并结合当地教育发展现实与现有条件,制定了适合本省乡村教师队伍建设的支持计划。其中,江苏省基础教育专任教师约 66 万人,其中乡村教师 6 万人,占十分之一。江苏要率先实现教育现代化,实现真正意义上的教育公平,提升乡村教师队伍的整体素质至关重要。从 2006 年至 2016 年,江苏省实施了"万名大学生农村支教工程",对到全省 34 个经济薄弱县县城以下乡村学校任教的大学毕业生,省财政按每人每年 4 600 元的标准逐学年予以补助,连续补助四年,实现了到乡村任教大学生四年学费的全额返还。十年内共选派了 13 500 名大学毕业生到乡村学校任教,累计投入经费达 2.48 亿元。此项工程的实施,对改善乡村教师队伍的学历和年龄结构,从源头上提高师资水平,发挥了重要的作用。

为解决农村教师"补充渠道不畅、优质资源不足、结构不尽合理、整体素质不高"等问题,江苏省自 2016 年统筹开展乡村教师定向培养工作,将定向师范生纳入普通高等学校年度招生计划,列为本科高校提前批次。省教育厅、发改委等五部门联合印发文件,当年起在高考本科提前批次定向招录乡村定向师范生,主要出发点是,培养一批"下得去、留得住、一专多能、素质全面"的本土化乡村教师。受委托的师范院校,结合当地乡村教育发展实际,为乡村学校培养一专多能、素质全面的本土化师资。学生毕业后回乡村学校任教,各县(市、区)确保定向师范生有编有岗。对按协议到苏北地区乡村学校任教的,省财政依规给予学费补偿。各地依据编制和岗位的空缺情况确定乡村教师定向培养需求计划,并确保定向师范生毕业后安排到有空编空岗的乡村学校,定向师范

毕业生在乡村学校连续任教不得少于5年。

江苏省招收乡村教师定向师范生,主要是促进全省城乡教育均衡发展、实现省域教育总体现代化,为全省乡村学校培养一批扎根农村、甘于奉献、一专多能、素质全面的本土化乡村教师。乡村教师定向培养各专业方案呈现出五个特点:注重定向师范生专业情感和教师职业道德教育,激励定向师范生扎根乡村,成为一名合格的乡村教师;开设哲学伦理、科技发展、中外文化、艺术教育等博雅课程,注重提升定向生的人文素质、科学素养、审美情趣和思辨精神;小学教育专业首次采用主辅修制度,要求定向师范生在语文、数学、英语三个学科方向中选学一个方向,在音乐、体育、美术、科学四个学科中选学一个方向,毕业时获得主、辅修两个证书,至少能胜任小学2门学科的教学工作;强调教师教育课程设置和教学实践取向,更加重视中小学生心理健康教育课程的开设,以培养师范生诊断和解决中小学常见心理、学习和行为问题的能力;要求教育行政部门和中小学全程参与师范生培养,中小学优秀教师要做师范生的兼职导师,教育局要负责安排师范生的教育实习。

随着师范教育从三级向二级再向一级的历史演变,本科师范院校已逐渐成为江苏小学教师培养的主体力量。受教育传统的影响,本科师范院校在小学教师培养过程中,习惯采用中学教师的分科培养模式,这与省域内小学教育对教师素质的实际需求存在着差距。为进一步提升小学教师培养质量,为基础教育输送符合小学教育需要的新师资,江苏省教育厅提出了培养"一专多能"小学全科型教师的要求,并在卓越教师培养计划学校中实施,以此引导全省小学教育专业师范生培养模式的改革。

三、乡村卓越教师职前培养的独特性

从以上国家、省级层面乡村教师职前培养相关政策文件的表述中可以看到,乡村卓越教师的培养与普通师范生的培养有着共通之处,都需要培养师范生高尚的师德风尚、坚实的学科知识基础以及扎实的教育教学技能。但由于乡村教育自身特点以及发展现实的困境,使得乡村定向师范生的培养目标呈现出其独特性,包括要将乡村定向师范生培养成具有浓郁"乡土"特质且"一专多能"的全科教师。

(一)"一专多能"的全科型教师

基础教育城乡教育发展不均衡现象一定时期内仍会存在。城乡教育不均衡主要是城乡教师的不均衡,主要表现为农村小学教师短缺问题比较严重,特别是音乐、体育、美术、科学及计算机等学科师资紧缺,已经成为制约教育均衡发展的一大瓶颈。许多农村小学教师,往往要承担少则两门多则五六门学科课程的教学任务。因此,培养"一专多能"小学全科型教师,使多数小学青年骨干教师具有承担两门或更多门课程教学的能力,对乡村学校开足开齐开好规定课程具有现实意义。

从长远来看,培养"一专多能"小学全科型教师是小学教育改革与发展的必然要求。在当今社会,知识的发展越来越呈现出综合化趋势,各种综合学科、交叉学科展现了知识发展的新趋向,对人的培养也越来越要求打破严格的学科壁垒。小学教育正在主动适应这种新趋势,课程的综合化日益显现,提倡综合培养和全人教育。在江苏比较发达的地区,已有小学试行小班化的包班制,主题式的综合课程也悄然走进小学的课堂。为此,培养"一专多能"小学全科型教师,也是为我国小学教育改革奠定师资基础,对壮大基础教育师资队伍具有深远的意义。

小学全科型教师是相对于分科型教师而言的,它不是指"语数外通吃、音体美全扛"的全知全能型教师,而是指具备教育专业素养、综合素质全面良好且能够胜任小学多学科教学的"一专多能"型高素质师资。所谓"一专",体现在小学教师应当具备教育专业知识、技能和素养上。小学教师应当具有热爱教育的情怀,理解与引领儿童发展的专业知识和能力,积极的专业兴趣、专业取向和专业情意。"一专"体现了小学教师独有的专业性特质和专业化程度。"多能"指的是具备综合的知识素养与能力素养,能够胜任小学多科综合性教学,具有从事综合教育的能力。"多能"并不是各科专业知识与技能的简单组合与拼凑,而是将多科知识与技能综合为一种多能的教师专业素养和品质,是教师专业化水平的提升,从而使教师具有综合教育的素养和多科教育能力。

(二) 有浓郁"乡土"特质的教师

乡村卓越教师职前培养标准的另一特征,即其与普通师范生培养标准的区别在于其浓厚的乡村特色。有学者指出卓越的乡村教师,应是具备扎根乡村的角色意识、领悟乡村的思辨能力、适宜乡村的教育手段、感知乡村的表达方式、融通乡村的交流风格及契合乡村的教学艺术的乡土特质。[①]

一是扎根乡村的角色意识,指的是对自身承担的乡村职教教师这一角色的地位、行为规范及角色扮演的认识、理解与体验,包括乡村意识、乡村情怀和

---

① 周明星等.乡村职业教育呼唤"浓乡型"教师[N].中国教育报,2015-12-17.

乡村责任。只有真正具有这些品质的师范生，才能热爱并投身于乡村职业教育中去，这也是成长为一名卓越乡村职教教师的动力之源。

二是领悟乡村的思辨能力，指的是在乡村文化历史及社会发展背景下对知识的反思能力，包括理解与掌握能力、批判式思维能力和教育研究能力等。思辨能力无疑是新时期教师的必备素质，而乡村教师的思辨能力要突出其乡村性，要有将知识置于乡村情境中进行理解、辨析、批判和掌握的能力。

三是适宜乡村的教育手段，要掌握与乡村职业学校教学环境相适应的教育教学辅助手段和工具，包括"三字一话"、多媒体课件制作与使用、网络教学技术等内容。职教教师在这方面的特质主要体现在如何适应乡村职业教育、服务乡村职教和体现乡村职教特色。

四是感知乡村的表达方式，要能将乡村文化融入教师日常书面语言表达中，并善于让他人感知、理解和掌握，表达形式包括板书、教案、教学日记、学生评语等。感知乡村的表达能力，既包括教师一般的表达能力，又有其特殊能力要求，要能体现乡村特色文化与风格，比如在校本教材、本地特色课程开发等方面，需要教师能够很好地感知当地文化特色，并通过相应的书面语言表达出来。

五是融通乡村的交流风格，包括教师在与乡里人沟通中所表现出与乡村风土人情融合的思想观念、审美理想和精神气质等。一般来说，作为乡村教师，交流要具有乡里风格、乡俗风格和乡愁风格，不仅要具备一般的口头表达能力，还要熟练掌握乡村口头语言表达的特殊习惯和风格范式，这样才能与具有浓厚乡村性的学生及学生家长进行良好沟通。

六是契合乡村的教学艺术，指教师为达到最佳教学效果而运用符合乡村职业学校教育教学环境且遵循教学规律和美学规律的教学方法和技巧，包括教学设计、说课技巧、课堂组织等。教师在具备通用的课堂教学能力之外，还必须学会如何创造性地运用各种教学艺术，设计好每一堂课，做到既适应乡村职业学校特殊教学环境，又符合乡村职业学校学生群体的需要，从而达到最佳的教学效果。

第二节　美国卓越教师专业标准解读

美国号称全球教育最发达的国家，在教师教育方面也形成了一套较为完善的体制机制，拥有最为规范、严密的教师专业标准体系。在各个历史阶段，美国的教师教育发展都以培养优质师资为价值导向。尽管美国的政治体制使得各州的教师教育都具有其地方独特性,但在教师的专业标准方面却表现出趋于统一的趋势,逐步形成全国性的教师专业标准。其中,美国教育预科认证委员会(Council for the Accreditation of Educator Preparation,CAEP)、美国国家专业教学标准委员会(National Board for Professional Teaching Standards,NBPTS)和州首席学校官员委员会(The Council of Chief State School Officers,CCSSO)分别制定的教师专业标准,构成了美国卓越教师培养的主要指标体系。

一、当代美国卓越教师标准产生的历史背景

美国教师教育的发展主要经历了三个历史发展阶段,即师范学校时期、师范学院时期和综合大学教育学院时期。

(一) 师范学校时期(19 世纪上半期至 19 世纪末)

美国首个正规的教师培养机构哥伦比亚学校创建于 19 世纪 20 年代,该校的成立被视为美国正规教师教育的发端。在此之前,即美国殖民地时期与早期的教师训练,由于教师的社会地位较低,美国还没有正规的教师教育,也未形成完整的机构,对教师的要求也偏低,只要求具有读写算技能。至 19 世纪 30 年代,社会大众意识到教育以及教师的重要性,呼吁通过学校教育培养合格的公民,尽管此间建立了一批学校,但是由于教师素质有限,学校的教学品质并不如人意。在此背景之下,哥伦比亚学校这样的师范学校出现了。该阶段的教师教育课程安排主要是以小学科目的内容来进行组织的。师范学校要求学生除了具备读写算的能力以外,还要掌握拼写、地理、文法等技能。教师教育课程设有技术类课程,即教育学、教育史、心理学、教育实习等科目。这一时期,教师职业,尤其是小学教师的社会地位依然较低。教育学在整个高等教育学科中,被认为经验性质浓厚,其科学性未得到普遍认可,因此也使其专业学术人员的信心不足。此外,该时期的教师培养还存在着教育内容质量差、实践操作缺乏、生源质量不佳等问题,导致教师培养的质量普遍不高。19 世纪末期,一些师范学校重组为州立师范学院以培养中小学教师,至此翻开了师范学院时期的新篇章。①

---

① COCHRAN-SMITH M. The accountability era in US teacher education: looking back, looking forward[J]. Europ-ean journal of teacher education,2017,V40(5):572 – 588.

（二）师范学院时期（20 世纪早期）

19 世纪教育科学的呼声使得学校更趋向科层体制，师范学校也开始思考其在科层体制中的地位；此时，大学毕业生可以担任中学教师，使得师范学校不愿只培育地位较低的小学教师。而且教育体系中领导者多由拥有博士学位或其他学位所占有，中学也雇佣具有学士学位者，然而师范学校隶属于中学层级而无法颁发学位。师范学校的行政者以及师范学校所在地人民之期望，寻求学校层级较商地位与多样的教育内容，这也是师范学校改制为师范学院的动力之一。1903 年，密歇根州第一所州立师范学院成立，培养中小学教师并提供教育领导者课程，学校可以授予教育学学士、硕士以及博士学位。自 1911 年起的十年间，全国一共有 19 所师范学校更名为师范学院或者教育学院，此后至 1940 年，所有师范学院陆续完成了改制工作。[①] 此时的大学也针对师范学校的改制作出了相应的调整，从过去注重教育研究，转而培养中学教师，并且也培育小学教师，授予中小学教师学士学位。此外，大学为了与师范学院有所区别，设置了学校行政人员、督学等培养项目，以保持其较高的地位。

（三）综合大学教育学院时期（20 世纪中期至今）

1950 年代后的教师教育机构以及教师培养模式的发展均已趋于成熟，对师资的培养要求也逐步提升，提倡追求卓越。该时期，教师的学历要求提高到了高等教育层次，综合大学中的教育学院成为教育科学研究以及教师培养的重要场所。

尽管，二战后美国的国家经济实力和教育竞争力都稳步提升，始终稳坐世界霸主的位置，但至 1980 年代其地位受到了来自日本和西欧等国家的挑战与冲击，这时人们将目光转向了教育质量，认为经济实力较量的背后是教育质量的较量。[②] 1980 年 6 月，美国《时代》周刊刊登《救命！教师不会教！》一文再次引发了民众对师资质量的焦虑，引起了社会各界的广泛关注，由此也揭开了美国教师教育改革的序幕。次年，里根政府着手干预基础教育事务，并要求相关部门对基础教育进行评估，结果显示美国教育质量确实存在滑坡现象，且种种

---

① BALLOU D, PODGURSKY M. Reforming teacher preparation and licensing: What is the evidence? [J]. Teachers college record, 2001, 102 (1): 5 - 27.

② GROSSMAN P, MCDONALD M. Back to the future: Directions for research in teaching and teacher education[J]. American educational research journal, 2008, 45: 184 - 205.

迹象表明其根源在于教师质量落后。①

这一时期的教师质量落后体现在课程设置、准入门槛、社会认同、财政投入等方面。第一,教师培养机构即高等院校在课程设置上偏重于教育类课程,而忽视了学科课程的学习;第二,教师培养项目的准入门槛较低,导致师范生的生源质量较差;第三,大众对教师职业的认同水平较低,师范专业难以吸引优秀人才加入队伍;第四,由于政府在教育领域的财政投入有限,教师的薪资待遇普遍较低,使得教师资源短缺成为常态,尤其数学、科学等学科的教师紧缺。随后,美国政府组成调查小组以应对教育质量滑坡的问题,先后产生了《明日之教师》《国家为培养 21 世纪的教师做准备》等研究报告。② 以上报告均指出,解决问题的关键在于建立一支教学水平高、业务能力精湛且志存高远的专业教师队伍。

20 世纪 80 年代美国经历了三次教育改革浪潮,第一次改革以提高标准、充实课程内容、加强教学效能评定为改革目标;第二次的改革修正了第一次改革忽视"处于危险中的学生"导致影响教育公平的弊端,重视发挥教师的作用,以教师职业专业化作为改革的突破口,强调人的作用;第三次改革不仅强调教师的自由和自主的重要性,同时也重视教师与各界的协作。但这三次改革并未形成显著成效。90 年代以后,美国教育改革呈现出确立新世纪教育发展目标、进一步推进教育市场化进程、提高教育质量、增进教育公平、密切学校与社区关系、加强联邦政府的干预能力等趋势。③ 此时的教师教育发展则呈现以下特点:教师教育专业化与去专业化并存;重视教师学科教学知识;学术与专业兼顾;理论性与实践性并重。

(四) 美国当前师范生培养的主要趋势与挑战

2021 年 3 月,全美教师质量委员会(National Council on Teacher Quality,简称 NCTQ。NCTQ 成立于 2000 年,是全美唯一专门致力于教师质量问题的非营利性、无党派组织。其使命是确保每个孩子都有称职的教师,每个教师都

---

① COCHRAN-SMITH M. Constructing outcomes in teacher education: policy, practice, and pitfalls[J]. Educational policy analysis archives, 2001, 9 (11): 1 – 56.

② DARLING-HAMMOND L. Reforming teacher preparation and licensing: debating the evidence[J]. Teachers college record, 2000, 102 (1): 28 – 56.

③ BURTON M, BROWN K, JOHNSON A. Storylines about rural teachers in the United States: A narrative analysis of the literature[J]. Journal of research in rural education, 2013, 28(12): 1 – 18.

有机会成为称职的教师。)发布《各州情况汇总 2021：师资培养政策》(State of the States 2021：Teacher Preparation Policy)报告。美国教育体系的不平等在持续加剧，后进生可能会继续接受经验匮乏、教学低效的教师教学，而教师素质正是导致学生学业成功的最重要校内因素，是决策者不能忽视的师资培养的关键问题。因此，该报告对各州教师培养政策进行分析，总结出当前师资培养政策的显著趋势。

第一，许多州已经降低（或者完全取消）应试者成为准教师的学术要求，大多数州规定的最低大学平均绩点通常低于 3.0。现在只有 15 个州要求考生通过入学基本技能测试，相比 2015 年的 25 个州有所减少。

第二，一半的州（25 个州）开始倡议招募和支持有色人种进入教师队伍，相较于 2017 年（19 个州）大幅增加。

第三，大多数州仍然不能保证小学、幼儿或特殊教育教师候选人知道最有效的方法来教会学生如何阅读。目前只有 20 个州设立测试来充分评估准教师的阅读科学知识，仅有 11 个州针对特殊教育教师设立该项测试。

第四，半数州（25 个州）要求小学教师通过内容许可测试，该考试分别对教学内容的核心区域进行评分，但仍有 8 个州不要求所有小学准教师参加内容知识考试。

第五，虽然相当多的州已经颁布了新的政策来加强教师教学实践，但自 2015 年以来，教学实践的净效果几乎没有变化。

据此，NCTQ 提出三项建议：一是提高教师招生标准，各州有义务核实其教师资格考试制度是否符合公众利益，如果不符合，则应放弃现有制度或进行大幅度修订。二是提高教师对有效阅读方法的认识，教师需要懂得如何教孩子阅读，已成为许多州亟待关注的话题。三是各州可以进一步增加有色人种预备教师的数量，并且对考试内容和课程教学进行更明确的指导，提升教师队伍的多样化程度。

二、美国三大全国性教师专业标准

美国教师教育经过一百余年的发展，相继形成了多个教师质量研究与评价的专门机构，其中最为知名的有美国教育预科认证委员会（Council for the Accreditation of Educator Preparation，CAEP）、美国国家专业教学标准委员会（National Board for Professional Teaching Standards，NBPTS）和州首席学校官员委员会（The Council of Chief State School Officers，CCSSO）。CAEP

制定的教师教育职前专业标准，NBPTS 制定的卓越教师专业标准，INTASC 制定的国家通用教师入职标准。

（一）CAEP 教师专业分级标准

美国教育预科认证委员会（以下简称 CAEP），是对教师教育准备进行认证的机构。CAEP 通过以证据为基础的认证，确保质量并支持持续改进，以加强 P-12 学生的学习，促进教育准备的公平和卓越。其前身是国家教师教育认证委员会（National Council for Accreditation of Teacher Education，以下简称 NCATE）和教师教育认可委员会（Teacher Education Accreditation Council，以下简称 TEAC）。NCATE 建立于 1954 年，是一个非营利性的、非政府的认证机构。TEAC 成立于 1997 年，致力于改善 3—6 岁阶段到 12 年级的学校教授和领导等专业教育工作者的学位课程。2010 年，NCATE 和 TEAC 合并成立 CAEP。2013 年 7 月 1 日，作为教师培养单位的唯一认证机构，CAEP 正式开始全面运作，并于同年 8 月颁布了新的认证标准，至 2016 年全美全面实施 CAEP 认证标准；NCATE 和 TEAC 传统标准不再用于认证。CAEP 在教师和教育者培训方面有着雄厚的基础和丰富的认证历史。CAEP 寻求增加认证的价值，增加参与，其教师专业标准建立在几十年的教育认证机构的知识基础上。

1. CAEP 新手教师专业标准

CAEP 章程要求每七年对 CAEP 标准进行一次审查。2018 年，CAEP 研究委员会负责更新与 CAEP 标准相关的研究。CAEP 董事会于 2020 年 6 月成立了一个特别工作组，该工作组花了数月时间审查来自 CAEP 研究委员会和 CAEP 股权和多样性委员会的数据和报告。该工作组还审查了美国教育部（USDOE）和 CEAP 指南，超过 300 个 CAEP 认证指标细则，以及来自利益相关者的反馈。它由 21 名来自教育领域的代表组成，包括 P-12（3—6 岁阶段到 12 年级阶段）、高等教育、国家教育部门和非营利性教育组织。该工作组的工作重点是审查 2013 年的标准，特别是寻求巩固、澄清和精简标准。

在大多数情况下，这些变化包括合并、澄清和删除多余的标准规定。此外，鉴于在线学习的增加，还增加了具体的技术标准。标准的组成部分特别包括了公平性和多样性措施，反映美国 P-12 学生的多样性，以确保对少数族裔适当的关注，每位教师教育提供者必须证明在招聘和教师培养方面取得的进展，并在预备教师的学术知识和他们对学生学习和发展的影响方面增加了灵活性。

表 3-1 CAEP 新手教师专业标准①

(2020 年 12 月实施,2021 年 6 月修订)

标准 1:内容和教学知识

培养单位确保预备教师对其所学学科的关键概念与原则的理解,并促进预备教师反映他们的个人见地,以增加他们对多样性、公平性的理解与包容。培养单位有意地开发他们的课程和实习经验,让预备教师证明他们的能力有效地开展与 P-12 学生家庭的合作。

1.1	学习者和学习者培养单位确保预备教师能够应用他们的学习者的知识,并在适当的发展水平上学习。所提供的证据应该表明,考生能够促进学习者发展(InTASC 标准 1)、适应学习差异(InTASC 标准 2)并创建安全的和富有支持性的学习环境(InTASC 标准 3)的关键概念和原则,以便有效地与不同的 P-12 学生及其家庭进行合作。
1.2	培养单位确保预备教师能够在适当的进展级别上应用他们的内容知识。所提供的证据表明,预备教师知道自己的内容领域的中心概念(InTASC 标准 4),并能够将这些内容应用为不同的 P-12 学生开发公平的和具有包容性的学习体验(InTASC 标准 5)。结果数据可以由专业协会(SPA)过程审查、州审查程序或标准 1 的证据审查提供。
1.3	教学实践课程提供者确保预备教师能够在适当的进展水平上应用他们对于教学实践相关的 InTASC 标准的知识。有证据表明,预备教师如何能够评估(InTASC 标准 6),教学计划(InTASC 标准 7),并利用各种教学策略(InTASC 标准 8),为不同的 P-12 学生提供公平性和包容性的学习经验。培养单位确保预备教师培养的模式和应用国家或州批准的技术标准,以参与和改善所有学生的学习。
1.4	培养单位确保预备教师能够将他们的专业责任知识达到适当的发展水平。提供的证据应证明预备教师具有从业的专业学习、道德水平(InTASC 标准 9)、学生学习指导能力、与他人合作的能力(InTASC 标准 10),以及有效与不同 P-12 学生及其家庭合作的能力。

标准 2:实习合作伙伴关系和实践

培养单位确保有效的合作伙伴关系和高质量的实习实践是预备教师准备的核心。这些经验应旨在培养考生的知识、技能和专业倾向,以显示对不同学生的学习和发展的积极影响。高质量的实习实践为预备教师提供了在不同的环境和模式下的经验,以及与不同的 P-12 学生、学校、家庭和社区之间的合作。合作伙伴都有责任识别和解决预备教师在与 P-12 学生接触时遇到的实际问题。

2.1	合作伙伴共同构建互惠互利的 P-12 学校和社区的教育实习准备安排,并分担持续改进预备教师准备的责任。

---

① Council for the accreditation of educator preparation. 2022 CAEP standards. [EB/OL]. (2022-01-24)[2023-06-15]. http://www.caepnet.org/standards/2022-itp/introduction.

2.2	合作伙伴共同选择、准备、评估和支持高质量的教育实习合作单位,包括培养单位与地方中小学校,他们对预备教师的发展以及多元化的 P-12 学生的学习和发展有积极的影响。
2.3	培养单位与合作伙伴一起设计和实施教育实习,利用各种模式,使之具有足够的深度、广度、多样性、一致性和持续性,以确保预备教师展示其发展的有效性和对不同 P-12 学生的学习和发展的积极影响。

标准 3:预备教师的招聘、进展和支持

　　培养单位证明了预备教师的质量是从招生到毕业全过程持续的和有目的的重点。培养单位证明预备教师的培养质量是教师准备项目的目标,培养单位提供全过程的服务支持(如建议、补救和指导),培养合格的预备教师。

3.1	培养单位为来自不同背景和不同人群的高质量预备教师的招聘录用提供了目标和进展证据。培养单位努力了解和解决地方、州、地区或国家对教师缺编的学校和短缺领域的需求。目标和证据应该解决向一个反映美国 P-12 学生多样性的预备教师储备池的进展。
3.2	预备教师的进展培养单位创建和监控从录取到毕业的过渡点,表明预备教师在内容知识、教学知识、教学技能、关键性格、专业责任等方面的发展,以及在实践中有效整合技术的能力。当队列平均绩点达到 3.0 时,培养单位在程序中的任何点识别一个过渡点,并监控该数据。培养单位确保通过过渡点的知识和进展对预备教师是透明的。培养单位计划和记录预备教师发展的需要,在按种族和民族的分类数据以及可能与培养单位任务相关的其他类别中确定,使预备教师达到培养标准。供应商有一个系统,可以有效地维护预备教师投诉的记录,包括向 CAEP 提出的投诉,并记录解决方案。
3.3	培养单位确保预备教师,具备能够通过应用内容知识、基础教学技能以及资格标准中相关领域的技术整合对不同的 P-12 学生的学习和发展产生积极影响的有效的教学能力。提供了多种措施,并根据种族、民族和可能与培养单位任务有关的其他类别对数据进行分类和分析。

标准 4:项目影响

　　该培养单位展示了其毕业生对 P-12 学生学习和发展的指导的有效性,以及毕业生和雇主对其人才培养工作相关性和有效性的满意度。

4.1	培养单位须证明了项目完成者能够有效地促进了 P-12 学生的学习增长,并具备在 P-12 课堂中应用准备经验设计来实现的专业知识、技能和性格。此外,培养单位还提供了所提供的数据元素的基本原理。
4.2	雇主满意度:培养单位证明雇主对完成者与不同 P-12 学生及其家庭合作的准备感到满意。
4.3	项目完成者的满意度:培养单位证明项目完成者认为他们的准备与他们在工作中遇到的责任相关且是有效的。

（续表）

标准 5：质量保证体系和持续改进

培养单位应维护一个由来自多个措施的有效数据组成的质量保证系统，并持续支持和基于证据的持续改进。系统是根据内部和外部利益相关者的输入进行开发和维护。培养单位使用查询和数据收集的结果来建立优先级、增强程序元素和突出创新。

5.1	培养单位根据需要开发、实施和完善以有一套有效的质量保证体系，以确保一个可持续的过程来记录运营的有效性。培养单位记录数据如何进入系统，如何在决策中报告和使用数据，以及这些决策的结果如何为规划改进提供信息。
5.2	培养单位从标准 5 开始的质量保证体系依赖于相关的、可验证的、具有代表性的、累积的和可操作的措施，以确保对数据的解释是有效的和一致的。
5.3	培养单位包括项目设计、评估和持续改进过程中的相关内部（如培养单位管理人员、教师、员工、候选人）和外部（如校友、从业者、学校和社区合作伙伴、雇主）利益。
5.4	培养单位定期、系统地、持续地根据其目标和相关标准评估绩效，随着时间的推移跟踪结果，持续改进记录培养方式的变革与创新及其对培养结果的影响。

标准 6：财政和行政能力

培养单位具有财政和行政能力、教员、基础设施（设施、设备和用品）和其他适合其运作规模的资源，以培养预备教师，以满足专业、国家和机构的标准。其机构是经美国教育部部长认可的认证机构认可的培养单位（例如 SACSCOC，HLC），这种认证将被认为是符合标准 6 的充分证据。如果培养机构没有得到国家教育部长的认可，必须在有证据支持的叙述中处理标准 6 的每个组成部分。

6.1	培养单位具有适合其经营规模的财政能力，包括课程、教学、教师、实习工作、奖学金等的预算，支持培养单位及其学校合作伙伴为准备专业教育工作者提供的高质量工作。
6.2	培养单位具有适合其运作规模的行政能力，包括领导和权力来计划、交付和操作连贯的学习计划，以便他们所培养的预备教师能够满足所有标准。该机构与预备教师培养相关的学术日历、目录、出版物、评分政策和广告都应是最新的、准确的和透明的。
6.3	培养单位拥有一定的教师资源，即获得博士学位或同等 P-12 教学经验的专业教育教师，使他们有资格完成任务。培养单位为教师的专业发展提供足够的资源和机会，包括在使用技术方面的培训。
6.4	培养单位应拥有办学所需基础设施，即有足够的校园和学校设施、设备和用品，以支持预备教师达到标准。该基础设施支持教师和预备教师在教学中使用信息技术。

** 仅适用于寻求获得资助的培养单位 **

标准 7：遵守《高等教育法案》第四章资助的相关声明

独立通过 CAEP 认证继而符合《高等教育法案》第四章资助的培养单位必须证明 100%符合相关责任，包括但不限于，基于学生贷款违约率数据的基础上，通过美国教育部的金融和合规审计和项目审查。独立的培养单位将需要为标准 7 的所有构成要素提供叙述和证据。

2. CAEP 修订后的高级认证标准

高级课程被 CAEP 定义为学士学位后或研究生水平的教育准备课程,最终获得许可、认证或认可。高级课程的目的是培养已经完成初步准备课程的 P-12 教师,目前有执照的管理人员,其他认证(或类似的州级认证)学校专业人员在 P-12 学校/地区就业。这些课程使用 CAEP 高级认证标准提交给 CAEP。对于只提供高级课程或同时提供初级和高级课程的教育准备培养单位,需要提交一份自查报告以供审阅。

CAEP 高级认证标准及其组成部分源自两个原则:第一,提供机构的毕业生是有能力和有爱心的教育者的有力证据;第二,必须有确凿的证据证明培养单位有能力创造一种证据文化,并利用这种文化来维持和提高他们所提供的专业课程的质量。这些标准从组织绩效的角度定义质量,并作为认证评审和判断的基础。虽然 CAEP 高级预备课程标准与 CAEP 初级课程标准平行,但在所需证据方面存在明显差异。

表 3-2　CAEP 修订后的高级认证标准①

(2021 年 6 月修订版,2022 年春实施)

标准 1:内容和教学知识
　　培养单位确保预备教师增强对其学科的关键概念和原则的理解,并促进预备教师反映他们的个人见解,以增加他们对公平、多样性和包容性的理解和实践。培养单位应为预备教师开发专门的课程,以展示他们与不同的 P-12 学生及其家庭有效合作的能力。

标准 2:实习合作伙伴关系和实践
　　培养单位确保有效的合作伙伴关系和高质量的实习实践是准备工作的核心,以便候选人发展适合其专业领域的知识,技能和专业倾向。

标准 3:生源质量和选择性
　　培养单位证明,参与高级项目预备教师的培养质量是一个持续的和有益的重点,以便完成者准备好有效地执行,并可以在适用的情况下被推荐进行认证。

标准 4:培养质量满意度
　　培养单位记录其完成者及其雇主对其准备工作的相关性和有效性的满意度。

标准 5:质量保证体系与持续改进
　　培养单位维护一个质量保证系统,该系统由来自多个措施的有效数据组成,并支持持续的和基于证据的持续改进。该系统是根据内部和外部利益相关者的意见来开发和维护的。培养单位使用查询和数据收集的结果来确定优先级,增强程序元素,并突出创新。

---

① Council for the accreditation of educator preparation. 2022 CAEP Advanced-Level standa-ds [EB/OL]. (2022-01-24)[2022-12-16]. https://caepnet.org/standards/2022-adv.

（续表）

标准6:财政和行政能力
培养单位具有财政和行政能力、教员、基础设施(设施、设备和用品)和其他适合其运作规模的资源,以准备预备教师,以满足专业、国家和机构的标准。对于由美国教育部长认可的认证机构(例如SACSCOC,HLC)认证的培养单位,此类认证将被视为符合标准的充分证据。如果培养单位没有得到被美国教育部部长认可的担保人的认可,培养单位必须在有证据支持的叙述中处理标准6的每个组成部分。
标准7:遵守《高等教育法》第四章的记录
** 仅适用于寻求获得《高等教育法》第四章资金的校外教育机构 **
依靠CAEP认证获得《高等教育法》第四章的独立校外教育机构必须证明100%遵守《高等教育法》第四章规定的责任,包括但不限于基于秘书提供的学生贷款违约率数据、财务和合规审计,以及由美国教育部进行的项目审查。独立的培养单位将需要为标准7的所有构成要素提供叙述和证据。

（二）NBPTS 教师五大核心素养

美国国家专业教学标准委员会(以下简称 NBPTS)成立于1987年,该机构的使命为"为称职教师所应知应会的一切,建立严格的、高质量的教师专业标准。"旨在通过以下方式提高教学质量:其一,对有成就的教师应该知道和能够做的事情保持高标准和严格的标准;其二,提供一个国家自愿认证体系,为符合这些标准的教师提供认证;其三,倡导相关的教育改革,在美国教育中引入国家委员会认证,并利用国家委员会认证教师的专业知识。国家委员会的标准和评估是由教育工作者制定的,并经过了测试和修订。国家委员会的认证过程是基于成绩和同行评审的。如果教育工作者从董事会认证开始追溯,将标准和过程嵌入每位教师职前准备的步骤与过程中,这将从整体上提高教师职前教育的教学质量,教师职业的未来也将有一个坚实的基础。NBPTS提出的教师五大核心素养[①]:

第一,教师致力于学生和学生们的学习。有成就的教师把他们的实践建立在这样一个基本信上:所有的学生都能学习并达到很高的期望。认识到每个学习者的独特特点和才能,教师致力于并熟练地使所有学生都能获得知识。因此,教育工作者热衷于与儿童青少年建立有意义的关系,这样学生就可以增进他们的理解并体验成功。教师们知道,持续的成就取决于他们对所有人的价值和尊严以及每个孩子的潜力的信念。因此,他们仍然关注人类的多

---

① National board for professional teaching standards. five core propositions[EB/OL]. (2018-04-10)[2022-12-18]. https://www. nbpts. org/certification/five-core-propostions/.

样性与它对学习的影响,以及不同环境下人们之间的相互关系。有成就的教师会与社会和教育背景下的学生熟悉,而不仅仅是在他们自己的学习环境中。[①]

- 教师认识到学生的个体差异,并相应地调整教学方法。
- 教师了解学生是如何发展和怎样学习的。
- 教师公平对待学生。
- 教师知道他们的使命超越了学生的认知发展。

第二,教师知道他们教的科目和如何教学生这些科目。如果说教学的一个基本原则是致力于年轻人的福利和教育,那么另一个原则就是致力于不同的主题。有成就的教师致力于使学生熟悉我们所生活的社会、文化、伦理和物质世界,他们利用所教授的课程来介绍这些领域。要全面理解次要的事物,需要的不仅仅是在单一内容领域内背诵日期、乘法表或繁复的规则。相反,它需要通过探索领域和建立联系来追求实质性的知识,从而完全参与到学习过程中。[②]

- 教师欣赏学科知识是如何被创造、组织的及与其他学科相交叉的。
- 教师掌握如何向学生传达多元主题的专业知识。
- 教师创造了通向知识理解的多条路径。

第三,教师负责管理和监督学生的学习。有成就的老师对所有的学生都抱有很高的期望。他们认为自己是学生学习的促进者,帮助孩子和年轻人充分发挥他们的潜力。为了实现这一目标,教育工作者为学生创造充满活力、富有成效的环境空间,根据需要调整和改进组织结构,同时建立有效的方法来监控和管理传统和非传统的学习环境。[③]

- 教师呼吁多种方法来实现他们的教学目标。
- 教师支持学生在不同的环境和小组学习。

---

① National board for professional teaching standards：Teachers are committed to students and their learning［EB/OL］.（2018-04-10）［2022-12-21］. https://www. accomplish-edteacher. org/proposition1.

② National board for professional teaching standards：Teachers know the subjects they teach and how to teach those subjects to students［EB/OL］.（2018-04-10）［2022-12-21］. https://www. accomplished teacher. org/proposition2.

③ National board for professional teaching standards：Teachers are responsible for managing and monitoring student learning.［EB/OL］.（2018-04-10）［2022-12-21］. https://www. accomplishedteacher. org/ proposition3.

- 教师重视学生的参与度。
- 教师定期评估学生的进步。
- 教师让学生参与学习过程。

第四,教师系统地思考他们的实践和学习经验。和大多数职业一样,教学要求实践者保持开放的心态,渴望并致力于追求持续的发展。因为他们所处的领域以问题不断演变和研究范围不断扩大为标志,教师们负有成为其专业领域永久学生的职业义务。有成就的教育家寻求扩充他们的知识,加深他们的知识和技能,并在作出判断时变得更明智。他们在教学中保持创造性,认识到有必要接受新的发现,并作为专业人员扩展他们的学习。有成就的教师愿意将其他教育者提出的思想和方法结合起来,以支持他们的教学目标,即促进学生学习和改进他们的实践。那么,优秀的体现是对手艺的敬畏,对其复杂性的认识,以及对终身学习和反思的承诺。[1]

- 教师作出艰难的选择,考验他们的专业判断。
- 教师利用反馈和研究积极地提高自己的实践影响学生学习。

第五,教师是学习共同体的成员。有成就的教师会超越他们单个教师的界限,参与更广泛的学习群体。他们亲自或通过技术与当地、州、国家以及国际团体联系,以利用广泛的专业知识和专长。优秀的教育工作者在指导学生和参与对学校质量和学生学习做出重大贡献的工作时,会尽可能利用这些资源。这些职责涉及两个方面的责任:与其他专业人士合作,提高学校的效率;与家庭和其他参与者合作,促进儿童青少年的教育。[2]

- 教师与其他专业人员合作,提高学校效率。
- 教师与家庭合作。
- 教师与社区合作。

NBPTS认为教师职业的发展应是从预备教师、新手教师、专业教师、经过认证的老师直至教育领导者的教师职业发展连续体。为了确保所有的学生都能接受到为他们毕业后的成功和生活做好准备的教育,必须提升师资队伍

---

① National board for professional teaching standards: Teachers think systematically about their practices and learn from experience. [EB/OL]. (2018-04-10)[2022-12-21]. https://www.accomplished teacher. org/proposition4.

② National board for professional teaching standards: Teachers are members of learning communities. [EB/OL]. (2018-04-10)[2022-12-21]. https://www. accomplishedtea-cher. org/proposition5.

水平,以系统地保证高质量的教学实践。在其他职业中,如医学、工程和建筑,无论是在职业内部还是在公众中,委员会认证帮助创造了一种文化和对完成实践的期望。专业通过设计将这种期望建立在他们的准备和实践发展管道中,从一个明确的愿景开始,即一个成功的从业者应该知道什么和能够做什么,然后向后映射,以确保每个新的从业者开始他们的职业生涯,知道获得专业标准委员会认证对他们的实践水平意味着什么。这些职业做了教师现在必须做的事情:定义和加强一个连贯的教学体系,以确保美国的每一位教师都走向卓越的道路。

有这样的职业发展连续体,委员会认证将成为规范,并完全融入教师职业的结构。如上所述的五大核心主张,将成为每位教师在实践中持续发展的指导框架。这样的统一体明确与五大核心主张和国家委员会标准相一致,从职前准备开始,发展到通过委员会认证并成为教师领袖,每一步都旨在支持教师朝着更有成就的实践工作。

强有力的职前经验可以使入职教师的内容知识和教学技能达到初级熟练的水平,并着眼于最终实现实践的发展。新教师的准备工作需要实习期一年,减轻教学负担、加强监督,使教学技能能够以实践为基础发展。高质量的初始许可证要求,包括教师绩效评估,将允许有抱负的教师证明他们拥有在课堂上有效工作所需的知识和技能。在整个准备过程中,认证可以作为教师准备项目的实习教师和在实习经验和实践中与实习指导教师合作的教师的资格或优先选择,因为它标志着教师理解并将五项核心建议融入他们的实践。认证标准需要预备教师学习五大核心命题,参照国家委员会的标准分析"完成教学,学习和学校"数据库(Accomplished Teaching, Learning and Schools,以下简称 ATLAS)中的教师实践活动案例。ATLAS 是一个在线平台,展示了委员会认证的老师和学生一起工作的案例。每个案例都包含教学视频,教师对教学的分析和反思分析,以及与学生一起使用的教学材料。该数据库是专门为高等教育学院和教育学院、州教育部门和学区设计的,以支持职前和在职教师的专业发展。数据库的内容取决于订阅者的地理位置,但包括与国家专业教学标准委员会(NBPTS)及其大核心主张相一致的 1 000 多个案例。准教师将开始自己的职业生涯,对实践活动案例的分析有助于他们发展成为卓越的从业者。

基于五大核心主张,NBPTS 描述了教师应该知道什么和能够做什么,NBPTS 对教师资格的认证过程旨在收集基于标准的实践证据,在所有 25 个证书领域,考生需要完成四个部分的内容。具体的说明将根据证书区域的不同而不同,每个部分评估的标准也会不同。①

第一部分:内容知识。基于计算机的评估要求预备教师展示其对教学内容知识和教学实践的理解,必须展示适合发展的内容知识,这对于其所选择的证书领域的所有年龄范围和能力水平的教学都是必要的。该过程是通过完成三个构建的响应练习和45个选定的响应项目来评估的。

第二部分:教学中的差异化。该部分基于课堂的作品集入口要求考生收集和分析个人学生的优势和需求的信息,并使用这些信息来设计和实施教学,以促进学生的学习和成就。预备教师将提交选定的作业样本,以展示其随着时间的推移的成长,并提交一篇书面评论,分析其教学选择。

第三部分:教学实践与学习环境。这是一个基于课堂的作品集入口,需要预备教师与所教学生之间互动的录像记录。预备教师还需要提交一份书面评论,描述、分析和反思其教学过程以及与学生的互动。视频和书面评论都应该展示其如何吸引学生并影响他们的学习。

第四部分:有效和反思的实践者。该部分的作品集要求预备教师证明自身作为一个有效的和反思的从业者在开发和应用所学专业知识的能力;预备教师使用评估来有效地规划和积极地影响学生的学习;通过合作来促进学生的学习和成长。

将美国教师专业发展相关标准汇总并进行比较,不难发现 NBPTS 所颁布的教师五大核心素养最具代表性。NBPTS 还依据"五项核心原则"公布了卓越教师的职业能力特质,包括教育理念、教学观、人际关系、职业生涯规划、个人素养和社会责任六个方面,这六种特质的具体表现详见表3-3。

该职业能力标准强调了卓越教师的教育理念,一个卓越的教师首先要有高度的职业认同,教师的职业认同与其工作成效呈正相关。只有拥有先进理念的卓越教师才能勇于接受挑战,并以学生的发展为使命,始终对学生的学习抱有高期望。该体系还提出教师要拥有卓越的教学观,善于反思与探究教学问题,会利用多样化的资源来计划和组织课堂的参与式学习机会,有条理地监控学生的学习进度,并根据需要使用多样化的评价工具来评估学习。卓越教

---

① National board for professional teaching standards：How the five propositions look in practice. ［EB/OL］. （2018-04-10）［2022-12-21］. https://www. accomplishedteacher. org/propositions-in-practice.

师职业能力标准要求教师能够建立和谐、充满信任与相互支持的人际关系,卓越教师应具有与学生、家长、领导、同事以及社区进行充分且良好沟通的能力,建立互信、融洽的人际关系。在个人素养方面,要求应持有健康的心理品质和积极向上的心态,善于处理工作与生活中的种种问题与矛盾,能够通过自身的正能量感染、影响学生及周围的人。在职业生涯发展上,卓越教师善于规划自己的专业发展道路,能够根据时代和社会的要求,积极调整自己的计划与安排,不断提升自身素质,实现个人的全面发展。此外,该系统还强调卓越教师应具有强烈的社会责任感,有着为国家和社区建设做贡献的无私奉献的精神。

表 3-3 美国 NBPTS 卓越教师职业能力特质①

特质	表现
教育理念	与时俱进的教育理念,增加人文关怀,以学生成长为工作中心;教会学生如何学习;给学生自我探索的机会;为学生设立高目标,给学生以希望,激发学生潜能,帮助学生一步一个脚印去实现;将不同的评价方式作为诊断学生学习问题、改善教育教学的手段;了解学生现状,尊重学生差异,全方位关注学生。
教学观	采用非传统的教学方式,课堂教学创新。拥有多样化的教学模式,具有优秀的课堂管理能力,懂得如何激励学生。
人际关系	与学生、家长、同事、校长、社区建立良好的关系;重视家校互信关系的建立;引导家长参与到学生的成长教育;懂得成长与回馈的重要性;在积极向其他教师学习的同时热心帮助其他教师。
职业生涯	主动、持续地学习,努力提升自身素质,实现全面发展;积极参与教师教育专业论坛、团体和发展培育培养项目。
个人素养	全身心投入,将教育事业视为己任;心态积极乐观,充满激情;独具特色的人格魅力;高效率的工作;主动对自己的教育教学工作进行反思。
社会责任	积极参与到社区各种活动,与所在社区建立良好的沟通渠道。

（三）InTASC 教师专业标准

州首席学校官员委员会(Council of Chief State School Officers,以下简称 CCSSO)是一个无党派的、全国性的非营利性组织,由领导各州、哥伦比亚特区、国防教育活动部和五个州外司法管辖区小学和中学教育部门的政府官员组成。CCSSO 在重大教育问题上提供领导、倡导和技术援助。该委员会寻

---

① National board for professional teaching standards: Five core propositions[EB/OL]. (2018-04-10)[2022-12-18]. https://www. nbpts. org/certification/five-core-propostions/.

求成员在重大教育问题上的共识,并向公民和专业组织、联邦机构、国会和公众表达他们的观点。①

在该组织制定的标准《教师核心教学标准和学习进度示范》②中,这些标准被分为四大类,以帮助标准参照组织或个人对标准的理解:

1. 学习者和学习

教学从学习者开始。为了确保每个学生都能学习到新的知识和技能,教师必须了解个人的学习和发展模式是不同的,学习者给学习过程带来独特的个体差异,学习者需要支持和安全的学习环境才能茁壮成长。成就动机较高的教师对每个学习者都有很高的期望,并在各种各样的学习环境中实施适合发展的、具有挑战性的学习体验,帮助所有学习者达到高标准并充分发挥他们的潜力。教师要做到这一点,需要结合专业知识基础,包括对认知、语言、社交、情感和身体发展的理解,并认识到学习者是具有不同个人和家庭背景、技能、能力、观点、才能和兴趣的个体。教师与学习者、同事、学校领导、家属、学习者所在社区的成员和社区组织合作,以更好地了解学生和使他们最大化学习。教师促进学习者对自己的学习和责任的接受与他们合作,确保自主学习和协作学习的有效设计和实施。

标准1:学习者发展。老师了解学习者如何成长和发展,认识学习和发展的模式在认知、语言、社会、情感和身体等领域内和跨领域各不相同,并设计和实施适合发展和具有挑战性的学习体验。

标准2:学习差异。教师利用对个体差异、多元文化和社区的理解来确保包容的学习环境,使每个学习者都能达到高标准。

标准3:学习环境。教师与他人合作,创造支持个人和协作学习的环境,鼓励积极的社会互动、积极参与学习和自我激励。

2. 内容

教师必须对他们的内容领域有深刻和灵活的理解,并能够利用内容知识,当他们与学习者一起访问信息,将知识应用于现实世界的设置,并解决有意义的问题,以确保学习者掌握学习内容。当今的教师可以通过多种交流手段,包

---

① Council of chief state school officers: States are leading to deliver a High-Quality education to each and every child. [EB/OL]. (2021-01-12)[2022-11-30]. https://ccsso.org/about.

② Interstate teacher assessment and support consortium: Model core teaching standards: A resource for state dialogue[EB/OL]. (2011-09-06)[2022-12-21]. https://files.eric.ed.gov/fulltext/ED528630.pdf.

括数字媒体和信息技术,使学习者能够接触到知识内容。他们整合了跨学科的技能(例如,批判性思维,解决问题,创造力,沟通)来帮助学习者使用内容提出解决方案、建立新的理解、解决问题、想象可能性。最后,教师通过将内容知识与当地、州、国家和全球问题联系起来,使其与学习者相关。

标准4:内容知识。教师理解他或她所教授的学科的核心概念、探究的工具和结构,并创造学习经验,使学习者能够理解和有意义地掌握学科的内容。

标准5:内容的应用。教师了解如何连接概念,并使用不同的视角,让学习者进行批判性思维、创造力和合作解决与真实的本地和全球问题有关的问题。

3. 教学实践

有效的教学实践要求教师以协调和参与的方式理解和整合评估、计划和教学策略。从他们的目的或目标开始,教师首先确定学生的学习目标和内容标准,并根据这些目标进行评估。教师了解如何设计、实施和解释一系列形成性和总结性评估的结果。这些知识被整合到教学实践中,这样教师就可以获得可以用来提供及时反馈的信息,以加强学生的学习和修改教学。规划的重点是使用各种适当的和有针对性的教学策略来解决不同的学习方式,结合新技术来最大化和个性化学习,并允许学习者掌握自己的学习并以创造性的方式进行学习。

标准6:评估。教师理解并使用多种评估方法让学习者参与自己的成长,监督学习者的进步,并指导教师和学习者的决策。

标准7:教学计划。教师计划通过利用内容领域、课程、跨学科技能和教学法的知识,以及学习者和社区背景的知识,来支持每个学生实现严格的学习目标。

标准8:教学策略。教师理解并使用各种教学策略,以鼓励学习者深入理解内容领域及其联系,并培养以有意义的方式应用知识的技能。

4. 职业责任

创造和支持安全、高效的学习环境,使学习者达到最高水平是教师的主要责任。为了做到这一点,教师必须从事有意义和密集的专业学习和自我更新,通过持续的学习、自我反思和合作定期检查实践。通过领导、学院支持和协作,不断提升自我的循环以得到加强。积极参与专业学习和合作,可以发现和实施更好的实践,以改善教与学。教师还有助于改进教学实践,以满足学习者的需求,完成学校的使命和目标。教师从学习者、家庭、同事、其他学校专业人员和社区成员的合作中受益并参与其中。教师通过塑造道德行为、促进实践中的积极变化和促进专业发展来展示领导力。

标准9:专业学习和道德实践。教师参与持续的专业学习,并使用证据持续评估个体的实践,特别是个体的选择和行为对他人(学习者、家庭、其他专业人员和社区)的影响,并调整实践以满足每个学习者的需求。

标准10:领导力和协作。教师寻求适当的领导角色和机会,为学生的学习负责,与学习者、家人、同事、其他学校专业人员和社区成员合作,以确保学习者的成长,并推进专业。

2011年4月,InTASC核心教学标准模型发布后不久,州成员要求CCSSO编写与标准一致的规则,由此成立了一个委员会来探讨开发这样一个规则工具。然而,随着起草委员会与顾问委员会的磋商和深入讨论,委员会的想法从专注于评估标准演变为制定教学实践发展进程的决定,可以用作教师发展的支持工具。这个决定基于两个关键的发现:首先,CCSSO认识到市场上已经存在许多质量评估框架,且不想重复努力。此外,CCSSO发现许多评价体系缺乏一个健全的形成性和支持性的改进过程,以提升教师专业发展的效率。系统通常会识别出需要改进的地方,但止步于此。教师发展缺乏有用的支持工具。其次,公平原则与导向要求CCSSO在要求从业者对这些绩效水平负责之前,先用一些具体的程式阐明持续的增长和更高水平的绩效。教师应该有机会看到什么是有效的实践,以及他们如何达到这一效果,这是任何质量评估和支持系统的关键基础。基于这些信念,以及迫切需要建设教师的教学能力,以达到大学和职业准备标准,委员会起草并采用了InTASC示范核心教学标准,并将其转化为教师的学习进步,可用于促进和支持他们的成长。进一步描述了比标准更具体的有效教学,提供了如何改进实践的指导,并概述了可能的专业学习经验,以实现改进目标。这些进步的独特之处在于,它们实现了标准中描述的新教学愿景的组成部分,并基于其关键主题(例如,增加学习的个性化或差异化,发展学习者的更高阶思维技能,促进跨学科方法,达到合作的新高度)清晰地表达了更有效的实践。此外,他们对教师如何从一个水平"转换"到下一个水平提出了具体的建议。关于评价,委员会认识到进步是一种标准,包括描述性的标准,教师或教练可以根据这些标准比较表现并作出形成性的判断,以支持教师的成长。然而,在某种意义上,它们不是一种评估工具,因为它与已被验证为高风险总结性判断的过程相关联。下一步的工作将是探索如何提升知识与技能的应用能力作为现有州和地方框架的支持组成部分,或开发一个新的评价系统,并对相应的应用进行研究。

三、美国卓越教师专业标准的特点

当前,我国还未形成一个专门用于乡村卓越教师职前培养的专业标准。美国的教师专业标准已产生多年,且在一定程度上提升了美国的师资队伍质量。美国的三套教师专业标准的侧重各具特色,对我国卓越教师专业标准的完善也有着一定的参考价值与借鉴意义。总体上,美国卓越教师专业标准有几大特点:第一,专业标准制定主体明确;第二,专业标准制定程序严密;第三,职前培养严格依据标准;第四,标准内容以学生为中心;第五,标准制定强调知识应用。

(一)专业标准制定主体明确

美国的教师专业标准一个重要特点就是标准制定主体非常明确。

首先,教师专业标准的制定者以教师为主。CAEP、NBPTS 和 CCSSO 这三家机构均为非营利组织,组织机构中的工作人员也以有过教师职业经历的人为主,其标准开发团队的人员构成中教师占相当大的比重,这一方面反映出专业标准制定的主体对教师教学经验的认可,另一方面也体现出其对标准制定过程中教师参与的重视。如 NBPTS 在制定卓越教师专业标准的工作中,将教师作为标准研发的主体。在机构成立时就做了此项规定,成立之初机构中 63 位成员教师数量占三分之二,在其后的历届委员会成员构成中,也始终保持着这一比例。

其次,专业标准制定以团队合作方式进行。专业标准以团队的合作的方式,以研究结论为制定的理论依据,专业标准的认证评价工作也都是由团队协同完成。例如斯坦福大学承接的教师评价项目曾经直接参与了全美卓越教师认证标准的研发工作。随后北卡罗来纳大学设立专业评估小组利用心理测量技术为 NBPTS 解决评估遇到的专业问题,设立表现性标准,设计出具有较高信度和效度的评价体系。为确保测试评估的有效性,NBPTS 也会与专门的教育测试服务公司保持长期合作关系。另外,NBPTS 还会阶段性召集技术监督小组,对制定过程中的相关技术问题提出合理化建议,帮助改进和完善专业标准。

最后,政府不是唯一的专业标准制定主体。尽管,政府在教师专业标准的制定过程中扮演了重要的角色,但政府并不是唯一的专业标准制定主体,民间组织也参与其中。以 CAEP 为典型代表,CAEP 的前身最早是民间自发组织,旨在通过对教师培养工作进行监测,进而提升教师培养质量。通过几十年的拓展与合并,与全国各州都签订了质量监测的协议,成为全国公认的评价机构,其指标体系也被全美各教师准备机构所认同,成为全美教师教育评价最有影响力的组织之一。

（二）专业标准制定程序严密

第一,美国各类教师专业标准体系的构建都是建立在严谨的科学研究基础之上的。尤其是 CAEP 和 NBPTS,机构除了负责对教师准备项目、教师资格进行认证以外,还做了大量的教师教育研究项目。浏览这两个机构的网站可以看到大量公开的研究报告,且每年都会根据各条标准对教师队伍进行相应评估,以了解师资队伍的现状。这些研究结果一方面能够帮助机构更好地掌握现阶段美国教师教育质量、教师队伍发展现状与问题,同时也能够更好地服务于教师专业标准的优化。机构会委托大学的研究团队以及一些专业的教育测试服务公司来协助完成评估或调查工作,以保证研究的科学性以及结果的可靠性。在此基础之上,结合调查或监测的数据与结论,对已有的专业标准进行进一步的优化。

第二,美国教师专业标准制定团队由多类专家构成,其中包括基础教育一线教师,大学中从事教育研究的教授专家以及教育主管部门的教育政策决策人。各界人才组成团队,发挥各自的学科与专业优势,结合研究数据与结论以及成熟的理论学说,共同商讨制定合理、规范且科学的教师专业标准。

（三）职前培养严格依据标准

美国基础教育领域正在进行的改革被称为"基于专业标准的教育运动"。而美国各教师培养机构根据教师专业标准,通过采取了制定课程标准和建立科学严格的评估制度等相关措施,以加强对教师培养质量的监督。尽管美国卓越教师专业标准还在持续完善中,其专业标准在制定和推广过程中还存在着一定的不足,但它确实提高了师范教育的水平,促进了准教师的整体素质以及教师的专业发展。教师专业标准为师范生提供了一个明确的专业发展目标。当前,我国关于教师专业标准的标准仅是教师资格认证方面的明文规定,尽管学界对卓越教师的概念、内涵以及特征进行了大量的讨论,但还未形成正式的卓越教师专业标准,我国教育主管部门也应尽快制定出适应我国国情和教育实际情况的卓越教师专业标准,应尽快开展专业标准的制定和推广工作,实施以卓越教师专业标准为导向的教师教育发展。

（四）标准内容以学生为中心

以上三套标准均始终强调以学生为中心,照顾学生的多样化与差异性,为满足学生学习与发展的需要而创设学习情境,实现促进其成长与发展的目的。以 InTASC 标准为例,这种以学生为中心的理念体现在话语表达方式上的改变。①

首先是用"学习者(Learner)"代替了"学生(Student)"。学习者在学习过程中更加主动,而学生相比较而言则更加被动和接受。学习者是一个积极主动、自我发展的个体。学习者在入学前就已经建构了自己独特的知识和经验,入学后的学习仍然是在与外部环境互动的过程中进行自我建构。学习者不是被动地接受教育者教授的各种知识,而是根据已有的经验及认知程式主动建构自己的知识和经验体系。

其次是用"学习情境（Learning Environment）"代替了"教室/课堂(Classroom)"。学习者的学习活动依赖于教学情境的创设。学习情境体现了学习空间的开放性和学习机会的多种可能性,而课堂则表现出封闭性和单一性。用学习情境取代课堂表明,学习活动可以在任何传统的学校和课堂之外进行。因而,预备教师的培养需要针对情境创设能力的培养设置相应培养课程,使他们能够在充分理解学习者的多样性与差异性,以及造成差异的成长背景、文化渊源的基础上,合情合理地运用所有可以使用的学习材料与资源,促进学习者的全面发展。

（五）标准制定强调知识应用

学科知识是教师教学工作的载体,是教师应具备的知识的基础和核心。美国的教师专业标准中均对学科知识的应用进行了突出与强调。如 CAEP 在标准中要求培养单位应确保候选人能够在适当的发展水平上应用他们的专业责任知识。在 InTASC 标准中,学科知识的概念被重新解释:"学科知识不只是一套特定的信息,更是组织和处理信息的过程和框架。"教师对学科知识的理解程度与呈现方式在很大程度上决定了其教学效果。学科知识不仅是一组特定的信息,还是组织和处理信息的过程和框架。应用型学科知识反映了

---

① Interstate teacher assessment and support consortium：Model core teaching standards：A resource for state dialogue[EB/OL]. (2011-09-06)[2022-12-21]. https：//files. eric. ed. gov/fulltext/ED528630. pdf.

实际问题的复杂性,在社会生活中,仅仅依靠单一学科知识是不足以解决各种问题的,教师的教学就是帮助学习者创新、发展和应用知识。[①] 教师应具备教学内容知识,即在深刻理解学科知识基本概念的同时,将教的知识、学的知识和教育情境知识有机地结合起来,具备不同学科知识整合形成的"跨学科技能"。

第三节　澳大利亚教师专业标准解读

一、澳大利亚教师教育发展历史演进

澳大利亚的教师教育发展史始于 1850 年第一所公立师范学校于在悉尼开办。经过 170 余年的发展,先后经历了殖民地时期、联邦成立后的五十年的改进阶段和 20 世纪 50 年代至今的大发展和大改革阶段,几经变革的澳大利亚教师教育已基本形成自身的特色。由于分权制的政治体制,各州的教师教育项目又呈现出多样化的发展趋势。

（一）殖民地时期的教师教育

澳大利亚的殖民地时期是自 1788 年新南威尔士第一个殖民地建立直至澳大利亚联邦成立的一百一十多年。在殖民地早期,小学教师多由流放至澳大利亚的女罪犯来担任,这些小学教师仅在英国接受过小学教育,文化素质非常有限。学校教育除了师资严重不足、质量不高的限制,还存在学校数量不足、设施落后等问题,教育发展压力较大。随着人口的不断增加,小学入学人数也随之增多,教师的需求量加大,便出现了"导师制"和"小先生制"为主要培养方式的私立教师教育培训班。这些培训班的出现标志着澳大利亚教师教育的萌芽。该阶段的教师教育呈现出规模小、非正规、质量低的特点,尽管初具规模但存在诸多问题。随着教师教育后期不断发展,逐渐形成了自己的特色。

从 19 世纪初期开始,小学教师队伍中的女罪犯已基本被澳大利亚当地的自由民所取代,教师教学的质量有所提升。但此时还未出现专门的教师培养机构,教师教育的发展仍处于一种无序的状态。此外,初等教育的需求量加

---

① 蒋喜锋,刘小强. 美国 INTASC/InTASC 核心教学标准评析[J]. 比较教育研究,2019(5):58-66.

大,对于教师的数量与质量提出了新的要求。至此,专门教师培养机构的开办已经迫在眉睫。1850 年,福特街初级师范学校(Fort Street Model School)诞生,这是澳大利亚第一所公立师范学校。该校仍旧采用"小先生制"作为教师教育的主要培养形式,入学门槛较低,招生对象主要是小学毕业生。当时的培养学制较短,3—6 个月要完成教学法、英语、语法、代数、体育、绘画、体育等课程。随后,该校挑选品学兼优的学生成立新的班级,并制定了专门的师范学校课程进行教授,加强了理论学习的比重。在殖民地时代的末期,师范学校已经有了优化课程设置的倾向,为此后的教师教育发展奠定了一定的基础。

(二) 联邦成立后的五十年的教师教育

澳大利亚联邦自 1901 年成立,在最初的二十年中,联邦国民经济的快速发展为教育事业的发展奠定了物质基础。联邦政府也较为重视教育事业,提倡教育机会均等、支持教育改革,且提升了教师的待遇,无形中刺激了教育的发展,教师教育培养也走向规范化。联邦实行分权制,将教育主管权下放至各州。各州建立了自己的师范学院,且招生要求也有所提高,招收接受过初等教育的学生。该阶段的小学教师主要由师范学校负责培养,中学教师由大学负责培养。由此,澳大利亚逐渐形成一个完整的师资培训体系的过程,双轨制培养师资的雏形已经初步形成。1920 年以后,由于受到战争的影响以及世界性经济危机的波及,经济的衰败带来了教育发展受阻的连锁反应。政府财政支出困难,教育发展条件受到严重影响,大量学校被迫关闭,学校教育和教师教育的发展均出现停滞与倒退的现象,教师队伍质量整体大幅下滑。

从总体上看,当时的教育状况是令人担忧的,但单从彼时的师范教育发展情况来看,仍有一些值得肯定的地方。五十年间的澳大利亚师范教育发生了一些可喜的变化。开始出现专门的乡村教师培养学校,承担起了培养乡村教师的职责,为澳大利亚战后培养更多的优秀教师创造了条件。

(三) 20 世纪 50 年代至今的教师教育

战后的澳大利亚人口持续增长,教育需求逐步加大。教育随着政治、经济和教育事业的恢复与发展也开展了一系列的改革,政府对教师教育也进行了重组与改造。工业的振兴导致工人收入的提升,且其薪酬待遇优于教师职业,这导致大量教师流失,师资的短缺成为教育发展的瓶颈。针对这一情况,政府加大了师范生培养工作的力度,但仍无法满足社会需求。此外,该阶段的教师教育质量也存在不足,表现为教师教育师资质量不高、师范学院自身近亲繁殖且故步自封,严重影响了培养质量。

从 20 世纪 80 年代末起,在联邦政府的推动下,澳大利亚所有高等教育学院全部升格为大学,中小学教师职业准备之间的显著区别开始淡化。全国的高等教育学院陆续与 19 所大学合并形成了统一的高等教育体制,高等教育双重制宣告结束,高等教育学院消失,在原有的基础上重建了 38 所新型大学,准教师的培养学制为四年且都在这些新型大学中进行,这也表明澳大利亚完成了教师职前培养大学化的进程。大学师范教育课程设置也随之产生了变化,呈现课程融合的趋势。高校将学科专业课、教育科学课以及专业技能课程相融合,形成了全新的课程体系。

二、澳大利亚教师专业标准

作为一种质量保证机制,专业教学标准已在全球许多国家得到实施。2011 年,美国政府提供了联邦激励措施,以吸引美国的监管机构实施教学绩效标准。2012 年,英国制定了一套国家标准,以评估预备教师和在职教师的表现,由国家学校监察员负责监督"在评估所有学校的教学质量时,教师标准达到的程度"。在此期间,澳大利亚联邦政府成立了澳大利亚教学和学校领导研究所(Australian Institute for Teaching and School Leadership,以下简称AITSL),并将制定和实施一套国家教学标准作为其"唯一最大的优先任务"[①]。他们确定,这些标准将作为绩效指标,并提供质量保证机制,以增加公众对教育的信心。通过利益相关方的合作,制定了澳大利亚教师专业标准(Australian Professional Standards for Teachers, 以下简称 APST),以评估职前和在职教师的四个职业阶段:新手教师、熟练教师、卓越教师和领袖教师。AITSL 认为,APST 的意图是:第一,指导初步教师教育课程的认证改革;第二,构成教师注册程序的一部分;第三,支持教师在职业生涯各个阶段之间的过渡;第四,告知教师的专业学习。这四个目标中有三个是监管性质的,这一事实表明,AITSL 的专业标准议程侧重于监管,而非响应性。给教育工作者的信息很明确,教师的专业标准是作为政府的一种管理和监督教师的责任和绩效方式来实施的。

教师专业标准在全球范围内被用于教育、认证、促进和规范教师的专业实

---

① Australian institute for teaching and school leadership: Australian professional standards for teachers about us. [EB/OL]. (2020-01-01)[2022-12-23]. https://www.aitsl.edu.au/ about-aitsl.

践和学习。在澳大利亚,教师专业标准在一定程度上旨在支持教师从研究生到领导教师职业生涯阶段的专业学习。预备教师已被确认对 APST 持积极态度,研究生水平对该标准的吸收似乎随着时间的推移而增加。澳大利亚教师专业标准描述了高质量、有效教学的要素,强调教师表现与发展。该标准由教师为教师设计,是教师质量的公开声明,也是全国一致的教学角色参考和描述,标准中认定教学有三个领域:专业知识、专业实践、职业接触。教学是一个充满活力和挑战性的职业。教师有专业义务与不同类型的学习者发展和维持专业关系,与家长沟通,行为合乎道德标准,传播推广积极的价值观,保持和提高专业标准。该标准是绩效和发展规划不可或缺的一部分,帮助教师进行自我反思和自我评估,认识自身目前和发展中的能力,有助于教师确定自己的专业抱负和学习目标,并制订专业发展计划。

澳大利亚教师专业标准的制定得益于广泛的研究、专家知识、对教师注册当局、雇主和全澳大利亚专业协会使用的标准的分析和审查,以及大量的咨询。这一进程建立在以往国家框架和协定的工作基础上。根据辖区司法管部门、主要雇佣单位和教师管理部门确定的安排,在司法管辖区内进行利益攸关方协商。总共收到了来自联邦、州和地区政府和管理当局、教师工会、行业专家团体和个别学校和教师的 120 份单一和综合意见书。在此之后,该标准在系统和部门、学校类型和地理位置进行了测试。验证过程包括两项在线调查,以及在每个州和地区举行的专题小组会议,来自澳大利亚各地数百所学校的近 6 000 名教师和校长参与其中。

如表 3-4 所示,澳大利亚教师专业标准主要有 7 个维度,即 7 大标准,分别是了解学生和他们如何学习;了解其内容和如何教授它;计划和实施有效的教学和学习;创建和维护支持性和安全的学习环境;评估,提供反馈和报告学生的学习;从事专业学习;与同事、家长/监护人和社区保持专业联系。每项标准中又列出相应的重点领域及其相应要求。在教师的能力要求方面,根据新手教师、熟练教师、卓越教师和领袖教师不同水平提出各自应达到的标准。

表 3-4　澳大利亚教师专业标准(APST)①

标准1:了解学生及学生学习

重点领域	新手教师	熟练教师	卓越教师	领袖教师
1.1 学生的身体、社会性和智力发展及特点	展示对学生的身体、社会和智力发展和特征的知识和理解,以及这些可能如何影响学生学习。	利用基于学生身体、社会和智力发展特点的教学策略,提高学生的学习能力。	能够灵活选择有效的教学策略,以适应学生的身体、社会和智力的发展和特点。	引导同事选择并优化教学策略,利用学生的身体、社会和智力发展的知识和特点来提高学生的学习。
1.2 了解学生如何学习	展示研究学生如何学习以及学生学习方式对教学影响的相关知识与理解。	利用关于学生如何学习的研究和学术建议来构建教学计划。	使用研究和实践知识深化对学生学习的理解。	利用关于学生如何学习的研究和实践知识来评估教学项目的有效性。
1.3 具有不同语言、文化、宗教和社会经济背景的学生	展示针对来自不同语言、文化、宗教和社会经济背景的学生的学习优势和需求的教学策略知识。	设计和实施针对来自不同语言、文化、宗教和社会经济背景的学生的学习优势和需求的教学策略。	支持同事制订有效的教学策略,以满足来自不同语言、文化、宗教和社会经济背景的学生的学习优势和需求。	利用专家和社区的知识和经验,评估和修改学校的学习和教学项目,以满足具有不同语言、文化、宗教和社会经济背景的学生的需求。
1.4 教学土著和托雷斯海峡岛民学生的策略	从文化、文化认同和语言背景角度对土著和托雷斯海峡岛民背景的学生教育的影响有广泛的知识和理解。	设计和实施有效的教学策略,以响应当地土著和托雷斯海峡岛民学生的文化背景、语言背景及历史。	利用社区代表的知识和支持,为土著居民和托雷斯海峡岛民的学生实施有效的教学策略,为同事提供建议和支持。	通过与社区代表和父母/监护人建立合作关系,制订支持土著居民和托雷斯海峡岛民学生教育公平和持续参与的教学项目。
1.5 使用教学策略以满足不同能力学生的特定学习需求	展示知识和理解区分教学的策略,以满足不同能力学生的特定学习需求。	深化教学活动,结合不同的策略,以满足不同能力学生的特定学习需求。	利用评估数据,评估学生学习和教学项目,并根据不同能力学生的特定学习需求进行区分。	带领同事评估学习和教学项目的有效性,满足不同能力学生的具体学习需求。

———————

① Australian institute for teaching and school leadership:Australian professional standards for teachers. [EB/OL]. [2022-12-23]. https://www.aitsl.edu.au/standards.

（续表）

重点领域	新手教师	熟练教师	卓越教师	领袖教师
1.6 支持残疾学生充分参与的教育的策略	对支持残疾学生充分参与的立法要求和教学策略具有广泛的知识与理解。	设计和实施支持残疾学生充分参与的教学活动，并满足相关的政策和立法要求。	与同事一起努力获取专业知识，并掌握相关的政策和立法要求，制订支持残疾学生充分参与的教学项目。	发起并主持反思学校政策，以支持残疾学生充分参与，并确保遵守相关立法及制度政策。

标准 2：掌握教学及教学实施

重点领域	新手教师	熟练教师	卓越教师	领袖教师
2.1 教学内容及教学策略	展示对教学内容和教学策略的概念、实质和结构的知识和理解。	运用教学内容知识和教学策略，开展参与性的教学活动。	支持同事利用教学内容和教学策略知识来开发和实施参与的学习和教学计划。	在学校内领导评估、改进教学内容和教学策略的知识，并开展使用有效的、以研究为基础的示范教学。
2.2 内容的选择与组织结构	依照有效的逻辑体系组织教学内容。	将内容组织成连贯的、有序的教学项目。	在教学内容的选择并组织以及教学计划实施方面展示出创新的实践。	领导行动，利用全面的内容知识，改善教学内容的选择和排序，形成统一的教学计划。
2.3 课程评估与报告	使用课程评估知识和评估报告来设计教学计划。	运用课程评估知识和评估报告设计和实施教学计划。	支持同事运用课程评估知识和评估报告来计划和实施教学计划。	带领同事运用课程评估知识和评估报告来开发教学项目。
2.4 了解和尊重土著居民以及托雷斯海峡岛民，以促进土著居民之间以及土著与非土著居民的相互理解	对土著居民和托雷斯海峡岛民的历史、文化和语言有广泛的了解、理解和尊重。	为学生提供机会，发展对土著居民和托雷斯海峡岛民的历史、文化和语言的理解和尊重。	支持同事为学生提供机会，发展对土著居民和托雷斯海峡岛民的历史、文化和语言的理解和尊重。	领导各种行动，协助同事为学生提供机会，发展对土著居民和托雷斯海峡岛民的历史、文化和语言的理解和尊重。

（续表）

重点领域	新手教师	熟练教师	卓越教师	领袖教师
2.5 识字和计算能力	掌握读写和算术的教学策略及其在教学领域的应用。	运用有效的教学策略，以支持学生获得一定的读写能力和计算能力。	支持同事实施有效教学策略以提高学生的读写能力和计算成绩。	利用学术知识和学生数据，监测和评估学校教学策略的实施情况，以提高学生在读写和计算方面的成绩。
2.6 信息和通信技术（ICT）	实施可供使用的教学策略信息来增加学生的课程学习机会。	将信息和通信技术整合到教学项目中，选择有效的教学策略以及具有相关性和有意义的教学内容。	示范高水平的教学知识和技能，并与同事合作，利用现有的信息和通信技术来改善他们的教学实践。	领导且支持同事选择并使用有效的信息和通信技术和教学策略，以提升所有学生的知识水平和学习机会。

标准3：计划和实施有效的教学

重点领域	新手教师	熟练教师	卓越教师	领袖教师
3.1 设立具有挑战性的学习目标	设定学习目标，为具有不同能力和特点的学生提供可实现的挑战。	为所有学生设定明确的、具有挑战性的且可实现的学习目标。	通过建模和设定具有挑战性的学习目标，营造一种对所有学生发展抱有高期望的氛围。	展示实践示范和较高期望，并引导同事鼓励学生在其学习领域内追求具有挑战性的目标。
3.2 计划、组织和安排教学活动	利用学生已有知识、教学内容和有效的教学策略来规划课程顺序。	计划和实施组织结构合理的教学项目或课程安排，以吸引学生并促进其学习成效。	与同事一起计划、评估和完善教学项目，以营造吸引所有学生的高效学习环境。	展示实践示范，并带领同事计划、实施和反思其教学计划的有效性，以发展学生的知识与技能。
3.3 使用教学策略	选择并使用恰当的教学策略。	使用教学策略发展学生的知识、技能、解决问题的能力、批判性和创造性思维。	支持同事使用教学策略发展学生的知识、技能、解决问题的能力、批判性和创造性思维。	与同事合作，反思并优化他们的教学策略，使学生能够运用知识、技能、解决问题能力、批判性和创造性思维。

（续表）

重点领域	新手教师	熟练教师	卓越教师	领袖教师
3.4 选择和使用资源	展示关于资源获取的知识，包括使用信息和通信技术（ICT），促进学生学习。	选择和/或创建且使用一系列资源，包括使用信息和通信技术（ICT），促进学生学习。	协助同事创建、选择和使用丰富的资源，包括使用信息和通信技术（ICT），促进学生学习。	展示实践示范，并领导同事选择、创建和评估资源，包括使用信息和通信技术（ICT），供学校内外的教师申请使用。
3.5 开展有效的课堂沟通	展示一系列的语言和非语言的沟通策略以支持学生参与。	使用有效的语言和非语言沟通策略来支持学生的理解、参与。	协助同事选择广泛的语言和非语言沟通策略，以支持学生的理解、参与和成就。	通过协作策略和情境知识，展示实践示范并引导同事使用包容性的语言和非语言交流，以支持学生的理解、参与和成就。
3.6 评估和改进教学项目	展示可以用来评估教学项目的丰富知识，以促进学生的学习。	运用相关证据评估个人教学项目，包括来自学生的反馈和学生评估数据，为教学计划改进提供参考。	和同事合作反思现有教学项目，运用包括来自学生的反馈、学生评估数据、课程知识以及实践知识。	使用多种证据来源对教学项目进行定期审查，包括：学生评估数据、课程文件、教学实践和来自家长/监护人、学生和同事的反馈。
3.7 让家长/监护人参与教育过程	展示让家长/监护人参与教育过程的广泛策略。	为父母/监护人参与孩子学习提供的适当机会和适宜环境。	与同事合作，为父母/监护人参与孩子学习提供的适当机会和适宜环境。	启动相关程序建立让家长/监护人参与其子女的教育，并使之成为学校的优先事务和更广泛的活动项目。

标准4：创建和维护具有支持性和安全性的学习环境

重点领域	新手教师	熟练教师	卓越教师	领袖教师
4.1 支持学生的参与	使用策略支持具有包容性的学生参与和课堂活动参与。	建立和实施包容性和积极的互动，以参与和支持课堂活动中的所有学生。	展示有效的实践示范，并支持同事实施包容性的策略，支持所有学生的参与。	反思包容性策略和探索新策略，通过以身作则展示并领导同事在学校范围内创造具有生产性和包容性的学习环境，来支持所有学生参与。

（续表）

重点领域	新手教师	熟练教师	卓越教师	领袖教师
4.2 管理课堂活动	展示组织课堂活动的能力，能够为课堂活动提供明确的方向。	建立和维护有序和可行的常规工作，创造一个能让学生把时间都花在学习任务上的环境。	示范并与同事分享一套灵活的课堂管理策略，以确保所有学生都参与有目的的课堂活动。	制定策略，领导同事实施有效的课堂管理，促进学生的学习责任心。
4.3 管理问题行为	展示用于管理问题行为的实用方法的相关知识。	通过与学生建立和协商明确的期望来管理问题行为，并及时、公平和尊重地处理纪律问题。	利用专家知识和实践经验，制定并与同事分享一套灵活的问题行为管理策略。	领导和实施问题行为管理措施，以协助同事扩大其管理策略范围。
4.4 维护学生安全	描述支持在学校和/或制度、课程及立法要求内的学生健康与安全工作的策略。	通过履行学校和/或制度、课程和立法要求，确保学生在学校内的健康与安全。	发起并负责实施现有的学校和/或制度、课程和立法要求，以确保学生的健康与安全。	利用现有的学校和/或制度、课程和立法要求，评估学生健康政策和安全工作实践的有效性，并协助同事完善他们的实践。
4.5 安全、负责并合理地使用信息和通信技术（ICT）	展示在教学领域能够安全、负责并合理使用信息和通信技术（ICT）的相关问题和可用策略的理解。	制定战略以促进在教学中安全、负责并合理使用信息和通信技术（ICT）。	示范并支持同事制定战略，以促进其在教学中安全、负责并合理使用信息和通信技术（ICT）。	反思并采用新的政策与策略，以确保教学中安全、负责并合理使用信息和通信技术（ICT）。

标准5：评估、反馈并报告学生学习

重点领域	新手教师	熟练教师	卓越教师	领袖教师
5.1 评估学生学习情况	展示对评估策略的理解，包括正式的、非正式的、诊断性的、形成性的和总结性的方法来评估学生的学习。	制订、选择和使用正式的、非正式的、诊断性的、形成性的和总结性的评估策略来评估学生的学习。	根据课程要求制订和应用一系列全面的评估策略来诊断学习需求，并支持同事评估工作及其评估方法的有效性。	优化学校的评估政策及方案，以支持同事评估工作：遵守课程、教育系统和/或学校的评估要求，使用一系列的评估策略开展工作，并利用评估数据来诊断学习需求。

(续表)

重点领域	新手教师	熟练教师	卓越教师	领袖教师
5.2 向学生提供有关他们学习的反馈	展示关于及时和适当地向学生提供他们学习反馈的目的的理解。	及时、有效和适当地为学生提供与他们学习目标相关的学业成绩反馈。	选择有效的反馈策略，根据对每个学生当前需求的认知和及时判断，提供有针对性的反馈，以推进学生学习。	示范实践，并启动项目，以支持同事应用一系列及时、有效和适当的反馈策略。
5.3 做出连续的和可比较的判断	展示对适度性评估及其应用的理解，以支持对学生学习的连续的和可比较的判断。	理解并参与适度评估活动，以支持对学生学习的连续的和可比较的判断。	组织适度的评估活动，支持对学生学习的连续的和可比较的判断。	领导和评价适度的活动，以确保对学生学习的连续的和可比较的判断，以满足课程和学校或教育系统的要求。
5.4 解释学生数据	展示解释学生评估数据的能力，以评估学生学习和完善教学实践。	使用学生评估数据来分析和评估学生对学科内容的理解，确定干预措施和完善教学实践。	与同事合作，使用来自内外部的评估数据来评估学生学习和教师教学，确定干预措施和完善教学实践。	利用内外部的学生评估数据，协调学生表现和教学评估，以提高教学质量。
5.5 学生成绩报告	展示对向学生和家长/监护人汇报的相关策略的理解，并能准确、可靠地记录学生学业表现。	依据准确和可靠的记录，清晰、准确、尊重地向学生和家长/监护人报告学生学业表现。	与同事合作，向学生和家长/监护人构建准确、翔实和及时的关于学生学业表现的报告。	评估和修订学校的报告及问责机制，以满足学生、家长/监护人及同事的需要。

标准 6：从事专业学习

重点领域	新手教师	熟练教师	卓越教师	领袖教师
6.1 确定并规划专业学习需求	展示对澳大利亚教师专业标准的地位的理解，以确定专业学习需求。	使用澳大利亚教师专业标准和同事的建议来确定和规划专业学习需求。	分析澳大利亚教师专业标准，规划个人职业发展目标，支持同事识别和实现个人发展目标，并支持预备教师优化课堂实践。	使用有关澳大利亚教师专业标准的全面知识，计划和领导专业学习政策和项目发展，以解决同事和预备教师的专业学习需求。

（续表）

重点领域	新手教师	熟练教师	卓越教师	领袖教师
6.2 从事专业学习并改进实践	了解教师专业学习的相关和适当的资源。	根据专业需求和学校和/或教育系统的优先级，参加学习以更新知识和提升实践。	通过获取和评论相关研究来规划专业学习，把握高质量的有针对性的学习机会，以改善教学实践，并在适当的情况下为预备教师提供高质量的实习机会。	建立合作关系，扩大专业学习机会，参与研究，并为预备教师提供高质量的学习和实习机会。
6.3 与同事接触并改进实践	寻求和应用导师和老师的建设性意见，以改进教学实践。	为同事们的交流做出贡献，并应用同事的建设性反馈来提高专业知识和实践。	与不同领域的同事发起并参与专业讨论，开展旨在提高专业知识、实践的评估实践，以及学生的教育成果。	在学校或专业学习网络内开展专业对话，通过反馈、对当前研究和实践的分析，以改善教育成果。
6.4 应用专业学习，优化学生学习	展示对持续专业学习的基本原理以及对改善学生学习的影响的理解。	开展旨在满足已确定的学生学习需求的专业学习计划。	与同事一起评估教师专业学习活动的有效性，以满足学生的学习需求。	倡导、参与和领导策略，为专注于改善学生学习的同时提供高质量的专业学习机会。

标准7：与同事、家长/监护人和社区保持专业联系

重点领域	新手教师	熟练教师	卓越教师	领袖教师
7.1 符合职业道德和职责	理解并应用教师职业道德和行为规范中描述的关键原则。	符合监管机构、教育系统和学校制定的道德规范和行为准则。	保持高道德标准，并支持同事在所有学校和社区背景下解释道德规范和实践判断。	在与学生、同事和社区的所有职业交往中，树立模范的道德行为，并做出明智的判断。
7.2 符合立法、行政和组织方面的要求	根据学校阶段要求，了解教师所需的相关立法、行政和组织政策和流程。	了解相关立法、行政、组织和专业要求、政策和流程的含义并遵守这些要求。	支持同时审查和解释立法、行政和组织的要求、政策和流程。	发起、制定和实施相关的政策和流程，以支持同事遵守和理解现有的和新的立法、行政、组织和专业责任。

（续表）

重点领域	新手教师	熟练教师	卓越教师	领袖教师
7.3 与家长/监护人进行接触	了解与父母/监护人一起有效、敏感和保密地工作的策略。	在学生的学习和健康方面,与其父母/监护人建立并保持相互尊重的合作关系。	在与父母/监护人就学生的学习和健康进行的所有沟通中表现出责任感。	确定、发起和创造让家长/监护人参与其孩子的学习进展和学校的教育优先事项的机会。
7.4 参与专业的教学网络和更广泛的社区活动	了解外部专业人员和社区代表在拓宽教师专业知识和实践方面的作用。	参与专业和社区网络和论坛,以扩大知识和提高实践。	为专业网络和协会做出贡献,并与更广泛的社区建立富有成效的联系,以改善教学。	在专业和社区网络中发挥领导作用,并支持同事参与外部学习机会。

在澳大利亚的教师职前培养项目中,预备教师会被告知澳大利亚教师专业标准(APST)以及收集证据以达到教师专业标准的必要性。近年来,澳大利亚政府使用专门的管理平台,如 ePortfolio 系统,用于将达到教师专业标准的相关作业、证据上传到系统中。该系统在初级教师教育中的多重用途已经扩大,以记录必要的基本证据的方式,来应对专业标准要求的变化。目前,ePortfolio 系统作为专业的网络工具正被用于评估目的,以数字化的方式展示预备教师的读写能力,如预备教师所提交的课程作业。由于澳大利亚的预备教师必须证明他们有能力在新手教师阶段达到国家教师专业标准(APST)以获得专业注册,因而学生有必要在整个学习过程中使用在线平台,这可以帮助收集证据,并允许对这些证据进行有意义的反思,以便与未来的雇主分享他们的受教育经历。然而,不足之处是关于学生可以用来记录他们达到认证要求的能力的数字技术类型的研究仍然匮乏。

在澳大利亚,APST 被认为是教育问题的解决方案。然而,再贴近专业学习的标准也有批评者。早在 20 世纪末,就有学者指出教学标准不会为教育问题提供神奇的解决方案。使用专业标准作为专业学习基础的一个潜在问题是,它们可能会被视为一系列需要达标的任务,而非专业发展的指向。其他人则认为,教学标准的实施会导致教学中其他重要维度的降级。后来,又有研究者在对教学标准的理解基础上进行了研究,发现教师承认在教学标准议程上"玩游戏",以安抚他们的领导团队,教学标准和相应的问责水平导致了教学和学习质量标准的降低。一些研究人员甚至认为,引入专业标准作为一种监管机制产生了去专业化的效果,降低了教师教育的质量。

2016 年,AITSL 的调查报告中指出预备教师在一定程度上使用 APST,他们对其在教学过程中的地位持积极态度,预备教师对 APST 的使用率有上升趋势。AITSL 认为,这些因素支持预备教师被用来利用 APST"以提高更有经验的教师的参与度"。然而,相关研究也表明,在实施了几年之后,预备教师对 APST 的使用并不符合其预期用途。预备教师表示,在此期间他们是作为 APST 知情人士进入这一职业的,这表明他们并没有从一般了解 APST 到在个人层面进行实践。这一结果表明,在新手教师阶段使用 APST 的方式并不要求预备教师按照 AITSL 的意图使用 APST。仅仅假设预备教师接受 APST 的趋势将转化为预备教师按照 AITSL 的意图使用 APST 是不够的。如果想要准教师要成为教师职业转型变革的驱动者,就需要解决预备教师使用 APST 的方式,以及与他们一起使用 APST 来指导他们的专业学习。

2021 年,澳大利亚教育部长 Alan Tudge 提出了他的教育议程,重点是"通过提供高质量的专业发展"来提高教师质量,还主张将预备教师纳入向较高职业阶段教师提供的专业学习支持机制,以鼓励预备教师的学习与教师的学习之间建立更密切的联系。[1] 预备教师与督导教师之间的专业学习合作可以为提高预备教师和督导教师的 APST 意识提供必要的机会。学校领导团队在 APST 的成功实施中发挥着关键作用。有学者表示,学校领导的方法将最终推动或阻碍教师参与 APST,这不仅适用于他们的雇员,也适用于在学校内从事教学实践的预备教师。正是在这种环境下,准教师 APST 意识的发展可以得到优化,而不是像 AITSL 所建议的那样简单地加以利用。

三、澳大利亚教师专业标准的特点

澳大利亚教师专业标准在使用范围和实质上取得了一定的成效,专业标准、教师认证与教师专业发展之间建立了密切的联系。总结澳大利亚教师专业标准的效果及经验,对我国教师专业标准的制定与完善有着一定参考价值。总体上,澳大利亚教师专业标准具有以下特点:第一,分阶段的专业标准要求;第二,指导教师根据标准学习;第三,相配套的记录平台搭建。

---

① The Hon Alan Tudge MP:Initial teacher education discussion paper launched. [EB/OL]. (2021-07-19)[2022-12-20]. https://ministers. dese. gov. au/tudge/initial-teacher-education-discussion-paper-launched.

（一）分阶段的专业标准要求

澳大利亚教师专业标准的一个重要特征就是对教师能力的要求是分阶段的，从表3-4中可以看到，其专业标准分别就新手教师、熟练教师、卓越教师和领袖教师的各项标准进行了具体描述，内容呈现递增的趋势。

新手教师已经完成了符合国家认可的初步教师教育项目的要求的资格。这一资格的授予意味着他们已经达到了基本标准。他们展示了对学生的身体、文化、社会、语言和智力特征对学习的影响的知识和理解。他们理解包容的原则和差异化教学的策略，以满足不同能力的学生的特定学习需求。新手教师了解自己的学科、课程内容和教学策略。他们能够设计出符合课程、评估和报告要求的课程。他们展示了解释学生评估数据的能力，以评估学生学习并依此调整教学实践。他们知道如何选择和应用及时和适当的反馈类型，以提高学生的学习。新手教师展示与学生建立融洽关系和管理学生行为的实用策略知识。他们知道如何确保学生的安全与发展，在学校和系统课程以及立法要求的范围内工作。他们明白诚信工作、与同事、外部专业人士和社区代表合作、对学校生活作出贡献的重要性。教师了解有效、谨慎和保密地与家长或其他监护人合作的策略，并认识到他们在学习者教育中的角色。

熟练教师将通过展示在这一级别的七个标准的成就来满足正式注册的要求。熟练教师可以为学生创造有效的教学和学习体验，了解学生的独特背景，并调整教学，以满足学生的个人需求和不同的文化、社会和语言特点，创造安全、积极和富有成效的学习环境，鼓励他们参与其中。熟练教师设计和实施富有吸引力的教学项目，满足课程、评估和报告的要求，使用反馈和评估来分析和支持学生的知识和理解，使用一系列的资源，包括学生成绩，来评估教学，并调整课程，以更好地满足学生的需求。他们是专业领域的积极参与者，并根据同事的建议，确定、计划和评估自己的专业学习需求。熟练教师也是团队的一员，与同事们合作工作，寻找并响应有关影响他们教学实践的教育问题的建议，能与你的学生、同事、父母/照顾者和社区成员有效沟通，在所有论坛上的行为都是专业和道德的。

作为一名卓有成就的教师，卓越教师是高效和熟练的课堂实践者，经常独立工作或通过合作方式开展工作，以优化与同事的实践。可以为同事的专业发展作出贡献，也可以担任指导、建议或领导他人的角色。通过了解学生的背景和不同的个人特征以及这些因素对他们学习的影响，卓越教师可以最大限度地为学生提供学习机会。卓越教师对其所授的科目和课程内容有深入的了解,能与同事一起计划、评估和修改教学计划,以提高学生的学习,并与专业内容领域或多面手教师的一系列内容领域的最新发展保持同步。他们的人际交往和表达能力非常发达,能与学生、同事、父母/照顾者和社区成员进行有效和尊重的沟通。

领袖教师深受同事、家长/照顾者及社区成员的认可和尊重,是模范教师。长期以来,他们的教学实践始终如一,富有创新精神。在学校内外,他们发起和领导各种活动,致力于满足所有学生的受教育需求。它们建立包容的学习环境,达成来自不同语言、文化、宗教和社会经济背景的学生的需求。他们继续寻求改进自己实践的方法,并与同事分享他们的经验。领袖教师擅长指导教师和预备教师,利用活动发展知识、实践和与他人的专业参与。他们促进同事之间的创造性、创新性思维。他们运用技能和深入的知识和理解来提供有效的课程和学习机会,并与同事和预备教师分享这些信息。他们描述了高效的教与学之间的关系,从而激励同事们改进自己的专业实践。他们通过评估和修改课程,分析学生评估数据,并考虑父母/照顾者的反馈,来领导提高学生表现的过程。这与当前关于有效教与学的研究相结合。领袖教师代表学校和社区的教师职业。他们是专业的、有道德的、在学校内外受人尊敬的人。

澳大利亚的专业标准表现出较强的专门化、系统性和进阶性。相比较之下,我国教师专业标准主要还是基于合格教师能力要求的描述,对卓越教师标准的表述偏模糊,且缺乏对卓越教师专业标准详细且统一的描述。此外,我国教师专业标准系统化不足。合格教师的标准与卓越教师的标准之间的关联性与连续性均不足,导致了还不能形成一套体系化的专业标准。在此方面,应学习澳大利亚的教师专业标准体系,建构出一套适宜于我国教师教育发展现实情况的分阶段、分层次的教师专业标准体系。完整且系统的专业标准体系的建立为准教师和在职教师的专业发展提供了直观的参考,必然能帮助教师们了解自己的发展水平,且掌握自身与更高标准的差距,一方面有助于教师专业能力评价的开展,另一方面也起到激励与促进教师专业发展的作用。

(二)指导教师根据标准学习

澳大利亚教师专业标准重构的经验表明,我们应该改变传统的标准概念,将其作为问责制的一部分,强调教师专业标准在教师专业发展中的重要性。越来越多的研究证明,标准可以作为教师专业学习的工具,并为教师相互反思和讨论自己的专业实践提供有力的框架。作为教师专业学习工具,标准具有不同于传统标准的特点:一是,标准的制定强调教师对专业实践的分块描述,二是,要建立符合标准的教师评价标准。

AITSL承认专业学习是一个双向对话的过程,涉及教师和领导者持续的学习周期。AITSL指出领导者决定他们学校或学习环境的专业学习目标和需求,并制定《实现高质量的专业学习的领导者实践指南》①以帮助领导者有效的与教师合作,实现高质量的专业学习。

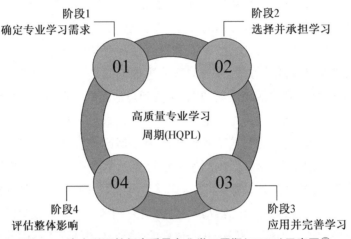

图3-1 澳大利亚教师高质量专业学习周期(HQPL)示意图②

高质量专业学习周期(The High Quality Professional Learning cycle, HQPL周期)与澳大利亚教师绩效和发展框架并列,重点是持续的专业学习和成长,而不是绩效评估或评估。要实现高质量的专业学习周期,领导者须做到以下几点:第一,鼓励教师持续学习并积极参与;第二,鼓励教师集体为学生的学习成果负责;第三,建立对教师高度的信任;第四,建立高质量的专业学习周期的结构与战略计划;第五,优先考虑最合适的专业学习方式;第六,使高质量的专业学习周期与现有专业标准流程保持一致;第七,建立一个强大教师专业发展的愿景和方向,鼓励有利于教师专业发展的合作;第八,为教师的高质量专业学习分配足够的时间和资源。

---

① Australian institute for teaching and school leadership:Improving teacher professional learning.［EB/OL］.（2020-01-01）［2022-12-23］. https://www. aitsl. edu. au/docs/default-source/hqpl/enabling-high-quality-professional-learning-practical-guide. pdf.

② Australian institute for teaching and school leadership:Improving teacher professional learning.［EB/OL］.（2020-01-01）［2022-12-23］. https://www. aitsl. edu. au/teach/im-prove-practice/improving-teacher-professional-learning♯modal1.

表3-5 澳大利亚教师高质量专业学习周期(HQPL)阶段与关注内容①

阶段	关注内容
阶段1:确定专业学习需求	·我如何根据老师专业标准的要求改进我所处职业生涯阶段的教学实践和学生的学习成果？哪些数据源提供了相关信息？ ·我的学习需要如何与学校/网站的改进目标和学习者需要保持一致？ ·我想要实现什么样的改变？我如何知道这个目标已经实现？ ·我需要同事和领导(包括指导教师)的哪些支持？
阶段2:选择并承担学习	·我是否探索/考虑过不同类型的专业学习,以选择最适合我的学习需要？ ·所选择的专业学习是否挑战了我的思维并提升了我的实践能力？
阶段3:应用和完善学习	·我需要采取什么行动来应用所学知识？ ·我希望通过我的学习获得什么样的结果？ ·我如何在整个过程中评估、反思和完善我的学习？
阶段4:评估整体影响	·选择的专业学习是否充分满足我的学习需求？我是否需要继续专业学习？ ·我的教学实践如何因这种学习而改变？这对学生的学习成果有何影响？有什么证据可以证明这一点？ ·我如何与同事分享我的学习经验和评价？

如表3-5所示,教师高质量专业学习周期的第一阶段为教师确定专业学习的需求,即在教师选择专业学习之前,他们需要根据教师标准和学习者的需求来考虑他们的学习需求是什么,这些需求如何与学校/服务战略目标相一致,以及他们需要的支持类型。第二阶段为选择并承担学习阶段,《澳大利亚教师和学校领导专业学习宪章》将高质量的专业学习描述为相关的、协作的和着眼于未来的,应该提醒教师在选择专业学习时考虑到这一点。第三阶段为应用和完善学习阶段。专业学习是高质量的,应提供机会给教师以运用、反思、提炼,甚至分享他们的学习成果。须在学校/服务中建立一个强大的学习文化氛围对于支持这一阶段至关重要。第四阶段为评估整体影响阶段。有效的评估包括教师和领导监督专业学习对教学实践、学习者成果和全校/服务措施的影响。AITSL鼓励教师全年使用此模板。周期中的阶段是相互交织的,并且可能根据教师的学习需求和所从事的专业学习类型而有所不同。阶段2

---

① Australian institute for teaching and school leadership: Improving teacher professional learning. [EB/OL]. (2020-01-01)[2022-12-23]. https://www. aitsl. edu. au/teach/im-prove-practice/improving-teacher-professional-learning#modal1.

和阶段 3 可以同时发生。在开展专业学习的过程中,教师会有意识地应用和完善其学习。阶段 3 和阶段 4 也可以同时发生,教师在适当的时候评估专业学习产生的影响,并依据评估结果进一步完善学习活动。

为此,教师教育项目提供者(培养单位)、教师专业组织和地方政府教师主管部门应注意教师专业标准在专业学习中的指导作用,制定支持政策、开发相关资源、鼓励教师按标准开展专业学习。例如,澳大利亚国立教员专业标准的制定者澳大利亚学校和教育指导者协会,为教师提供了教师专业资格认证指南和新手教师入职指南、熟练教师标准实践笔记与模板、教师专业反思与实践自评问卷、对高级指导教师和校长的全方位评价和反思工具,并定期举办各种讲习会和研讨会,以供教师们分享基于标准的教师实践。此外,国家教师教育主管部门和教师专业组织应定期更新教师专业学习的课程体系、工具和资源,以符合修订和更新的标准。

近三分之一的教师在农村、地区或偏远地区工作,为超过四分之一的澳大利亚学生提供教育。然而,根据 2018 年 AITSL 的一份报告,这些教师中只有四分之一的人表示能够获得相关或适当的专业学习。根据这些教师的说法,有许多因素有助于支持他们的学习:一是增加了正式选择的可用性,包括结构化、面对面和在线选择;二是随时可利用的非正式学习机会,包括网络和现场活动;三是鼓励支持教师专业发展的领导者。教师有责任在利益相关者的支持下,促进自己和同事的专业发展,培养持续改进的专业发展文化。教师要认识到专业学习的复杂性,利用现有的标准、工具、课程体系和其他资源,依靠专业组织和专业发展活动促进自己的专业水平提升。

(三) 相配套的记录平台搭建

澳大利亚的教师职前培养建立了与之相适应的网络平台以记录准教师的学习情况与技能水平,如 ePortfolio 系统。线上平台的建立可以掌握师范生学习情况并可以用于教师资格认证的佐证。澳大利亚政府注重教师专业发展评估的连续性和连贯性,对教师职业发展实行全程追踪。实际上,我国也已经建立的相应的师范生培养信息管理系统。如江苏省教育厅为统筹规划全省师范生培养规模,优化师范生培养结构,使师范生培养政策有据可依,建立了省师范生培养管理信息系统。该系统用于记录省域内各高校所有师范生的信息,包括普通师范生和定向师范生。该系统的信息涵盖师范生个人学籍信息,自新生入学至毕业的奖惩情况,以及在校期间的基本功考核成绩、见习实习情况、教师资格证获得情况、普通话证书级别、计算机考试等级等相关信息。该信息系统旨在为统筹规划师范生培养工作,加强师范生培养管理,实现师范生培养的全程记录。预计后期将会把师范生的职后发展情况也纳入本系统中,逐步实现教师职业发展的完全记录。2022年,为贯彻落实教育部等八部门《新时代基础教育强师计划》要求,落实教育部党组大力推动国家教育数字化战略行动部署,教育部师范司牵头建设了国家师范生管理信息系统,以全面掌握全国教师教育院校及师范生相关信息,为进一步加强高质量教师队伍建设提供决策参考。系统主要依托学籍学历信息管理平台建设,并与教师资格管理系统、全国教师管理信息系统等进行对接。系统包括师范生基本信息(含姓名、性别、政治面貌、国籍/地区、身份证件信息、出生日期、民族等),师范生生源及毕业去向信息(含考生号、生源地、生源质量信息、派遣地、毕业去向、就业单位、就业地区、履约任教要求相关信息等),师范生学习信息(含学号、院校、专业、培养层次、学制、学习形式、入学及预计毕业时间、师范生类别、是否属于公费师范生、在读期间奖惩情况、修读教师教育课程及教育实践情况、教师资格证书及毕业证书学位证书获取情况等)等三方面若干字段,根据实际情况采集师范生相关信息。

现阶段,我国师范生培养的配套平台的建设还存在一定的缺陷:第一,师范生培养信息的利用率有限。尽管平台做到了师范生培养信息的全程采集,为了保证采集的完整性,还将系统信息填报完整程度与师范生毕业要求挂钩。以江苏省为例,至2022年底为止已经完成了五届师范生信息的录入,但这些信息仅供教育厅使用,还未对用人单位以及相关研究机构开放。国家系统仅支持省级教育行政部门、开设师范类专业的院校依据权限对相关院校师范生培养情况进行查询。这些信息的价值还未充分体现。第二,国家级与省级师范生系统不融通。现阶段的国家师范生管理信息系统和省级师范生培养管理信息系统都是相互独立的,还未实现联网。第三,还未实现教师职前职后信息一体化。信息系统建立的终极目标应是记录教师成长与发展的全过程,招生录取、技能训练、教师资格获取、专业发展、职称评定等教师职业发展的整个历程。这样的跟踪数据无论是对于教师队伍建设整体的把握,还是对教师个人专业发展,抑或是对教师教育的科学研究都有着重要意义。

第四章　乡村卓越教师职前培养 课程机制经验借鉴

随着基础教育改革的不断深入,各国逐渐认识到教师教育课程的有效变革是推动基础教育的体制机制改革与创新的重要前提。研究者们普遍认为教师教育应该包括职前培养、入职培训和在职继续教育三个不可缺少的环节。由此以来,教师教育一体化成为国际教师教育发展的重要趋势之一,教师教育课程整体优化的改革也逐渐成为研究者们关注的焦点。例如美国霍姆斯小组首次提出建立"专业发展学校"(Professional Development School,简称PDS),强调职前培养与职后教育机构的多方合作伙伴关系,由实践经验丰富的中小学教师和大学的监督导师组成合作小组共同来培养师范生。[①] 通过建立贯穿于教师教育各阶段的档案制度及职前、职后的伙伴合作关系等策略,破解教师教育发展中的难题。以"在地实践"为重要导向,业已成为当前许多教育发达国家的教师教育课程改革的着力点。21世纪后,很多欧洲学者对越来越"功利"与"实用"的教师教育课程进行了深刻的反思,围绕"在场实践""专业精神""准入标准"等方面进行了一系列的探索,其核心是潜移默化地陶冶、培育未来教师的"卓越品质"。

第一节　我国乡村教师职前培养课程设置

乡村定向师范生培养是实施乡村振兴战略的重要举措,而课程的设置与实施则是乡村定向师范生培养质量的重要保障。课程设置是人才培养的重要落脚点,也是乡村定向师范生培养质量的重要保障。课程设置是育人活动的

---

① State college area school district：Professional Development School (PDS) state college area school District-Penn state college of education[EB/OL].（2017-12-14）[2022-12-24]. https：//www. scasd. org/domain/30.

指导思想,是培养目标的具体化和依托,它规定了培养目标实施的规划方案。课程设置主要由特定的课程观、课程目标、课程内容、课程结构和课程活动方式所组成,其中课程观起主宰作用。定向师范生的课程设置使得师范院校的人才培养更有目标和针对性,在实施过程中不断优化,使课程设置越来越符合乡村教育现实需求。教师的教育变革力是教师通过自身的变革言行带动周围社群形成共同的使命感、愿景、行动的一种影响力与推动力,它有助于定向师范生在乡教育环境中实现国家期待与自我价值,是一项关键能力。乡村定向师范生的教育变革力由乡村教育认知、变革意愿、变革信念、变革指导力等要素构成,所以乡村定向师范生的课程设置建设至关重要。①

一、课程设置是乡村定向培养质量的重要保障

2015 年 6 月 1 日,国务院办公厅印发了《乡村教师支持计划(2015—2020年)》(以下简称《计划》),其中提到要促进乡村教师队伍建设,提高乡村教师队伍整体素质,推动乡村教育发展,促进乡村基础教育现代化,采取切实措施加强老少边穷岛等边远贫困地区乡村教师队伍建设。各地纷纷实施乡村定向师范生的培养计划,采取定向招生、定向培养、定向就业的举措。为贯彻落实《中共中央国务院关于全面深化新时代教师队伍建设改革的意见》,建立健全师范生公费教育制度,吸引优秀人才从教,培养大批有理想信念、有扎实学识、有道德情操、有仁爱之心的"四有"好教师,着重强调了建设优秀教师队伍;为了全面深入贯彻落实《意见》和《计划》的精神和要求,若要实施乡村振兴战略,必先振兴乡村教育;要振兴乡村教育,必先提升教师素质。在国家政策的推动下师范院校积极响应推出具有独特性的乡村定向生师范生课程设置。

二、高等院校乡村定向师范培养课程设置情况

(一) 培养目标

1. 总体目标

本研究选取 Y 师范学院(师范类)专业(乡村定向)课程设置情况作为典型进行分析。Y 师范学院小学教育专业立足江苏、辐射全国,对接践行师德、学会教学、学会育人、学会发展的"一践行三学会"要求,培养热爱小学教育事

---

① 曾晓洁. 教育变革力:乡村定向师范生的一项关键能力[J]. 教育评论,2017(2):12-15.

业,德智体美劳全面发展,师德高尚,具有生命教育理念与乡村教育情怀,人文与科学素养厚实,掌握主教与兼教学科的基本知识和技能,具备较强的小学教育教学能力、班级管理能力、教育教学研究能力与自主发展能力等一专多能的,能在乡村小学及相关教育机构从事教育教学、教育科研和管理工作的乡村卓越教师。

2. 目标内涵

第一,主动适应基础教育改革和小学教育优秀师资需要,遵守教师职业道德规范,热爱小学教育事业,具有坚定的从教信念,理解生命教育理念,具备良好的师德修养,富有乡村教育情怀。

第二,掌握系统的教育学、心理学基本理论知识和基础理论;掌握系统的语文、数学或英语学科基本知识和基本原理,基本理解科学、美术、音乐至少一门学科的基本知识;具备专长于小学某一门学科的教学能力,能胜任小学多个学科的教学工作。

第三,掌握小学生身心发展规律,熟悉班级管理和德育工作,能够胜任小学班主任工作;具备组织与开展生命教育、科学教育主题活动的能力。

第四,成为小学语文、数学或英语学科的胜任型教师,具有发展成为优秀教师的潜质;能够主动适应基础教育改革,初步养成反思习惯,具有开展教育教学研究和团队协作的意识和能力,在教学、育人或科研方面初显才能。

第五,具有终身学习和持续学习的意识,处于专业思想、专业知识、专业能力等方面不断发展和完善的过程之中,对自身的发展方向和目标有较为清晰的认识。

3. 毕业要求

第一,遵守师德规范。践行社会主义核心价值观,贯彻教育方针政策,熟悉教育法律法规及教师职业道德规范的相关要求,具有依法执教的意识。

第二,热爱小学教育事业,具有乡村教育情怀。具有坚定的教育信念,理解生命教育的理念,能够认识生命的意义,珍惜生命的价值,尊重小学生的独立人格,重视小学生身心健康发展,关爱学生、富有爱心、责任心,让小学生拥有快乐的学校生活。了解乡村教育、乡村学校、乡村教师、乡村学生,理解乡村教育工作的价值,做好为乡村教育服务、投身乡村教育事业的准备。

第三,具备较好的学科素养。掌握主教学科和兼教学科的基本知识、基本原理和基本技能,理解学科知识体系的基本思想和方法。并具备一定的其他学科基本知识,对学习科学相关知识有一定的了解,具有将相关学科知识进行整合的意识,初步具有将学科知识进行整合的能力。

第四,具有良好的教学能力。掌握教学基本技能,专长于小学某一门学科教学,并能胜任多学科的教学工作。熟悉学科课程标准,能够结合学科教学知识与现代教育技术,科学地设计课程教学方案,有效实施教学计划,并能运用多种手段开展教学评价。掌握教育科学研究的基本方法,具有基于教育实践开展教育教学研究的能力。

第五,掌握班级管理技能。树立德育为先理念,了解小学德育原理与方法。掌握班级组织与建设的工作规律和基本方法。能够在班主任工作实践中,有效整合各种教育资源,参与德育和心理健康教育等教育活动的组织与指导,获得积极体验。

第六,具备综合育人能力。掌握小学生身心发展的规律,理解小学生学习与成长特点及其教育需求,能够在日常教学中有意识地融入爱祖国、爱科学、爱劳动、爱生命等内容,参与组织主题教育、少先队活动和社团活动,促进学生全面、健康发展。

第七,具备自主反思能力。了解国内外基础教育改革的趋势和特点,能够根据基础教育改革需求进行学习和职业发展规划。初步掌握反思方法和技能,具有专业自主发展意识,运用已掌握的科学研究方法,发现并分析教育教学问题,改进教育教学工作。

第八,具有团队协作精神。理解团队协作的作用,有团队协作的意识,掌握沟通合作的技能,具有小组互助和合作学习体验。

表4-1给出了Y师范学院小学教育专业乡村定向师范生的毕业要求以及具体指标点。

表4-1 Y师范学院小学教育(师范类)专业(乡村定向)毕业要求指标

毕业要求	指标点
1. 遵守师德规范。践行社会主义核心价值观,贯彻教育方针政策,熟悉教育法律法规及教师职业道德规范的相关要求,具有依法执教的意识。	1-1理解社会主义核心价值观的价值意义、基本原则,掌握社会主义核心价值观的基本内容。
	1-2熟悉党和国家有关基础教育的政策和法规的主要内容及小学教育中涉及的其他法律知识。
	1-3遵守《中华人民共和国未成年人保护法》《中小学教师职业道德规范》等法律法规,尊重少年儿童的合法权益,树立"依法执教"的理念。

(续表)

毕业要求	指标点
2. 热爱小学教育事业,具有乡村教育情怀。具有坚定的教育信念,理解生命教育的理念,能够认识生命的意义,珍惜生命的价值,尊重小学生的独立人格,重视小学生身心健康发展,关爱学生、富有爱心、责任心,让小学生拥有快乐的学校生活。了解乡村教育、乡村学校、乡村教师、乡村学生,理解乡村教育工作的价值,做好为乡村教育服务、投身乡村教育事业的准备。	2-1清晰地认识教师职业的性质,认同教师工作的意义,毕业后有志成为一名人民教师,为自己即将成为一名教师而感到自豪。
	2-2接受和认识生命的意义,尊重与珍惜生命的价值,热爱与发展学生独特的生命,平等对待每一个学生。
	2-3具有帮助小学生树立起积极、健康、正确的生命观的意识。
	2-4认识到乡村教育的重要性,了解乡村教育发展的成就与问题,以及乡村教育发展的方向。
	2-5了解乡村教师工作的特点,能够感悟到乡村教师的教育情怀。
	2-6能够胜任乡村学校的教育教学工作。
3. 具备较好的学科素养。掌握主教学科和兼教学科的基本知识、基本原理和基本技能,理解学科知识体系基本思想和方法。并具备一定的其他学科基本知识,对学习科学相关知识有一定的了解,具有将相关学科知识进行整合的意识,初步具有将学科知识进行整合的能力。	3-1具有人文情怀和科学精神,并有意识地树立正确的世界观、人生观和价值观。
	3-2掌握教育学、心理学、学习科学等学科的基本理论与原理,能够运用相关理论分析现实问题。
	3-3掌握语文、数学或英语主教学科的基本知识,掌握科学、美术、音乐、体育至少一门学科的基本知识。
	3-4具有将主教学科领域的主题和问题进行整合的意识,具备初步的学科知识整合的能力。
4. 具有良好的教学能力。掌握教学基本技能,专长于小学某一门学科教学,并能胜任多学科的教学工作。熟悉学科课程标准,能够结合学科教学知识与现代教育技术,科学地设计课程教学方案,有效实施教学计划,并能运用多种手段开展教学评价。掌握教育科学研究的基本方法,具有基于教育实践开展教育教学研究的能力。	4-1通过三笔字、普通话、多媒体课件制作、模拟授课等教师基本技能的考核,具有良好的教学设计、课堂教学实施、说课评课等教学技能。
	4-2熟悉主教学科的课程标准与教材,具有开展完整教学活动的能力。
	4-3初步掌握应用信息技术进行课堂教学设计与评价的方法。
	4-4掌握教育科研方法的基本原理和适用范围,能够根据教育教学实际问题选择合适的研究方法,具有多种研究方法结合使用的意识。

（续表）

毕业要求	指标点
5. 掌握班级管理技能。树立德育为先理念，了解小学德育原理与方法。掌握班级组织与建设的工作规律和基本方法。能够在班主任工作实践中，有效整合各种教育资源，参与德育和心理健康教育等教育活动的组织与指导，获得积极体验。	5-1 了解小学德育原理与方法。掌握集体教育的技能、个体教育的技能、与任课教师和学生家长沟通的技能。
	5-2 掌握班级组织与建设的工作规律和基本方法。具有良好的表达能力、应变能力、处理突发事件能力。
	5-3 在班主任工作实践中，能够根据班级学生特点有效地组织与指导德育、心理健康教育活动。
6. 具备综合育人能力。掌握小学生身心发展的规律，理解小学生学习与成长特点及其教育需求，能够在日常教学中有意识地融入爱祖国、爱科学等内容，参与组织主题教育、少先队活动和社团活动，促进学生全面、健康发展。	6-1 理解小学生身心发展的规律和学习的特点，掌握促进小学生健康成长和提高学习效果的教学策略。
	6-2 理解学科育人价值，能够有机结合学科教学进行育人活动，能够在日常教学中有意识地融入爱祖国、爱科学、爱劳动、爱生命等内容，具有组织与开展生命教育、科学教育主题活动的能力。
	6-3 了解学校文化和教育活动的育人内涵和方法，参与组织主题教育、少先队活动和社团活动。
7. 具备自主反思能力。了解国内外基础教育改革的趋势和特点，能够根据基础教育改革需求进行学习和职业发展规划。初步掌握反思方法和技能，具有专业自主发展意识，运用已掌握的科学研究方法，发现并分析教育教学问题，改进教育教学工作。	7-1 了解国内外基础教育改革的趋势以及对教师提出的新要求，了解小学教师专业发展的目标和方向。
	7-2 掌握反思的方法和技能，具有一定的反思、批判能力，初步养成反思习惯。
	7-3 对自己的职业发展有了较为明确的规划，有决心实现近期职业发展目标。
	7-4 初步具有运用已掌握的教育研究方法开展教育教学研究能力。
8. 具有团队协作精神。理解团队协作的作用，有团队协作的意识，掌握沟通合作的技能，具有小组互助和合作学习体验。	8-1 掌握团队协作的基本技能，具有良好的与同事、领导进行交流沟通的能力。
	8-2 理解学习共同体的意义，能够主动参与学校或教师群体组织的教学研究、互动交流、听课评课等活动，具有合作精神。

（二）课程设置

小学教育专业学制 4 年，修业年限 4 至 8 年，最低毕业学分 160 学分。专业主干课程为教育学、心理学，核心课程主要有教师职业道德与教育政策法规、教育学原理、小学教育研究方法、小学教育心理学、中外教育史、小学语文

(数学、英语)教学法、儿童发展心理学、小学班队原理与实践。表4-2和表4-3给出了专业的具体课程设置,其中理论教学1 672学时,104.5学分;实践教学55.5学分,占总学分34.69%。

表4-2 Y师范学院小学教育(师范类)专业(乡村定向)课程的类别分析表

	课程设置
小学教育定向师范生	学科平台课程:教育学原理、普通心理学、儿童发展心理学、小学生品德发展与道德教育、教师职业道德与政策法规、小学教学与评价、小学教育心理学、中外小学教育史、教育统计学
	专业课程:语文:中国现当代文学、现代汉语、儿童文学、古代汉语、古代文学、中国文化概说、小学语文课程标准与教材分析、小学语文课程标准与教材分析、小学语文教学法、外国文学、文学概论;数学:几何基础、小学数学基础、初等数论、微积分基础、线性代数、小学数学课程标准与教材分析、小学数学教学法、概率论与数理统计、小学数学解题研究;英语:英语语音、英语口语、英语听力、英语语法与写作、小学英语课程标准与教材分析、小学英语教材法、英语词汇学、英语阅读、英语写作、翻译理论与实践;小学课堂教学技能、小学班队原理与实践、论文与研究报告撰写、教师人际沟通与礼仪、教育统计软件应用、现代教育技术应用
	选修1:音乐、美术、体育、科学四选一进行相关课程学习。 选修2:乡村教育研究专题、留守儿童心理辅导、陶行知教育思想概论、"最美乡村教师"案例教学、乡土课程资源开发、生命教育概论、安全知识与急救技能学习、安全知识与急救技能学习、积极心理与生命成长。

表4-3 Y师范学院小学教育(师范类)专业(乡村定向)学分、学时分配表

课程类别	课程性质	学时数	课时比例(%)	学分数	学分比例(%)
通识课程	必修	756	30.5%	37.5	23.4%
	选修	80	3.2%	5	3.1%
学科平台课程	必修	352	14.2%	21	13.1%
专业课程	必修	608	24.5%	32	20.0%
	选修	400	16.2%	23	14.4%
交叉与个性发展课程	选修	128	5.2%	8	5.0%
创新创业课程	必修	64	2.6%	3	1.9%
	选修	88	3.6%	5	3.1%
集中实践环节	必修			23.5	14.7%
	选修			2	1.3%
合计		2476		160	

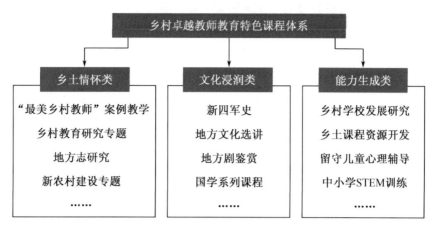

图4-1　Y师范学院乡村卓越教师教育特色课程体系

如图4-1所示,Y师范学院以乡村卓越教师为培养导向,其专业的课程设置对接践行师德、学会教学、学会育人、学会发展的"一践行三学会"毕业要求,打造了融入乡土元素的教师教育特色模块化课程体系。围绕"四有品性"培养目标,构建乡土情怀类、文化浸润类和能力生成类三大课程模块。乡土情怀类课程包括最美乡村教师案例教学、乡村教育研究专题、地方志研究、新乡村建设专题等;文化浸润类课程包括新四军史、地方文化选讲、地方剧鉴赏、国学系列课程等;能力生成类课程包括乡村学校发展研究、乡土课程资源开发、留守儿童心理辅导、乡村社会实践活动等。三大模块课程高度凸显了乡村教育的特殊性,有力支撑了学生乡村从教素质的养成。

(三) 实践教学

在实践教学方面,该专业构建多方协同实践育人体系,助力乡村定向师范生执业能力水平提升。深入推进 U-G-S 协同培养,建立高校学院、教育主管部门、小学三方合作共同体,形成校内与校外实践协同、校内导师与基础教育学校导师协同、学科知识学习与行业知识研习协同的实践育人体系。搭建情境体验、实践教学与互动研修三大实践教育支撑平台。组织开展联盟校课堂教学远程观摩、场景体验与模拟试教,增强了学生对一线教学情境的感知与理解;通过新疆支教、顶岗实习提升了学生教学实战水平;依托省级乡村教育发展研究平台,引导学生开展乡村课堂与教学研究,组织学生与一线教师开展教学研讨,提升了学生教研反思与创新能力。

此外,为满足师范生培养要求,还建立了小学教育实训中心,配备了先进的教育教学设施。学校建有一流的教师职业技能实训平台和学生专业技能培训平台。教师职业技能实训中心总投资达 3 056.3 万元,面积达 6 108.7 平方米,设有粉笔字、普通话训练与测试等实训室 20 间,为学生提供了充足完备的小学教师通用技能实训环境。此外,为满足学生专业技能培训需求,实训中心还单独设有小学科技活动指导实训室、小学生安全教育馆、班级管理技能实训室等 13 间实训室,面积达 1 517.6 平方米。专业建有智慧教室、微格教室、未来教室等现代化教学设施;建有专门的信息共享空间,开设书刊阅览、信息检索、视听资源、学科导航等服务内容;提供线上图书、各类数据库、课程资源等最新网络学习资源与最前沿学术信息;拥有相关专业图书 3.13 万册,生均相关专业图书 49 册,小学教材资源库中,共有小学语文教材 157 套,小学数学教材 197 套,小学英语教材 60 套,平均每 2 名实习生 1 套教材。

(四) 师资力量

乡村教师的职前培养需要优质的教学资源。不仅要有齐全的硬件设施,更需要优秀的师资力量。Y 师范学院小学教育专业有着较强的校内专职师资队伍,还有着一支优秀的校外兼职教师团队。至 2022 年下半年,Y 师范学院小学教育(师范类)专业拥有专任教师共 29 人,生师比 17∶1。其中教授 5 人、副教授 13 人,高级职称教师占本专业教师 62.1%;博士 18 人,博士在读 2 人,硕士 8 人,博士学位教师占比 62.1%,硕士以上学位教师占 96.6%。专任教师获省级人才称号 4 人次,拥有在研国家级项目 5 项,教育部项目 4 项,江苏省社科项目 8 项,且多名教师担任南京大学、南京师范大学等高校的博、硕士生导师。建立了青年教师到小学锻炼的刚性制度,要求 45 周岁以下专任教师具有至少 1 年基层锻炼经历。该专业还聘请所在地区 20 名小学骨干教师全程承担学科方向课程与论文指导任务,这些教师大多为特级教师、学科名师工作室带头人。

乡村定向师范生的培养对乡村教育的改善具有巨大的作用,课程设置与实施则是乡村定向师范生人才培养的重要保障。定向师范生课程设置的独特性有利于满足乡村教育未来教师可持续发展的需求,促进定向师范生快速适应乡村教育改革与发展;课程融入乡土文化、乡土情感熏陶、让乡村定向师范生乐意从事促进学校迈向教育公平;同时也存在一些弊端,在以后的乡村定向师范生的课程设置的与实施中可以进行合理的改良。形成独特的课程设置与实施方式让定向师范生有扎实的教师职业技能,积极从事乡村教育,进而有效地提高乡村师资质量、促进乡村教育发展。

第二节　澳大利亚乡村教师职前准备课程体系

澳大利亚地广人稀,全国人口的绝大部分聚集在沿海的悉尼、墨尔本等大城市。澳大利亚联邦政府将人口在十万以下的非大都市区域均归类为乡村和偏远地区。澳大利亚乡村和偏远地区的小学基本设在当地,由于人口密度低,生源数较少,且教师资源稀缺,经常出现一个学校仅有年龄不同的几个学生,一个教师教几个年级的现象;中学则要到附近的镇上学习。澳大利亚联邦政府充分意识到地理上的隔离所造成的文化教育资源匮乏以及城乡教育水平的差距,特别是乡村和偏远地区的教师所遭遇的社会文化生活和职业发展的孤独。因此,澳大利亚乡村教师政策主要由各州政府负责制定、实施。各州政府对乡村和偏远地区的经费投入均高于城市地区,对乡村和偏远地区教师的专业培养和待遇尤为重视。

澳大利亚在解决乡村学校发展的困境时,是从地域特色出发,根据不同州的情况制定不同的扶持策略。政府于 1977 年出台的"落后乡村地区计划"(Disadvantaged Country Areas Program)之下有四种方案:昆士兰州和新南威尔士洲实行洲、学区、学校三层管理模式;维多利亚州、西澳大利亚洲和南澳大利亚洲则采取自我管理的基础模式;北部地区由于乡村学校数量多且分布不集中而实行目标检测的管理模式;政府不加干涉的私立学校独立办学模式。在此种管理方式下,澳大利亚的乡村学校发展迅速,乡村教育问题得到巨大改善。可以说,澳大利亚在乡村教师职前准备的课程开发方面有着悠久的历史和丰富的经验,其课程体系相对也较为合理与完整,对于我国乡村教师职前培养课程体系的完善有着一定的参考价值与借鉴意义。

一、澳大利亚乡村教师职前课程的概念框架

在过去的二十年里,越来越多的澳大利亚和国际研究考察了乡村和地区社区吸引和留住优质教师的问题。一些专注于教师教育,一些专注于专业经验,还有一些专注于更广泛的乡村教育。在这一领域与澳大利亚相关的大型研究包括:

澳大利亚偏远、乡村和地区的学校经常配备年轻、缺乏经验的教师,教师流动率很高。Collins(1999)指出,在这些社区中,初任教师的职业倦怠是一个

普遍问题，"对初任教师及其家庭的个人生活有毁灭性的影响"，相关的人员流失"也对整个教学职业产生了负面影响"。地理上的隔离、天气、与家人的距离以及购物不便都是教师离开乡村地区的原因。①

Halsey(2006)特别探讨了乡村实习对预备教师的影响，并强调了他们在完成乡村专业经验时遇到的额外社会和经济成本。许多预备教师担心，作为乡村教师将无法获得资源，面临社交孤立和文化障碍。这些担忧使得他们中的许多人不愿考虑未来在乡村工作，甚至不愿尝试乡村教师相关的教育激励计划。②

其他相关研究还显示，职前和在职教师都认为乡村教学与地理、社会、文化和专业隔离有关。他们发现的其他问题包括住房条件不佳和缺乏复式教学准备。教师的职业倦怠导致的乡村学生课堂倦怠，进而引发了大批学生离开乡村教室，似乎形成了一种恶性循环。Hudson 等(2008)引用了《时代》杂志(2007 年 2 月 26 日)的一份报告，其中指出，年轻教师指出了诸如过度工作、薪酬结构、没有永久保证的合同、社区期望、学生管理和缺乏社会地位等问题是他们离开乡村地区的原因。③

Starr 和 White(2008)发现，乡村学校的教师，尤其是骨干教师，面临着许多与大城市教师相同的问题。然而，他们再次发现了乡村教学中存在的或真实或感知到的独特问题，包括个人和专业疏离；缺乏专业的学习和教学资源；在社区中的高知名度；要求在偏远区域教学，以及在职业生涯早期阶段没有准备的情况下，提前晋升到领导职位。这些研究都强调了教师可能被视为"没有准备好"在乡村社区教书的方式，并表明教师教育需要重新考虑他们目前培养教师的方式。④ Halsey(2006)迫切建议教师教育项目制定政策，大幅增加职前乡村教学实习的数量，认为这可能会鼓励初入职的教师考虑在乡村就业。然而，乡村实习只是教师教育的一个方面。⑤ White 和 Reid(2008)提出了教师教育的新概念。他们确定了乡村社区的可持续性与教师培训之间的联系，

① COLLINS T. Attracting and retaining teachers in rural areas[J]. ERIC digest. 1999.
② HALSEY J. Towards a spatial "Self-Help" map for teaching and living in a rural context[J]. International education journal, 2006, 7 (4)：490 - 498.
③ HUDSON S, DOSSEL K, HUDSON P. Reading Squadron：crossing borders in literacy experiences for preservice teachers[N]. Australian teacher education association, 2009.
④ STARR K, WHITE S. The small rural school principalship：key challenges and cross-school responses[J]. Journal of research in rural education, 2008(23)：1 - 12.
⑤ HALSEY J. Towards a spatial "Self-Help" map for teaching and living in a rural context[J]. International education journal, 2006, 7(4)：490 - 498.

发现乡村社区能够从包含乡村教育需求的教师教育中受益。White(2011)进一步认为,乡村学校和当地社区之间的关系是相互的,因此,在乡村领导和社区合作领域的成功可以为教师教育改革提供信息。①

乡村教学的研究人员也呼吁有效的技能来教授不同年龄和年级的班级,以及理解乡村和地区学生的知识储备和教师需要为他们教的学生打开的"虚拟书包"。他们也呼吁更好地理解以地点为基础的意识,以及开发以地点为基础的课程,将学生与他们的社区联系起来。②

直到2012年左右,在澳大利业的背景下,大多数大学在其教师教育项目中关于了解乡村或地区社区方面几乎没有明确的框架。他们为学生提供了相当随机和特别的乡村专业经验(实习)机会。选择在乡村实习的学生通常会在旅行和搬到一个新的地方进行实习期间学生要承受一定的经济负担。这导致大多数学生没有选择完成乡村实习。虽然存在各种政府财政投入以鼓励毕业生到乡村地区工作,这些激励措施通常不被参与教师教育项目的学生所理解。因此,这些有价值的信息往往留给预备教师自己去发现。

显然,缺乏关于预备教师对乡村教学机会的明确信息,这意味着乡村学生及其家庭和社区的需求往往不被了解。学前和在职教师缺乏成功填补乡村教师的准备,因此不太可能考虑未来在乡村地区学校任职。这一情况导致了一项研究以解决这一问题的研究,并向委员会简要介绍了制定一套包容性、前瞻性的乡村教师教育课程,旨在专门为教师准备不同的乡村和地区社区。2008年,澳大利亚研究委员会(Australian Research Council,以下简称ARC)资助的澳大利亚乡村和地区教师教育项目(Teacher Education for Rural and Regional Australia,以下简称TERRA nova)开始实施,2009年,乡村和地区教师教育课程(Rural and Regional Teacher Education Curriculum,以下简称RRRTEC)项目由澳大利亚学习和教学委员会(Australian Learning and Teaching Council,以下简称ALTC)资助。这两个项目相互建立,因此,出现

① WHITE S, LOCK G, HSATINGS W, COOPER M, REID J, GREEN B. Investing in sustainable and resilient rural social space: lessons for teacher education[J]. Education in rural Australia, 2011, 21(1): 67-78.

② KLINE J, WHITE S, LOCK G. The rural practicum: preparing a quality teacher workforce for rural and regional Australia[J]. Journal of research in rural education, 2013, 28(3), 1-13.

了一个基于"理论—实践—政策联系"的模型。①

利用课堂、学校和社区领域的概念框架,选择了五个领域。随后制定了一系列与如何与同事、学校支持的其他专业人员以及社区人员合作有关的战略,以提高学生在乡村和地区社区的学习和福祉。这五个领域为:体验田园生活、社区准备、全校关注、学生学习与课堂、为下乡做准备。

每个重点领域都在网站上进行了描述,并根据教师教育工作者在课堂教学中考虑的关键理论和概念进行了详细解释。例如,作为 TERRAnova 项目的一部分开发的乡村社会空间模型是在"体验乡村"的重点领域下提供的。乡村社会空间模型可以从人口、地理和经济三个方面引导预备教师如何思考他们未来的就业去向。每个区域还提供了一系列资源,例如乡村教师讨论他们所在地方的电影片段,不同乡村地区的照片和图像,以及网站上的虚拟和模拟地点。所有这些课程都是为教师教育工作者提供的,目的是向他们的学生展示他们如何了解地方的多样性,以及他们如何让预备教师更好地了解他们可能被安置的乡村地区。

课程编写团队利用特定主题和领域为预备教师开发了一系列模块(活动和资源)和成果。这些模块的总体目标是帮助预备教师了解以下内容:

• 了解和理解大都市、乡村和区域社区定义之间的不同区别,因为它们与教育政策、资源和经验有关。

• 了解、理解和欣赏社区变化和更新对乡村和地区教育的影响。

• 了解和理解与教育提供相关的历史和当代问题和政策,特别是关于乡村和区域背景下教师的雇佣和保留。

• 了解、理解并考虑获取乡村和区域背景下社区和学校角色和期望相关信息的策略。

• 了解、理解并考虑成功地在乡村或地区背景下工作和生活的策略。

• 了解并制定与同事、学校支持人员、其他专业人员和社区人员协作的策略,以提高乡村和区域背景下学生的学习和福祉。

• 认识到乡村和区域环境下教学的机遇和挑战。

RRRTEC 模式试图重构教师的准备工作,将其从教室扩展到学校和乡村

---

① REID J, WHITE S, GREEN B, LOCK G, COOPER M. HASTINGS W. TERRAnova:Renewing teacher education for rural and regional australia. Volume 2: Case Study Reports[M]. New South Wales: CSU Print, 2012.

社区。这就是 White(2011)概述的教师需要"为社区做好准备,为学校做好准备,为教室做好准备"。①

该网站收集了大量的资源,包括乡村和地区教育研究出版物、案例研究、DVD 和照片,以及校长、教师和教师教育者关于他们在乡村和地区工作经验的一系列建议。它还包括许多被安置在乡村和区域地点的预备教师的故事。

网站上的资源也可以在五个关键主题下进行探索。每个主题都被组织成一个或多个潜在的教师教育课程教学模块,如表 4-4 所示。

表4-4　澳大利亚乡村教师职前课程构成模块②

领域	模块	
1. 体验田园生活	模块 1	了解乡村
2. 社区准备	模块 2	理解场所
3. 全校关注	模块 3	了解乡村教师身份与教师工作
	模块 4	理解乡村工作以及区域社区
4. 学生学习与课堂	模块 5	了解乡村学生的生活
	模块 6	专业经验:模式—演讲嘉宾、远程联系、模拟和场景、网站访问、实地考察和实习
5. 为下乡做准备	模块 7	工作建议

模块 1　了解乡村

一系列阅读涵盖了"乡村"概念的多样性,包括地理、人口和经济方面。这些材料旨在帮助未来的教师了解和理解大都市、乡村和区域社区的不同定义,因为它们与教育政策、资源和经验有关。它涵盖了社区变化和更新对乡村和区域教育的影响,并研究了与乡村和区域背景下教师就业和保留有关的历史和当代问题及政策。

模块 2　理解场所

本模块的重点是区域和乡村社区的多样性和复杂性。它考察了乡村社会空间和"地方意识",例如,区分不同的乡村和区域地方并考虑了对教育的影响。

---

① WHITE S, LOCK G, HSATINGS W, COOPER M, REID J, GREEN B. Investing in sustainable and resilient rural social space: lessons for teacher education[J]. Education in rural Australia, 2011, 21 (1): 67-78.

② WHITE S. Renewing rural and regional teacher education curriculum final report 2012 [J/OL]. (2012-01-01)[2022-12-16]. http://hdl. handle. net/10536/DRO/DU:30045002.

模块3　了解乡村教师身份与教师工作

教师在乡村和区域社区中构建和协商他们的个人和专业角色。该模块提供了获取乡村和区域背景下社区和学校角色和期望信息的策略，以帮助未来的教师在社区内和跨社区工作和生活，并在这些环境中成功地工作和生活。

模块4　了解如何与乡村和地区社区合作

该部分的重点是了解社区伙伴关系，并逐步担任领导角色。该模块提供了与同事、学校支持人员、其他专业人员和社区人员协作和建立伙伴关系的策略，以提高学生的学习和福祉，并建立社会和文化资本。

模块5　了解乡村学生生活

促进地区和乡村学生学习的战略包括开发以地方为基础的学习经验，将当地和全球联系起来。未来的教师可以与同事、学校支持人员、其他专业人员和社区人员协作。

模块6　专业经验

预备教师通过真实的经验获得对教学的最大见解。实习经验提供了一种有效的方式来发展对乡村或地区社区教学和生活的理解，但由于正在进行的主题的范围或个别情况，这并不总是可能的。因此，鼓励教师教育工作者选择最适合其学科或实习准备要求的经验，并使预备教师能够真正参与乡村和区域学校和社区的工作。在进行任何乡村或区域经验（远程接触、实地考察、实地考察或实习）之前，预备教师应进行相关的准备活动，以熟悉当地社区和学校。

该模块提出了教师教育工作者可以提供课程内容的模式，客座讲师讲座、访问、实地考察和讨论实习的相对优点。该模块提供了用于观察、交流和协作的在线工具和模拟网站。

模块7　工作建议

最后一个模块涵盖了未来教师考虑申请乡村/地区职位的问题。它以视频形式呈现，其中一名执业教师和两名来自教育当局的官员向预备教师提供建议。

每个模块借鉴理论并提供实践活动。例如教师身份、领导力和专业学习，对于思考乡村教师如何在整个学校背景下、跨学校和社区内与同事建立联系非常重要。从数据来源来看，强调领导技能和跨部门沟通能力似乎势在必行。据报告，乡村和区域教师由于接触渠道限制和地理隔离，专业学习机会更加困难，因此需要提供更明确的教师教育课程，借助与教师和社区导师密切合作，这样准教师能够重视专业学习,同时要求使用技术支持专业学习。表 4-4 的模块 3、4 和 7,这些概念将在教学场景中进行探讨。在模块 6"专业经验"中还开发了一系列模式。这些模式指的是体验学习乡村地区的不同方法,例如实地考察、模拟和场景,或者听嘉宾演讲。虽然完成乡村实习的亲身体验是不可替代的,但已经提供了一系列的学习模式,为教师教育工作者提供不同的方式来帮助准教师了解乡村教学。例如,其中一种模式提供经验丰富的乡村校长的短片,为未来的乡村教师提供在乡村社区工作和生活的建议。另一种模式侧重于模拟,以便将课程与实践联系起来。所有资源,如电影片段和模拟,都被设计成可以在大学教室中可以通过网站快速访问并链接到的。

二、查尔斯特大学乡村教师职前培养课程

查尔斯特大学(Charles Sturt University)创建于 1989 年,是澳大利亚一所公立综合类大学,历史可追溯至 1890 年,位于新南威尔士州。学校的使命是培养能够迎接当今及不断变化的社会挑战的高级人才,学校精心挑选了学术性强、专业性高、就业前景可观的课程,致力于为学生职业生涯奠定坚实的基础。该校的教育学院是全国最大的教育学院之一,学院以具备扎实的专业知识,丰富的教学经验和良好的专业素养的教师作为人才培养目标。查尔斯特大学的教育学士(Bachelor of Education K-12)是小学和中学教师准备项目。学生会在该项目中获得技能和知识,使学生在实践中有效和反思,并管理其所在社区中不断变化的教学性质。课程强调学生获得更多的实践经验,要求学生在各种乡村、地区和/或大都市的小学或中学教室里度过 103 天,此外还要完成 24 小时的社区教育。

查尔斯特大学为了培养出优质的乡村教师,在乡村教师职前培养内容上,借鉴了澳大利亚乡村教师职前培养课程体系及所提供的相关资源,并结合学校的实际情况,在教育学院设置了"土著教育研究"(Indigenous Education Studies(8),代码:EEP400)课程模块、"乡村中学教学"(Teaching in Rural Secondary Schools(8),代码:ESR401)课程模块、"乡村教育"(Education in Rural Places,代码:ESR404)课程模块。以"土著教育研究"课程模块为例,学生将被介绍适当的课程和教育土著儿童的教学法,并展示土著教学和学习实践如何有益于所有教育参与者。学生将了解和理解在这些环境中与当地土著社区充分协商的重要性和意义。它将侧重于使学生能够有效地从土著观点思考教学的各个方面,如表 4-5、表 4-6 所示。

表 4-5　查尔斯特大学教育学院"乡村教育"课程简介

类目	内容
概述 （Description）	1. 探讨在乡村和偏远社区生活和工作的教师所面临的专业角色 2. 将"地方"视为一种结构，以及学校、教师和乡村社区之间的关系 3. 研究了乡村学校的课堂组织、不同年龄段的教学问题 4. 研究与乡村学校教师招聘和留任有关的策略 5. 以技术为基础调查教育系统所提供的数据信息以考察乡村性和土著性之间的关系
学习成果 （Learning Outcomes）	1. 分析地点对涉及乡村社区的社会、文化、历史、信息和心理因素的影响 2. 了解全球化以及其他经济、社会和政治力量对乡村社区的影响 3. 运用教育学原理为乡村和偏远学校的学生设计教学体验 4. 开发基于技术的教育系统的专业知识 5. 培养对情境教学法或情境式学习的理解，将其作为一种策略，以真实的方式将课程情境化 6. 批判性地分析乡村和偏远地区教师的选择、招聘、保留和调动策略 7. 分析并界定乡村社区的社会、文化、经济、历史和娱乐属性 8. 描述乡村与土著人口、健康和福利之间的关系 9. 制定教学和规划策略，重点关注多年龄课堂、学生中心、家校合作和与社区合作
教学大纲 （Syllabus）	1. "地方"和乡村 2. 情境教学法 3. 对乡村社区和学校的经济、社会和政治影响 4. 远距离教学 5. 乡村学校的技术 6. 招聘和保留策略 7. 乡村社区概况 8. 多年龄课堂规划 9. 乡村与土著 10. 乡村与性别

表 4-6　查尔斯特大学教育学院"乡村教育"课程设置（EEP400 土著教育研究）

单元	课程	
单元 1:土著教育	什么是土著教育？	1. 土著教育特色 2. 教育的关系
	为什么要进行土著教育？	1. 政策 2. 缩小差距 3. 学习/教学风格 4. 社区伙伴关系

单元	课程
单元 2:土著教育和政策	1. 国家政策 2. 国家政策 3. 部门政策 4. 社会政策 5. 学校/中心政策
单元 3:土著观点和土著研究	1. 定义土著观点和土著研究 2. 原住民视角与原住民研究之比较 3. 为什么我们要实施土著观点和土著研究 4. 我们如何结合土著观点和土著研究
单元 4:原住民教育中的学生	1. 土著儿童的土著教育战略 2. 优质教学与本土教育 3. 土著英语 4. 原住民学习的 8 种方式 5. 教育学 6. 学生的愿望
单元 5:社区伙伴关系	1. 联系土著社区 2. 与土著社区的沟通 3. 土著社区对教育的影响 4. 在土著社区的实践

从表格 4-5 和 4-6 可知,查尔斯特大学这些课程模块旨在深化预备教师对于乡村异质性空间的认识、对乡村教学独特性和复杂性的理解、对乡村教师所承担的职责和在社区中扮演的角色的认知,从而引导预备教师在乡村意识、情感和态度上的积极转变,增强预备教师投身乡村教育事业的主观意愿和乡土情怀。此外,这些课程模块用来协助预备教师培养多样化班级教学技能、复式课堂组织管理能力、将信息技术融入课堂的能力等,以使培养出的乡村教师能够最大程度适应乡村教学。

第三节　美国乡村教师职前准备课程体系

一、美国乡村教师课程的现状与特点

历史上,在美国的公共和教育话语中,乡村社区一直被称为"被遗忘的少数群体"。2013 的人口普查数据表明,在美国公共教育中,近四分之一的小学及初中学生、三分之一的学校和超过一半的学区被认为是乡村地区。尽管,乡村在中小学生人口中占很大比例,但重大的教育改革和优先事项都没有认识到乡村社区面临的独特资产和挑战。在这些挑战中,乡村学生往往没有合适的学习机会,包括接触到致力于乡村社区教学和生活的高质量教师的机会有限。对乡村教育重新产生的兴趣为研究、政策和实践提供了新的机会。正如宾夕法尼亚州立大学乡村教育和社区中心 Pappano(2017)的一篇文章中所说的那样,"突然之间,每个人都想到了乡村"①。然而,Azano&. Stewart(2016)指出人们对乡村社区和教育的兴趣越来越大,"人们对专门为乡村教室培养教师的有意努力却知之甚少"②。虽然这一论断是针对美国乡村教师教育的,但它可以适用于全球乡村教师教育。

(一) 关注文化理解的课程目标

乡村教师的培养主要依托课程体系。课程体系设置的目的便是将乡村教师职前培养目标的具体化。课程目标的设定主要由国家的教育目的决定,受到经济、文化因素的制约,同时会受到当时教师教育思潮的影响。通过对美国乡村教师职前培养相关文献的梳理与分析,美国乡村教师职前培养课程目标可以从知识、能力和价值观三个方面进行概括:知识方面,以学习所要教的知识和如何教的知识为主要内容,教师所要学习的知识包括本体性知识(专业知识)、方法性知识(教育理论,包括心理学知识)及一般性知识(普通文化知识)。此外,针对乡村教师的特殊性,还要求预备教师要掌握多元文化知识、乡村(社区)知识。能力方面,课程目标中注重培养教师包括全面掌握和合理运用教材的能力,良好的语言表达能力;善于了解学生个性心理特征和学习情况的能力;敏感,迅速而准确的判断能力;组织领导课内外活动的能力;独立思考和创造性地解决教育问题的能力;因材施教的能力;教育机智等。课程还侧重于培养教师从事乡村教育活动(教育教学工作)所需要的能力,即基于乡村社区的实践能力、利用乡村资源和学生的"知识资金"(Funds of Knowledge)③来开

---

① PAPPANO L. New York Times, education life[J]. The rural minority, 2017, 2(166): 12-15.

② AZANO A, STEWART T. Confronting challenges at the intersection of rurality, place, and teacher preparation: improving efforts in teacher education to staff rural schools[J]. Global education review, 2016, 3(1): 108-128.

③ SHIN M, LEE J, NELSON F. Funds of knowledge in making: reenvisioning maker education in teacher prepar-ation[J]. Journal of research on technology in education, 2022, 10(4): 635-653.

发课程的能力以及理解乡村学校文化和与具有多元文化背景的乡村学生进行交流、对话的能力。在价值观方面,乡村预备教师要以乡村可持续发展作为其教育教学的价值引领,要具有地方意识,还要秉持教育公平理念,消除种族歧视与文化偏见。

（二）采用整合模式的课程设置

美国乡村教师职前准备项目的课程设计采用的是整合模式,即在原有普通教师培养课程的基础之上做加法。这是教育学界多年深入研究探讨的结果,同时也是教师教育工作者长期探索的成果。整合模式就是保持教育专业课程、学科专业课程、通识课程的教师教育基本框架,在课程中融入乡村元素,如多元文化、乡村文化、乡村课程资源开发、乡村教学以及社会学等相关课程内容。具体来说,美国乡村教师职前培养课程中乡村元素相关课程可以分为两种类型:

1. 多元文化课程

多元文化,也就是说在一个地区、社会以及群体当中,允许同时存在多种相互联系且具有一定独立特征的文化。多元文化课程是为了帮助预备教师认识自己国家内部以及国际社会之间的多样性及差异性而编制的课程。20世纪 60 年代,多元文化教育因西方国家的民权运动而兴起,多元文化教育课程也随之产生。当代多元文化课程依然承载着不同民族群体的希冀,担负着传承、保持、发展不同种族、阶层等的多元文化的重任,并通过承认、尊重文化的多元性,促进文化的多样性的价值与特性,容忍、接纳他民族文化。多元文化课程以文化的多样性为前提,整合了多元化的各种资源,且去适应所有的学生在学习上的一些不同的需求,核心内容是多元文化的教学技能和多元文化的概念知识,目的就是为了消除一定的歧视以及偏见,以此来达到社会正义并达到一种课程上的意识形态变化。[①] 美国作为传统移民大国,为了满足多种族学生的教育需求,改变教师队伍文化结构单一的问题,推进教师队伍的多元化也是其教育部门一直努力的方向。在乡村教师职前培养体系中,多元文化课程既强调乡村预备教师要理解学生多样化的教育背景,还要了解乡村学校和乡村社区的特定文化。

---

① ROSS V, CHAN E. Multicultural teacher knowledge: examining curriculum informed by teacher and student exp-eriences of diversity[J]. Journal of curriculum studies, 2023, V55(3): 339 - 351.

2. 地方意识课程

地方意识课程,是根据国家课程政策,以国家课程标准为基础,在一定的教育思想和课程观念的指导下,根据地方经济,政治,文化的发展水平及其对人才的特殊要求,充分利用地方课程资源而开发、设计、实施的课程。可以从三方面理解:一是服务于地方,二是立足于地方,三是归属于地方。[①]

服务于地方,意思是地方意识课程的开发及实施,应以解决地方面临的具体问题,为当地发展培养所需要的乡村教师为目标。地方意识课程关注的,不是国家对于教师的宏观的、最低限度的要求标准,而是本地区政治,经济,文化发展随时面临并亟待解决的问题。它既要致力于解决本地区存在的实际教育问题,又要致力于进一步提高本地区的办学水平与教育教学质量。

立足于地方,一是指地方意识课程的开发及实施,应以本地区的教育行政部门,专业研究者和教育工作者为主。他们对当地的实际问题有真切的体会和全面的把握,具有上级教育行政部门,专业研究者难以替代也无法替代的作用。只有依靠他们,才能确保地方课程的有效性、科学性与现实性、针对性。二是指方课程的开发及实施,要从当地实际出发,所设计的各门课程应充分挖掘当地所存在的各种潜力、充分利用本地的教育资源。将培养预备教师的地方意识作为目标,将地方意识教学法作为课程设计的理念或教学方法。地方意识教学法是一种将学习建立在学生对地方的感觉或由人、文化和历史形成的生活经验基础上的方法和实践。

归属于地方,即在不违背国家课程目标的大前提下,地方课程的课程体系、结构、内容、实施、管理、评价等,国家教育行政部门不再插手,其督导、管理和考核将由各级地方教育部门完成。

这类课程能够帮助预备教师了解乡村的背景,加深预备教师对地方的感知,培养预备教师对乡村的强烈情感,使得预备教师能够更好地利用乡村资源开发课程和开展基于地方的教学。

(三) 注重乡村体验的教育实习

教育实习对预备教师来说尤为关键,它是师范教育贯彻理论联系实际原则、实现培养目标不可缺少的教学环节,也是教学计划中的重要组成部分。通过这种形式,可以帮助学生把知识综合运用于教育和教学实践,以培养和锻炼

---

① Diversifying the education profession in ohio:Brief and Taskforce recommen-dations[EB/OL]. (2020-07-23)[2022-12-17]. http://www. ode. state. oh. us.

学生从事教育和教学工作的能力,并加深和巩固学生的专业思想。

美国乡村教师职前培养中的教育实习可以大体分为长期实习和短期实习两种类型。这两种实习类型时间长短不一,长期实习有的会持续一年或两年,有的持续几周;短期实习是分学期阶段式的实习,有的实习是半天时间分多次进行,有的实习是在一周左右。

1. 长期实习——乡村沉浸式(Rural Immersion)实习

这种模式最典型的案例是 1972 年杨百翰大学(Brigham Young University)和犹他州一个乡村学区开发的以实地为基础、以能力提升为导向的教师培训计划。这种实习模式的目的是让预备教师长期沉浸在乡村环境中,从而增强他们到乡村任教的意愿。该项目要求教师在乡村社区生活和实习 8 至 16 周,并通过位于乡村地区的两个培训中心完成大部分专业课程。[①]杨百翰大学与犹他州乡村学区建立了良好的合作关系,体现在以下几个方面:首先,要求学区为预备教师提供乡村民宿。长期生活在乡村家庭,可以加深预备教师对当地文化的了解,使他们能够更快地融入社区生活。其次,乡村合作学区必须与高等教育机构合作,监督预备教师。当地乡村学区应设立合作教师,对预备教师的课堂教学进行监督和指导。最终,两者实现了双赢,使预备教师能够充当代课教师和课堂助理,一定程度上缓解了乡村学校师资短缺的问题。高校管理人员通过传授更先进的教育理念,帮助乡村学区教师提高教学质量。瑞德福大学(Redford University)还采用了一种长期的、沉浸式的实习模式,与阿巴拉契亚乡村地区的合作学校合作,开展为期一年的预备教师实习计划。该计划的主要特色是合作教学模式和定期的专业发展研讨会。合作教学模式鼓励预备教师与在职教师加强教学实践、相互学习。作为日常实践活动内容的一部分,专业发展研讨会讨论了广泛的主题,包括课程规划、课堂管理、与家长合作、合作教学和其他理论与实践。[②] 这项长期实习计划可使预备教师更好地了解乡村社区学生面临的挑战,并加深他们对乡村社区的认识。

2. 短期实习——实地考察(Field Trips)

短期实习是美国农村教师职前培训项目中非常常见的实践培养途径。这

① BULLOUGH R. Attachment, identification, emulation, and identity: distant teachers and becoming a teacher educator[J]. Teacher development, 2023, V 27(2): 203－213.

② SHORT C, GRAHAM C, HOLMES T, OVIATT L, BATEMAN H. Preparing teachers to teach in K-12 blended environm-ents: A systematic mapping review of research trends, impact, and themes[J]. Tech trends: linking research & practice to improve learning. 2021, V 65(6): 993－1009.

种模式为预备教师提供了分阶段体验乡村教学的机会,潜移默化地培养职前教师对乡村教学工作的认同感和意愿。

科罗拉多大学科罗拉多斯普林斯分校(University of Colorado, Colorado Springs)为有兴趣了解农村学校和探索乡村地区职业机会的预备教师提供了一个乡村实地考察项目。该项目提供五次到农村学区的实地考察。参与的预备教师到大学附近的农村学区进行实地考察。该计划的目的是向农村教学和农村学校介绍预备教师,同时为选定的农村学区提供可能吸引预备教师毕业后任教的机会。实地考察的具体内容可分为以下两部分:一是与农村学区的学校领导进行对话,了解农村学区和学校的基本情况,如学校结构、学生成绩、标准化考核等;二是进入特定课堂,观察农村教师的教学活动。

阿拉斯加太平洋大学(Alaska Pacific University)和阿拉斯加西南地区学区合作,为文学学士教师培养项目(Bachelor of Arts Teacher Preparation Program)和文学硕士教师项目(Master of Arts in Teaching Program)中的预备教师提供为期一周的偏远乡村实习计划(Remote Rural Practicum program)。该项目的目标是让预备教师在阿拉斯加乡村学校体验教学,在乡村社区体验生活和社区活动,在指导教师的协助下在 K-8 课堂上教授教学单元,并准备和促进展示学生学习的社区活动。通过该项目的实施,为预备教师提供与偏远农村教师接触和学习的机会,帮助他们更好地了解这些地区的生活和教学状况。

美国州教育委员会(Education Commission of the States)于 2021 年 8 月发布了《通过实践经验加强教师准备》(Enhancing Teacher Preparation Through Clinical Experience)报告,分析了不同类型的教育实习,并总结了教育实习对教师招聘、留任和教师队伍多样性的益处。报告主要分析了两种教育实习类型:传统教师实习项目和替代性教师实习项目。传统教师实习项目通常要求师范生需要在实际课堂中完成一定时间或学期的学习。根据国家教师质量委员会(National Council on Teacher Quality)的数据,截至 2020 年,约 78% 的传统教师实习项目要求至少一学期,约 21% 要求至少 10 周。但大多数传统教师实习项目并不给予实习教师经济报酬,有调查显示,超过 80% 的实习教师担心自己的经济状况。而替代性教师实习项目可为没有教育背景的人提供进入课堂的实践机会,并且这类实习项目往往更灵活、时间更短。因此,这类实习项目可以吸引更广泛、更多样化的潜在教师候选人。有数据表明,传统教师实习项目中有色人种仅占 30%,而在替代性教师实习项目中,这一比例为 53%。

报告还指出,当前美国一些学区、学校和部分学科领域的教师短缺已经迫使各州考虑招聘只具有少量或根本没有实习经验的教师。但与有实习经验的教师相比,缺乏实习经验的教师还未能充分做好教学准备,教学效率较低,留任的可能性也较低。还有研究表明,当实习学校和实际受聘学校的人口结构相似时,教师的实习经验更加有效;当实习教师在导师的指导下顺利完成实习,那么他们更有可能在与实习学校类似的学校被聘用和留任;当实习教师在教师流动率低、专业合作率高的学校实习时,实际效果更佳。最后,报告建议政策制定者应制定高质量的教师实习项目,打造一支健康、可持续和多样化的教师队伍。

二、蒙大拿州立大学乡村教师职前培养课程

蒙大拿州立大学位于美国蒙大拿州波兹曼市,创办于 1893 年。该校的教育、健康和人类发展学院(以下简称"教育学院")在医疗保健、预防健康领域和教学方面提供各种各样的课程。教育学院为未来的教育者、领导者、研究人员和政策制定者提供从学前教育到中学后教育的课程,包括蒙大拿州唯一认可的注册营养师学习课程,以及运动科学、社区健康、家庭与消费者科学、幼儿教育/儿童服务、健康增强 K-12、可持续食品系统和酒店管理等课程。蒙大拿州立大学教育学院的使命是通过在高质量的公立和私立学校进行示范性的校园和远程课程以及实地实习,培养高素质的专业教育工作者和管理人员。此外,该学院通过教师的积极研究和推广工作,为蒙大拿州和国家教育事业做出了贡献。

作为教师教育单位,该学院提供小学和中学教育课程,并在教师教育专业发展和未成年人培养方面与校园其他部门开展合作。教师教育隶属于教育学院的课程与教学部门。教育学院的职前和在职教师教育计划旨在提供丰富且均衡的教育,牢固地立足于文科,并基于当前的教育理论和实践,融入专业准备课程。除了该部门的预备教师教育计划的课程外,还有实地经验,这些经验是经过精心组织和监督的。这两种学习经历的结合使学生能够发展和展示知识、能力和专业承诺的广度,使他们能够在毕业后在充满活力的专业环境中作出贡献。

教学艺术硕士是蒙大拿州立大学教育学院的一个专业的研究生学位项目,专为学士学位拥有者设计,以完成推荐蒙大拿州公立小学教师初始执照所需的专业教学课程。该学位的设计是在一到两年的时间内完成。此外,密歇根州立大学的教学艺术硕士学位也可用于支持持有 5 类执照的教师。该项目

与其他类似项目的不同之处在,它有意识地关注地方意识教学法和教学方法,强调在乡村学区的教学。

表 4 - 7 蒙大拿州立大学教学艺术硕士必修课程设置

学期	课程	学分
春学期	** 先修课程 M419 小学数学中的比例和比例 EDCI 561 早期识字习得:编码和解码	3 3
夏学期	EDCI 552 人类发展和学习心理学 EDCI 563 语言习得和评估 EDCI 553 课堂组织的包容性策略 EDCI 539 教学方法:通过探究提高艺术和健康 EDCI 543 课程设计与评估导论	3 3 3 3 1
秋学期	EDCI 565 教学方法:数学 EDCI 566 教学方法:科学 EDCI 567 教学方法:语言艺术 EDCI 568 教学方法:社会研究 EDCI 555 技术、教学设计与学习者成功 EDCI 598 实践	2 2 2 2 2 1
春学期	EDCI 595 学生教学 EDCI 519 解决语言和文化多样性中的公平问题 EDCI 569 乡村教育的反思性探究	6 3 3

(一) 以全科教师为培养目标

要参与该项目需要完成 36 学分的教学课程,包括两门先修课程(6 学分),并包括每学期的在校经验,除了春季学期的课程外,还包括全日制课堂教学。成功完成所有课程、在校经验和要求的测试(实践)是学生毕业和蒙大拿州一级教学许可证推荐所必需的。由表 4 - 7 可知,蒙大拿州立大学乡村教师的课程以教育学以及教学法相关课程为主。该项目中,参与者需完成小学数学和早期识字的先修课程,剩余三个学期的课程均为必修课程。教育学课程尽管门数不多,但学分比重较高,占据整个课程容量的一半,具体包括课程设计与评估导论、技术、教学设计和学习者的成功、实习、学生教学等。美国的小学教师培养目标为全科教师,因此在教学法课程设置上顾及了数学、科学、语言艺术、社会研究这四门学科的教学法,该部分学分占总学分的四分之一。除此以外,为培养小学教师的全面性,学校还为项目参与者准备了生物类、地理科学类、物化类、工程学类、数学类及电气工程类 STEM 课程,共计 30 门课程供其选择,如表4-8所示。

表4-8　蒙大拿州立大学教学艺术硕士STEM选修课程

类别	课程
生物类	生物多样性原理 生活系统原理 环境科学与社会 看不见的宇宙:微生物
地理科学类	地球系统科学 环境地质学简介 自然资源保护　　天空的神秘 黄石公园:科学实验室
物化类	化学应用 普通化学导论 普通化学Ⅰ 万物运转的物理学 物理学调查 大学物理Ⅰ 大学物理Ⅱ
工程学类	一般工程学简介 技术、创新和社会 能源与可持续发展
数学类	当代数学 大学代数 数学语言 无限的秘密 前微积分 微积分测量 微积分与分析几何 中级的代数思维和数字感 中间统计概念
电气工程类	电气基础知识简介 材料和工艺 技术与社会

(二) 以地方意识培养为核心

地方意识的培养是该项目的核心。培养合格的乡村教师是蒙大拿州立大学教学艺术硕士项目的首要宗旨,为了能够培养学生的乡村地方意识,课程设计中加入了课堂组织的包容性策略、解决语言和文化多样性中的公平问题以及乡村教育中的反思性研究这三门课程。课堂组织的包容性策略课程设立的目标是针对美国社会文化多样性，让教师在多元文化背景下，适应并满足每一个学生在文化、学习、社交等方面的独特性与相关需求。解决语言和文化多样性中公平问题课程也是就美国多种族、多种文化交织的社会环境下，帮助教师能够更为理性、公正地处理在教育教学中遇到的机会均等、人种多样性、政治与社会变革等多方面的冲突与矛盾。乡村教育反思性调查课程是本项目中最具乡村特色的课程。该课程要求项目参与者在"教学驻校"过程中进行反思，旨在让学生参与对理论、研究和实践的专业探究和分析，深入了解乡村教师的性质和工作的复杂性，包括蒙大拿州及其他地区的乡村课堂、乡村学校和乡村社区可持续发展所必需的知识、技能和态度，以支持预备教师适应乡村教学。

（三）以"教学驻校"为重要方式

"教学驻校"是蒙大拿州立大学教育艺术硕士的重要培养方式。项目要求培养部门安排预备教师入驻与大学进行合作的乡村小学，实地开展见习、实习及其他相关实践课程。驻校后，乡村小学会给每名预备教师配备一名小学指导教师，预备教师在其指导下开展教学实践。此外，项目负责单位即大学会指派一名联络员，即现场主管负责乡村小学与大学直接的联络，主要是就预备教师教学实践的情况进行沟通，以确保能够及时掌握及评估预备教师的教学表现。因而，项目参与者能够在高校、乡村小学（乡村学区）的通力合作下，在大学教师和乡村小学指导教师的共同引导下，进行全方位、沉浸式的乡村教学实习。

（四）以在线教学为重要辅助

蒙大拿州立大学是美国首批开设在线教师培养项目的大学，在课程设置和实习安排上积累了较为丰富的经验。在线教师培养项目必须确保培养质量，保证预备教师能够获得与传统培养模式中预备教师相同的高质量教育。因此，蒙大拿州立大学在开设此类项目时克服了如下的问题：一是在线项目给预备教师带来的孤立感。因此，在课程设置之外，该项目还安排了在大学校园进行的为期一周的夏季会议，方便预备教师交流探讨学习经验与困惑，提供同伴和教师教育者的支持，以减轻预备教师的孤独感。二是在线项目中的学生支持人员必须具备专业的经验以解决在线学生需求的问题。该项目会指定现场主管监督预备教师的实习，并提供支持。三是在线项目必须将理论与实践更好地结合起来，有效发挥出该类项目的特色优势，帮助预备教师将学到的理论知识与其日常的教学实践相联系。因而,蒙大拿州乡村教师职前培养项目十分注重与乡村学校的教师建立紧密的合作伙伴关系,以支持预备教师在合作教师指导下获得实践经验。

该项目提供的课程不仅保证了预备教师具备基本的教育知识和教学技能,而且为了预备教师能够更深入了解乡村社会与乡村教育,从理论和实践层面为其搭建起了解乡村的桥梁,促进了预备教师认知和态度的转变以及技能的提高。首先,极大丰富了预备教师对乡村社会背景特殊性、乡村教育工作复杂性和乡村学生文化需求多样性的认识,有助于预备教师提前了解即将从事的乡村教育教学工作中必然存在和可能发生的问题,加深对乡村地方的认识。其次,项目有助于培养预备教师的乡土意识,转变他们对乡村教育的态度,激发项目参与者毕业后下乡任教的积极性。最后,有利于预备教师深入体验乡村学校的课堂,锻炼其乡村教职的胜任力,为今后更好地开展乡村教学实践打下基础。

第四节　乡村教师教育课程的国际经验及启示

国内外教育研究界仍在基于跨越内容领域和感兴趣的主题的广泛努力,仔细考虑如何支持教师的专业发展。人们一致认为,教师可以从参与学习和反思教学实践、学生学习和更广泛的教育背景中受益。为此,针对性的课程结构(如基于实践的学习和在线学习环境)和领域专家(如知识渊博的指导人员和教练)是关键要素。人们也越来越认识到,围绕公平问题和支持多样化学生开展教师学习的重要性。本研究依据相关分析总结出当前国家乡村教师职前培养课程的发展趋势:第一,基于实践的专业培养;第二,教育技术的深度融合;第三,乡村经历的持续强化;第四,文化响应式教学兴起。

一、保障落实:基于实践的专业培养

在过去的十年中,基于实践的专业发展作为一种组织教师专业学习、课堂教学和学生学习的方式越来越受欢迎。这一趋势的出现是因为教师教育的主要焦点已经从指定教学所需的知识转移到支持教师常态化反思教学的日常实践上。专业发展实践及相关研究的进步以关注教师在实践中学习的过程和从实践中学习的潜力为显著标志。基于实践的专业发展将专业学习机会置于教

学的中心活动中,专业发展模型采用基于实践的方法,但它们通常被纳入持续或迭代的模型,如"计划—实践—学习—行动"持续改进循环①、课程研究②和问题解决周期③。基于实践的专业发展的各种方法突出了教师和专业培养模式设计者的创造力,因为他们探索了新的途径,让教师参与具体的实践操作环节。

其中,澳大利亚在乡村教师教学实践能力培养政策的制定与推行方面有着突出成绩。专业经验是教师职前教育计划的组成部分,在该计划中,预备教师在课堂上丰富和展示他们的技能。其目的是为预备教师提供结构化的机会,让他们在实践中考虑和承担教学工作,将实践与他们在课程中发展的知识和理解联系起来,并体现对学生学习的积极影响。最重要的是,这是一段以工作为基础的学习时期。《立即行动:准备好课堂的教师》报告和澳大利亚政府对此报告的回应指出,加强专业经验是改善澳大利亚教师教育的关键之一。④首先,澳大利亚政府在其出台的教师培养标准中明确了教师实践能力的重要地位,并要求预备教师通过专业学习和专业实践获取知识技能与经验;其次,政府还成立专门管理部分、提供经费支持、开展调查研究并明晰参与方角色,通过以上措施来保障预备教师教学实践的开展;再次,政府构建了规范的评价体系,专业标准中要求预备教师完成教学实践后必须通过相应的课程、测试、评估等,才能获取教师资格;最后,澳大利亚部分师范院校和其他教师教育机构为了保障准教师实践能力的提升,充分利用网络信息技术开发在线平台,用于评价预备教师的教学实践能力。⑤

（一）指导教师的作用

指导教师的作用是支持准教师达到专业经验的要求,包括在新手教师阶

① BRYK A. etc. Learning to improve: How America's schools can get better at getting better [M]. Cambridge: Harvard Education Press, 2015.

② LEWIS C. PERRY R. Lesson study to scale up Research-based knowledge: A randomized, controlled trial of fractions learning[J]. Journal for research in mathematics education, 2017. V48(3): 261-299.

③ BORKO H. etc. Teacher facilitation of elementary science discourse after a professional development initiative[J]. Elementary school journal, 2021. V121 (4): 561-585.

④ ALEXANDER C. BOURKE T. It's all just a little bit of history repeating: 40 years of political review and reform in teacher education[J]. Asia-Pacific journal of teacher education, 2021. V49(5): 471-486.

⑤ MOCKLER N. Early career teachers in Australia: A critical policy historiography[J]. Journal of education policy, 2018. Vv33(2): 262-278.

段达到澳大利亚教师专业标准。专业经验监督的技能与成功的课堂教学有关，包括指导、评估、专业沟通和提供基于证据的反馈。通过与同事合作，有效地监督教师培养了一种文化，使预备教师参与有意义的对话，讨论他们对学生学习的影响以及他们自己的进步、成功和挑战，以鼓励教师的反思和合作。在澳大利亚教师准备项目中，指导教师的作用具体如下：

- 展示对澳大利亚教师专业标准的理解。
- 明确致力于监督和发展预备教师，重点是帮助他们理解和提高他们对学生学习的影响。
- 根据实习要求和澳大利亚教师职业标准，严格、公平地评估预备教师的专业实践，并为预备教师提供循证反馈。
- 作为一名教练、顾问和评估员，负责他们自己的专业发展。
- 积极参与教师职业生涯的各个方面，成为预备教师的榜样。
- 协助预备教师与其他在特定领域优秀的教师一起工作和学习。
- 将预备教师纳入专业活动中，并将他们定位为积极的贡献者来展示他们的专业承诺。
- 支持将以工作为基础的学习与通过与同事和培养单位工作人员的合作，由预备教师进行的课程作业和其他以培养单位为基础的学习相结合。
- 通过参与联合活动，如跨机构专业对话和研究项目，表明对合作关系的承诺。
- 与专业经验协调员、培养单位专业经验主任和学校领导层合作，为在满足安置要求方面遇到困难的预备教师提供早期和适当的支持和建议。

（二）预备教师角色

预备教师的角色是承担有承诺的专业经验，这既是他们最初的教师教育计划的关键组成部分，也是参与专业经验站点生活并作为专业人员作出贡献的机会。在从事专业经验时，预备教师通过监督教师树立的榜样以及在每次安置中进行的有组织的建模和评估来了解如何成为教学专业的一员。预备教师发展的核心是他们在职业预备阶段参与并展示澳大利亚教师专业标准，以帮助他们在课程中不断进步。

- 了解澳大利亚教师职业标准。
- 为自己的成长和反思设定学习目标和目标。
- 反思和应用督导教师、专业经验协调员和学校领导者的建议和反馈，并努力改善他们的实践和对学生学习的影响。

• 以专业和勤奋的态度承担安置工作,遵守其培养单位的期望和线上平台的政策与程序。

• 确保为每次实习做好充分准备,以尽可能达到专业经验的目标和要求。

• 全程参与现场专业体验、实践。

• 了解教育实践现场和社区环境的复杂性。

• 对自己的学习负责。

• 开展教学反思并收集教学反思对学生学习的影响的证据。

(三) 教师培养机构的职责

教师培养机构负责发展和提供适合教师专业准备的高等教育项目。在澳大利亚,这些项目必须得到适当司法管辖区的教师监管机构的认证,并满足澳大利亚初始教师教育项目认证的要求:标准和程序。认证标准中概述了准教师教育项目的专业经验部分的要求,包括专业经验的结构、预备教师所接触到的活动,以及提供高质量的监督和评估。

• 确保预备教师了解澳大利亚教师的专业标准。

• 收集和报告关于违反澳大利亚教师在新手教师阶段的专业标准的预备教师表现的数据。

• 支持指导教师对预备教师的评估和发展。

• 共同负责为监督教师提供专业学习和发展的机会,包括与在线平台合作,以确定监督教师角色的关键特征,并支持安排,以协助监督教师发展他们的技能和知识。

• 为指导教师提供形成性和总结性评估工具,明确他们的期望,并协助指导教师在新手教师阶段对澳大利亚教师职业标准作出的判断和建议,确保培养单位与在线平台的一致性。

• 提供信息和文件,如专业经验手册和相关材料,并通过公开交流的方式提供支持,提供给专业经验网站和指导教师,明确说明每个职位的重点和期望。

• 鼓励预备教师积极反思和收集他们在实习期间对学生学习的影响的证据。

• 识别和认可杰出的指导教师在发展预备教师方面所发挥的关键作用,并以切实的方式向更广泛的教育界共享这些贡献。

• 为被认定为"有风险"不符合安置要求的预备教师制定清晰和一致的流程。

·在他们自己的机构内促进专业经验的重要性,例如在专业经验发展和研究方面支持学术人员。

(四) 教育系统的功能

教育系统和教育主管部门在初级教师的专业发展方面有着重要的利害关系,并且需要与教师职前教育的提供者(培养单位)密切合作,以提供专业经验。教育系统也促进了良好实践的交流,并与培养单位、线上平台密切合作,以确保专业经验与高质量的教师培养标准相一致。

·与教师教育主管部门、培养单位以及在线平台共同选择并应用适当的工具与方法,对预备教师的教育教学知识与技能进行有效评估。给予准教师职业信心,使他们的专业技能经验对学生学习产生直接的影响。

·与培养单位和在线平台制定教师教育政策和实践,包括为学校校长/幼儿园园长提供明确的政策支持,为组织范围内的准教师专业经验积累提供支持。

·与服务培养单位和在线平台合作,最大限度地提供高质量的实习机会,包括在培养全过程中为预备教师提供一系列的机会。

·支持办学单位的领导工作,进一步发展与培养单位的伙伴关系。

·与培养单位和在线平台开展高级别的合作活动,制定策略,庆祝专业经验的重要性和价值,并强调对在线平台及其社区的好处。

·支持正式协议的制定,包括在不同地点和跨地点提供专业经验的明确的角色和责任。

·承认和支持指导教师的关键作用。

新教师入职后,政府会持续强化以实践为中心的指导。由一个或多个专业的同事进行的以实践为中心的指导,在支持从毕业生到熟练的职业生涯阶段的过渡方面尤其强大。它受到入选者的高度重视,可以有效地提高他们的知识和技能,也是一种提供或支持其他策略的手段。指导教师的一个关键作用是确保早期职业教师明白,对改进的承诺应该嵌入日常实践中,而不是仅仅与正式的专业学习机会联系起来。以实践为中心的指导被定义为一种强大的专业关系,通过持续的观察、对话、关于实践的证据和评估、与高质量教学标准相一致的目标设定,以及技术和情感支持,来关注早期职业教师的专业发展。

二、载体革新:教育技术的深度融合

乡村和偏远地区需要合格和称职的教师,然而,除非他们搬到城市中心或城市大学,否则预备教师几乎无法获得高质量的教师教育课程。在美国和澳大利亚等国家/地区存在一些混合和在线预备教师教育计划。如在加拿大,获得教学认证的在线或混合教育学士课程数量有限。目前,大多数国家针对乡村和偏远学生的计划要求他们搬到更大的中心城市或大学,通过面对面的方式接受预备教师教育。住在远离城市大学的学生处于不利地位。如果他们离开乡村和偏远地区去接受教育,大概率毕业后不会返回他们的社区。乡村和偏远地区的教师将通过技术教学生,其中一些教师会在线授课以及进行面对面授课。在线和混合的预备教师教育计划为生活在乡村和偏远地区的人提供了一种积极可行的替代方案,而预备教师无须离开社区接受培训。

(一) 预备教师将技术融入他们的专业实践

教育技术丰富的教师培训经验可以更好地帮助教师将教育技术融入他们的专业实践。对于预备教师来说,在培训期间拥有技术实践经验非常重要。教师对学生最终如何在课堂上使用技术具有相当大的影响力。教师被视为学习者和学习技术之间的“连接器”。教师与学习者交流技术的方式有助于促进和改进以学生为中心的方法,将技术融入学习。对于教师来说,技术可以为学习带来的可能性发出积极的信息是很重要的。

即使在今天,一些教师对使用技术的有效性和价值仍有误解。当教师对学习技术持怀疑态度或不屑一顾时,他们会发出一个信息,即他们不支持学生提高数字素养技能。随着教师教育技术能力的提高,教师个人对技术的适应程度也会提高。当这种情况发生时,教师关于信息技术的信心会增强,会感到更有准备将技术融入日常的专业实践。培养能力、适应程度和信心是教师是否可能将信息技术融入实践的关键因素。学习并将教育技术融入学习需要时间和耐心。准备和提供整合技术的课程可能需要更长的时间。仅为教师们提供技术或教授安装技术是远远不够的。教育技术本身必须对学习者和教师都具有互动性和吸引力,才能被认为是对学习体验有价值的。当教育技术与明确定义的学习任务和目标相关联并得到教师的支持时,它是最有效的。

(二) 在线提供的教师职前准备计划

接受在线培训的预备教师必须具备足够的技术才能成功完成课程。这包括但不限于拥有可以随时访问的硬件(例如他们自己的计算机),以及具有出色的互联网连接性。教育者有时很难接受这样一个事实,即他们所设想的在线学习可能与现实之间可能存在巨大差距。无论是对于教师还是对于学习者来说,保持对在线学习体验中可实现的目标的现实看法非常重要。如果给予足够的支持,对技术缺乏信心的预备教师可以克服焦虑和恐惧。一对一的指导、与教师的高频率互动、对作业的个性化反馈以及开发支持性的在线环境是帮助在线教育学生在整个课程中建立信心的关键要素。小组研讨会可能被视为提供技术培训的一种具有成本效益的模式,但这并不意味着它们一定是最有效的。

对于一些预备教师来说,在线课程是唯一可行的选择。他们必须得到全力支持才能帮助他们取得成功。与接受传统面对面的教师教育课程的教师相比,接受过在线培训的预备教师可能更容易成为虚拟学校的教师。即使在在线教师培训计划中,面对面的现场体验也很重要,然而准教师可以体验不同的课堂环境作为他们培训的一部分。

（三）以混合形式提供的教师职前准备课程

混合型教师教育计划不仅是完全在线计划的垫脚石,而且是提供预备教师教育的有效替代方法。值得注意的是,教师教育计划与其他类型的专业教育计划不同,因为它们具有实地经验和学生教学等必要元素。在制订混合型教师教育计划时,必须仔细考虑这些要素。现场体验的混合方法可能包括面对面的课堂体验,以及与同行和教师的在线反思和讨论。与那些在完全线上环境中接受教师教育的人相比,接受混合计划培训的预备教师可能会被培养出更强的社区意识,并减少孤立感。将课程结束后的讨论内容对学生开放是新校友与同龄人继续培养专业社区意识的一种方式。

在混合的预备教师教育计划中,必须将信息技术与教学目标结合起来。对于预备教师来说,重要的是要明确了解技术是如何以及为什么被整合到他们的培训中的,仅仅为了使用而使用技术对教学效果并无帮助。技术必须与教师的专业背景相关。教师必须让预备教师意识到他们课程的在线部分可能需要大量时间投入。以信息技术来呈现教学内容并不意味着教学所需要的时间或精力减少。相反,时间管理是线上学习和混合学习成功的关键因素。

（四）乡村和偏远社区以技术为中心的教师职前准备

在乡村和偏远地区,实现学生计算机访问仍然是一项重大挑战。将技术有效整合到乡村和偏远学校的障碍包括不具备良好的网络连接性;学校缺乏必要的技术支持,教师缺乏充分的技术培训和专业发展。提高乡村和偏远地区教师的技术素养对他们来说至关重要,以培养将技术成功融入教学实践的信心和能力。尽管,乡村和偏远地区的教师表现出对使用技术进行学习的积极态度,但为他们提供支持对于帮助他们将其融入专业实践更为重要。

(五) 学习技术的批判性观点

批评者怀疑教师教育能否以除了面对面教学以外的任何形式有效地进行。管理者对在线教师职前教育的看法是消极的多于积极的。特别是,当以在线或混合形式进行教学时,人们担心教学的交互性可能会受到影响。因此,负责招聘的管理人员可能不愿意聘用从在线或混合项目毕业的学生。

缺乏教师教育主要管理部门的支持可能是需要技术的资源或项目开发或投资的重大障碍。这可能是因为这些被认为是根据支持技术的人的信念做出的决定,而不是技术对学习的有效性的实质性证据。在线和混合式预备教师教育的缺点包括对注册人员和课程教学人员的时间要求过高。缺乏克服技术使用困难的信念也是将技术融入学习的关键障碍之一。技术的数量或可用性似乎并不像其可靠性那么重要。当资源不起作用或需要故障排除时,或者设置技术的步骤很烦琐时,技术就会成为负担而不是优势。当这种情况发生时,教师可能会放弃技术,转而使用经过验证的真正传统资源,因为这些资源可以立即使用。

(六) 监测、评估和确保教师教育线上学习和混合学习计划的质量

项目评估传统上侧重于流程和系统如何导致预期结果。在教育中,这样的结果通常不是成功的有效指标。在线和混合教育计划的评估通常侧重于技术的有效性,而不是学习。对职前混合和在线教师教育的评估似乎还处于起步阶段,尚未开发出有效的方法来充分评估此类计划如何为教师为未来的专业实践做好准备的有效性。

(七) 在线上课程中建立与社区的联系

教师和学生之间定期、频繁的沟通对在线上环境中建立和维护信任和尊重关系至关重要。这种交流可以是反馈、意见和个人分享的形式,并且可以以不同的媒体形式体现。为了创造一种互动感并保持联系和社区,必须在整个课程中以反馈的形式提供持续的形成性评估。

为了鼓励在线教学的创新和卓越,教师和机构需要投入大量时间和资源。教师需要根据对在线学习的教学理解来设计在线课程。知识建构成为学习者的责任,教师的角色转为促进者,他们支持学生线上访问和理解学习内容、建立交互关系、使用技术和提供学习评估。线上教师需要在支持的氛围中工作,

以便他们有多种机会设计在线课程,以测试想法、承担风险并为反思在线教学法提供时间。邀请学生成为线上社交网络的一部分可能是在线上课程中建立学习社区的积极方式。然而,传统上用于个人交流的社交网络可能不是学术环境中的最佳社交媒体选择。教师应考虑使用通用学习设计原则来设计在线学习,以促进师生联系、学生参与和保留。使用视频、播客和微博等各种媒体鼓励以多种方式参与内容和分享理解。

三、文化增值:乡村经历的持续强化

乡村学校教师的有效准备至关重要,因为国内外的乡村学校都面临着吸引高素质教师的挑战。如澳大利亚,其大多数州都提供激励措施来吸引教师接受乡村教职任命,例如纳税优惠、额外的搬家补贴以及额外的休假和工资奖金。然而,如果预备教师没有为乡村学校的教学做好充分准备,这些计划对教师保留的影响很小。同样,乡村教师留任率低的问题可以通过关注乡村地区教师的培养过程入手。在乡村和区域实践的前五年内,地理上的隔绝和专业发展方式上的孤立可能会导致许多专业人士离开乡村教学岗位。社区、组织、工作场所和工作角色因素会影响乡村、地区和偏远学校的教师保留率。为了解决关于如何吸引和留住乡村教师有关的一些问题,教师教育工作者目前在初始教师教育计划中教授乡村教育课程探索改进课程设计的方法,以改善学生的学习体验,吸引更多学生报读乡村教育课程。

(一)塑造乡村教育的使命感

乡村环境可以给教师带来许多挑战以及机遇。这种体验既涉及与偏远地区相关的教育挑战,也涉及小班化教学的机会和强烈的社区氛围。乡村教师有机会在许多(但不是全部)乡村社区体验到成为社区重要成员的回报,并且可以从许多乡村社区对学校的大力参与中受益。相反,教师也可以将乡村环境的这些属性视为负面因素,重点关注孤立的挑战和许多小型乡村学校的师资缺乏。实际上,乡村和偏远学校工作的现实便处在这两个极端经验之间。

与教师保留相关的研究认识到教师的使命感、他们努力工作和坚持不懈的性格、他们有针对性的教师准备,包括学术和实践知识、反思的实践、改变学校或地区并仍然留在他们的专业中的机会,以及持续的支持和对专业组织的参与,以上因素都有助于学校教师的留任。对于这些乡村教师来说,教师准备质量似乎是指教师与社区中儿童和家庭的生活、遗产和文化形式的联系。

(二) 打消对乡村的偏见与抗拒

一般的大学课程基本上不涉及乡村生活,这限制了预备乡村教师的专业发展潜力。乡村教师面临的最特殊挑战就是这种情况,包括复式教学,即在多年级和混龄教室中开展复式教学,因为教师准备计划倾向于适合这些问题可能缺乏适用性的城市或郊区学校的需求。对于以培养卓越乡村教师为目标的乡村教师职前培养计划,了解和审问乡村教学的普遍叙述很重要。在对 1970 年至 2010 年乡村教师文献的梳理及分析中,有学者发现乡村教师经常被描述为:① 职业孤立;② 不同于城市或郊区的教师;③ 缺乏专业知识/教学资格;④ 特别抗拒改变。然而,这些文献中对乡村教师的描述可能说明了研究人员迫切需要反思和批判他们的工作隐含和明确地是这些故事情节的产物并有助于重现这些故事情节。

"职业孤立"被视为吸引教师到乡村学校和在乡村环境中工作的主要劣势之一。一般来说,澳大利亚师范教育学生可以选择参加乡村实习,而为这些经历做准备并不包括在实践标准中。社区在支持乡村和区域专业经验期间的预备教师方面发挥着关键作用,从而吸引他们到乡村学校进行在职教学。在乡村学校留住新手教师的是其与乡村社区所建立起的个人联系,他们认为自己是喜欢生活在这些社区的个人。此外,他们将学校视为社区中的重要机构。乡村学校需要了解乡村地区的高素质教师,这就需要对教师职前准备进行情境化灌输信心并赋予预备教师在乡村地区教学和生活的能力需要第一手经验来改变态度。

虽然一些研究考察了预备教师对乡村的看法,但它们未能通过探索大学入学前生活的影响来概括乡村空间协商的全部范围或大学经历对乡村观念的影响。教师教育计划可以帮助预备教师使用这种未经稀释的生成性知识来对乡村先入为主的概念进行迭代评估和批判性审问,并作为评估乡村课堂行动的一种手段,为教师在不同乡村环境中的教学现实做准备。

教师准备项目中乡村空间位置的细微定义有助于消除对乡村人的偏见和陈旧的刻板印象,并有助于对乡村教师的实践进行反思和批判性研究,进而促进知识的进步和成功的乡村教师培训实践。鉴于乡村空间的相互关联和复杂的观点,教师准备计划可以专注于相互关联的世界中乡村社区的可持续性。此类计划可能会在乡村地区解决特定地点的问题和不公平的权力结构,同时认识到多个地点之间的相互联系以及更广泛的影响范围。

(三) 强化乡村实习/见习环节

在城市接受师范教育的学生普遍匮乏乡村知识。乡村实习/见习是向预备教师灌输乡村社会空间知识最具支持性的方法之一。应给准教师创设机会与条件,以多种方式体验乡村生活。将学生带到乡村环境作为其预备教师教育计划的一部分,并为他们提供乡村教学的观点,以鼓励更多地在乡村和偏远环境中承担教学职位。乡村实习/见习为预备教师提供在乡村学校的真实体验,目的是通过提供乡村学校和社区问题的第一手资料来克服准教师对乡村工作和生活的先入之见。

许多大学声称以乡村和区域教育或社区发展为重点,但实际上,有证据表明少数机构为预备教师提供乡村社会融入的准备。大多数预备教师在大都市机构接受教师教育,对大都市地区以外的生活了解有限。对于这些学生,乡村学校和他们的社区是"未知的""令人恐惧的""被避免的",并且与其生活经历几乎没有联系。提供熟悉未知领域的机会使预备教师能够就在乡村、地区和偏远地区的教学和生活做出明智的决定和判断。通过有针对性地为乡村教学培养教师,可以减少他们对这些未知背景的恐惧。为此,教师教育机构需要让预备教师了解与乡村、区域和远程教育相关的重大问题;协助预备教师熟悉乡村、区域和偏远地区和社区的多样性;并为他们提供一系列相关的知识、技能和经验。与澳大利亚等国家相比,美国教师教育计划在为学生提供这些体验方面仍然存在不足。美国阿巴拉契亚地区提倡将发展自己的乡村教师教育计划作为解决教师招聘和保留挑战的一种方法。阿巴拉契亚模式为当地高中生提供了一条通过在社区大学学习成为教师的渠道,然后再进行强化大学教师教育计划。但在偏远的阿巴拉契亚地区并不总是存在这样的教师培训计划。大多数预备教师在离家较远的大型公共机构进行教师培训。

四、超越标准:文化响应式教学法兴起

标准与问责制度密不可分。标准和问责制度都是已有几十年历史的概念,是特定领域所特有的分类机制。高等学校努力实现问责制度下的测试目标,课程通常围绕着这些标准进行设置,而不是基于对学生的发展、文化和语言需求的更全面的观点。随着新教师进入该行业,他们会立即受到政策和实践的影响。同时,新教师也会很快受到竞争标准和问责制的影响。预备教师必须为他们在未来的课堂上将面临的复杂现实做好准备。必须从教师教育开始,严格应对基于标准的实践以及磨炼文化响应性教学技能,并继续培养在职

教师。在准教师培养过程中,应该引导准教师关注教育领域的政策趋势,同时提供询问标准和相关课程,帮助增强其教育政策分析能力。师范生在学习专业标准的需求以及这些需求如何影响课程、教学法和学习时,在很大程度上只能依靠自己。在兼顾新手教学的许多要求的同时,他们还必须寻找方法,使课程与文化能够耦合。

在此背景下,文化响应式教学法被提出。作为一个综合术语,文化响应式教学法包括维持文化的教育。文化响应式教学法并不是一个新概念,在教师教育中,它是课程的基础,将该教学法纳入预备教师教育,可以更好地为预备教师和新手教师为不断变化的课堂需求做好准备。

几十年来,教育领域的研究者一直在研究关键的教学法或文化响应的教学模式。Gay(2010)将文化响应式教学法定义为教师通过建立学生到达教室之前已经掌握的许多文化技能和了解学生的方式,为学生取得学业成功的教学;在文化响应的课堂上的互动教学帮助学生形成"他们的文化优势、无数的智力能力和先前的成就"①。Ladson-Billings(1998)认为文化响应式教学法的三个必要部分:一是较高的学业期望和适当的帮助学生实现这些期望的框架;二是重塑课程以让教师能够以学生的知识储备为基础;三是鼓励学生对权力关系的批判意识。②

由于教师被迫严格遵守日益标准化的课程,教师要将成功的教学方法与学生准备标准化考试的压力结合起来变得越来越困难。这种标准化课程要求教师以特定的速度前进,总是伴随着提高标准化考试成绩的压力,学生、教师和学校都要为此负责。此外,由于专业标准是可推广的,适用于所有学生受众,因此它并不包括文化响应式教学。在努力满足政府的要求的同时,又要解决教育不足的学生在课堂上的需求,经常会出现矛盾局面,因为新手教师努力将成功的教学方法与为学生准备标准化考试的压力结合起来。很明显,让所有学习者参与的教学方式会影响学生的学习。

随着时间的推移,学者们在不同的学生群体中继续这项工作,调整了术语,所有这些都是为了影响传统上边缘化的学生群体的教学。虽然这些框架进入了课堂教学,但这往往是零碎的,而不是大规模的政策倡议或改革努力。

---

① GAY G. Culturally responsive teaching. second edition. multicultural education series[M]. New York: Teachers College Press, 2010.

② LADSON-BILLINGS G. Teaching in dangerous times: Culturally relevant approaches to teacher assessment[J]. Journal of negro education. 1998, 67(3): 255 - 267.

主要的改革努力从一个单一的角度来看待大学和职业生涯的准备,通常都忽略了文化相关性。作为教师教育工作者,重要的是在自己的课堂上使用文化响应式教学模式,以帮助未来的教师在实施标准和政策时敢于质疑它们。反过来,这也为预备教师提供了他们未来的学生茁壮成长所需要的课堂经验。这不仅仅是关乎我们现有的大学和职业准备标准,而是关乎能够批判性地思考和质疑我们所处的系统。

第五章 乡村教师职前培养保障体系比较

乡村教师职前培养保障体系是为教师准备工作提供物质与精神条件的体制机制,是各国政府作为乡村教师职前培养的主体,为保障乡村教师培养项目优质、高效运行与发展而制定并实施的措施。在乡村教师的职前培养上,澳大利亚、美国教育部门不仅在具体的专业标准、课程设置、能力培养等方面科学制定标准体系与规范要求,还从宏观层面制定政策保障乡村教师准备工作的顺利实施,已基本构建了政府行政机制、专业团体专业机制和教师教育机构的学术机制上下联动、相互配合的预备教师教育质量保障机制。英国也建立了政策保障、机构保障、入口保障、过程保障和出口保障五方面协同推进的预备教师教育质量保障体系。芬兰亦形成了一体化教师教育质量保障体系,包括教师教育机构审查、教学项目认证、教师资格认证等重要内容。由此可见,建立预备教师教育外部质量保障体系已成为世界教师教育改革的共同趋势。完善的保障机制为教师培养项目创设了良好的外部环境,是各国乡村教师职前培养工作顺利开展的必要条件。本研究根据对教育发达国家乡村教师职前培养的经验总结得出,乡村教师职前培养体系的保障机制具体包括四个方面,即政策法规保障、经费投入保障、教育资源保障以及社会支持保障。

第一节 政策保障:澳大利亚联邦与州政府的宏观引导

为乡村学区准备高质量的教师对于提升乡村教育品质是至关重要的,澳大利亚以乡村教师培养"质量提升""可持续发展"作为原则,构建了乡村教师准备保障体系。澳大利亚学者 Barber 和 Moschad 分析了世界上表现最好的学校系统的共性,并认为成功的学校教育之所以能够提高学生成绩,其中最重要因素是教师和教学的质量,而不是学校资金的数量。他们强调了他们的主要观点,即"一个教育体系的质量不能超过其教师的质量"和"改善教学结果的唯一方法是改善教学"。Hattie 通过调查分析得出教师被认为是提高学生在学校里的表现的唯一最重要的因素。然而,其研究结果并不是用来作为教师对学生学习贡献的依据,并进一步为教师的专业发展提供资源,而是成为将学生的低学习成绩归咎于教师质量的依据。也正是基于这样的逻辑,政府部门希望通过教育改革,引入问责措施来提高教师质量。

澳大利亚教育部门不是简单的改善办学条件,也不仅仅是在具体的专业标准、课程设置、能力培养等方面科学制定标准体系与规范要求,还从宏观层面制定政策保障乡村教师准备工作的顺利实施。政府充分利用高校理论研究的优势,一方面,依托课题研究掌握乡村教师准备现状,对教师培养实施过程实施全程监督、把控;另一方面,理论研究指导实践改革,不断优化乡村教师培养体系以实现人才培养质量的提升。

一、教师教育课程国家认证制度

澳大利亚联邦政府引入了多项国家标准,并建立了多个相关组织,以提高学校和教师教育的问责制。2008 年,澳大利亚课程、评估和报告管理局(Australian Curriculum, Assessment and Reporting Authority, ACARA)创建了国家学校课程,并通过国家评估计划(National Assessment Program, NAP)评估学生的学业成就。其中的课程指澳大利亚基础至 12 年级课程、经澳大利亚课程、评估和报告管理局(ACARA)评估符合澳大利亚课程要求的替代课程框架、任何司法机构授权的课程以及澳大利亚早期学习框架。

澳大利亚教学和学校领导研究所(Australian Institute for Teaching and School Leadership, AITSL)成立于 2011 年,旨在定义和维护教师的国家标准和教师职前准备项目的国家认证程序。在 AITSL 的众多文件中都强调了教师质量对提高教育质量和学生成就的关键重要性。他们认为制定和实施国家专业标准是提高教学专业水平和地位的有效途径。

AITSL 包括"高质量教学的关键要素",即"教师应该知道和能够做什么"。在他们职业生涯的不同阶段被描述为新手教师、熟练教师、卓越教师、领袖教师。这些标准的主要组成部分是专业知识(内容和教学知识)、专业实践(在学校内)和专业参与(在专业社区和学校社区内)。这些标准和更详细的描述说明了新手教师在他们教学的第一年的期望。这些描述的一个方面是"新手教师对他们的学科、课程内容和教学策略有了了解"。

因为完成学业的教师需要达到新手教师的专业标准,"每一个预备教师教育项目提供者(培养单位)都需要证明其预备教师教育项目如何支持其教育学生在毕业时达到专业标准。"澳大利亚国家教师教育项目标准和认证程序已经明确确定,其目标是为了"提高教师质量通过持续改进预备教师教育"和"对教师培养单位的教师教育项目质量问责"。按照国家标准和程序,预备教师培养单位每5年向基于州的教师监管机构提交他们的认证申请,并每年报告任何变化。

课程标准包含在认可标准和程序中,并确定了高质量教师职前教育课程的要求。教师准备课程认证有两个阶段,认证第一阶段适用于首次进入认证体系的新项目,重点关注培养单位展示影响力的计划,认证第二阶段的重点是培养单位对他们收集到的关于项目影响的证据的解释。以下项目标准适用于认证第一阶段和第二阶段,尽管不同阶段的证据不同。

表 5 - 1　澳大利亚教师职前教育课程项目国家认证标准

标准1　项目成果	
1.1课程设计和评估过程确定了每个新手教师标准的教学、实践和评估地点,并要求预备教师在毕业前已经证明了所有新手教师标准的成功表现。	
1.2课程设计和评估过程要求预备教师在毕业前成功完成最后一年的教学绩效评估:	是课堂教学实践的反映,包括计划、教学、评价和反思等要素。
	是一个有效的评估,明确评估新手教师标准的内容。
	有明确的、可衡量的和合理的成就标准,区分是否符合新手教师标准。
	在可靠的评估中,有适当的流程来确保评估者之间的一致评分。
	包括支持与成就标准相一致的决策的调节过程。
1.3课程提供者根据课程标准1.1和1.2中的评估要求,确定其预备教师如何证明对学生学习的积极影响。	
1.4 在学生毕业后,通过使用现有数据和专门设计的研究来描述和评估其课程的预期结果,这些研究提供了关于毕业生作为教师的有效性的信息,具体项目目标的实现,并告知其持续改进。在现有数据允许的情况下,毕业生对学生学习的影响也包括在这一证据中。毕业生成果数据将来自多个来源,包括:	就业数据。
	注册数据。
	调查数据包括毕业生及校长满意度调查。
	旨在评估毕业生对学生学习影响的研究,包括案例研究和调查。
	任何其他类型的成果数据,可以有效地与项目改进、毕业生成果和/或对学生学习的积极影响相关的信息联系起来。

（续表）

标准2　项目开发、设计和交付	
2.1项目开发、设计和交付基于：	权威和证据的理解。项目的研发基于教师培养的标准，以及有效教育教学对学生学习产生积极影响的实证记录。
	课程内容的连贯和有序的交付，包括有助于实现新手教师标准的专业经验。
2.2 项目开发、设计和交付考虑到：	教育、课程要求、社区期望和地方、国家及社会发展需求，包括教学专业的劳动力需求。
	雇主、专业教师团体、执业教师、教育研究人员以及相关文化和社区专家等利益相关者的观点。
2.3该计划及其教学和评估策略的资源与该计划的基本原理和预期结果一致，并且：	培养预备教师适应当代学校环境和相关的幼儿教育环境。
	考虑到所有提供的授课模式中预备教师的学习和专业经验需求。
	包括目前或最近有学校教育经验和幼儿教育经验（如有）的工作人员。

标准3　项目准入

3.1培养单位描述并公布其入学方法的基本原理、所使用的选择机制、所应用的入学分数线和所使用的任何豁免。

3.2培养单位对所有入选者采用选择标准，包括学术和非学术成分，这些成分与参与严格的高等教育课程、特定课程的要求以及随后在专业教学实践中的成功相一致。

3.3 为确保进入教师职前准备项目的透明和合理的选择过程所必需的所有信息，包括学生队列数据，均可公开获取。

3.4该项目旨在满足所有预备教师的学习需求，包括为可能无法完全参与该项目或无法达到预期结果的任何群体或个人提供额外支持。

3.5入选培养项目的准教师在毕业时其识字和算术水平应位列国民总人口的前30%。选择不符合这一要求的学生的培养单位必须建立令人满意的安排，以确保这些学生在毕业前得到支持，达到所要求的标准。国家读写和计算能力测试是证明所有学生都达到标准的手段。

3.6项目参与者必须在进入或毕业时满足澳大利亚教师注册的英语语言水平要求。

3.7研究生入学项目的申请者必须具有与澳大利亚课程相关的特定学科的学士或同等资格，或与其他认可的教育提供领域相关的资格，包括：	就中学教学而言，至少在一个教学区进行一项主要研究，最好在第二个教学区进行至少一项次要研究。
	在小学教学方面，至少一年与小学课程的一个或多个学习范畴相关的全日制同等学习。

标准4　项目结构与内容	
4.1课程包括至少两年的全日制同等教育专业学习,其结构使毕业生可以参加四年或更长时间的全日制同等课程,从而获得以下配置之一的高等教育资格:	三年制本科学位,提供所需的学科知识,加上两年的研究生入学专业资格。
	至少四年的综合学位,包括学科学习和专业学习。
	至少四年的综合学位,包括学科学习和专业学习。
	由教育机构建议并经教育局与 AITSL 协商后批准的其他资格组合,相当于上述资格组合,可选择或灵活地进入教学职业。
4.2预备教师教育计划根据相关课程列表为教师职前准备学校课程和他们所选学科和/或学校阶段的学习领域。	
4.3联合项目:一些项目为毕业生在多个教育环境中教学做好准备,例如幼儿/小学和小学/中学("中学"):	培养毕业生在幼儿环境和小学教学的项目,培养教师在两种环境下教授课程。
	为毕业生准备小学和中学教学的课程必须完全满足小学教学和中学教学的要求,在中学教学领域至少有一项主修课程或两项辅修课程。然而,课程可能更强调特定年级的教学(例如5年级到9年级)。
	准备毕业生在学校和其他教育环境中担任其他专业教学角色的课程必须解决专业的具体内容和教学方法。
4.4除了在小学课程的每个学习领域进行学习,足以使教师在小学教育的各个阶段都能教学之外,该计划还通过以下方式为所有小学毕业生提供学科专业化:	明确定义的进入和/或在课程中通向专业的路径,这是需求,重点是学科/课程领域。
	课程内的评估要求毕业生在其专业领域展示专业内容知识和教学内容知识以及高效的课堂教学。
	通过年度报告公布现有的专业,以及每个专业的毕业生人数。
标准5　专业体验	
5.1培养单位和学校/站点/系统建立并使用正式的书面合作关系,以促进项目的交付,特别是为预备教师提供专业经验。每个专业体验学校/场所都存在正式的合作关系,并明确规定实习和计划经验的组成部分,确定双方的角色和责任,以及负责安排日常管理的联系人。	
5.2课程的专业经验组成部分与课堂环境相关,并且:	包括不少于80天的本科和双学位教师教育课程和不少于60天的研究生入学课程。
	包括有监督和评估的教学实践,大部分在澳大利亚进行,大部分在公认的学校环境中进行。
	尽可能地多样化。
	在项目中尽早为预备教师提供有目的地观察和参与学校/地点的机会。

（续表）

5.3 对于每一个专业经验安置，无论交付模式如何，预备教师教育提供者（培养单位）和学校之间都有明确的机制来沟通预备教师在项目中已经获得的知识、技能和经验，以及该安置的预期学习成果。	
5.4 教师培养单位与他们的实习学校/系统合作，根据新手教师标准对预备教师的成就进行严格的评估，包括：	确定要评审的标准。
	提供评估工具、方案、做法和准则。
	明确评估的期望和角色，特别是在预备教师的实际评估中，监督教师的指定角色。
	及时识别有可能无法圆满完成正式教学实践的预备教师，确保为改进提供适当支持。
	要求根据新手教师标准对预备教师进行令人满意的正式评估，作为从该项目毕业的要求。
5.5 培养单位支持在合作学校/地点提供专业经验，包括确定和提供专业学习机会，以监督教师，并与指定的教师职前教育机构工作人员进行交流和接触，最好是目前或最近有教学经验。	

标准6　项目评估、报告与优化

6.1 培养单位有适当的流程来持续收集、分析和评估数据，为项目的改进和项目的定期正式评估提供信息，包括参与国家和辖区的数据收集，以支持地方和国家教师劳动力供应报告、项目和供应商基准测试，并建立一个与澳大利亚教师教育质量相关的累积证据数据库。	
6.2 在每个认证期开始时，培养单位制定并实施一个计划，以展示与预备教师表现和毕业生成果相关的项目成果，包括项目影响。该计划将确定培养单位将如何选择、使用和分析与评估计划交付相关的证据，包括计划标准6.3要求的强制性证据。	
6.3 在每个认证期结束时，为项目提供包括影响在内的结果证据、评估和解释。证据的解释包括已确定的优势，计划的变化和计划的改进。证据要求至少包括：	所有预备教师教学绩效评估的汇总评估数据（项目标准1.2和1.3）。
	来自影响计划中确定的任何其他评估的汇总评估数据，有助于提供与预备教师绩效和影响相关的证据（项目标准1.1和1.3）。
	与感兴趣的个人或队列相关的汇总评估和结果数据，包括选择队列（项目标准3.3）。
	参与国家和辖区数据收集的数据和证据（项目标准6.1）。
	毕业生或毕业生队列结果的证据（项目标准1.4）。
6.4 培养单位每年向管理局报告的内容包括：	影响计划中确定的数据（程序标准6.2）。
	对程序的更改。
	国家要求的数据，有助于国家或司法管辖区的收集，并用于合规和问责目的。
	监督要求的其他资料/资料。

国家项目标准和认证在预备教师教育方面提供了一定的灵活性。目前，澳大利亚有48个师范培养单位，提供400个经认证的教师职前准备项目。这些项目一般可以分为三个途径：(1) 至少4年学科领域研究和教育研究的综合资格；(2) 学科和专业研究的联合(双)学位；(3) 学习领域的3年本科学位加上2年的教育研究生资格。以小学科学教师教育课程为例，该课程可转化为：(1) 小学科学学士学位；(2) 物理学双学士学位(B. 大学学士学位)和小学科学学士学位方面的教育；(3) 化学理学学士学位(B. 小学教育教学硕士)。

教师职前准备必须包括两个组成部分：学科学习和专业经验。对于学科研究，国家计划标准规定学生应该学习针对特定学科的课程和教学研究的学习领域。以小学科学教师准备项目为例，本科基础教师教育项目课程上要求设置英语和数学各四个单元和两个科学单元，而研究生入学基础教师教育项目需要一半(一个科学单元)。在中学科学教师教育项目中，准教师将从科学学院或教育学校和完成两个单位的学科课程和教学研究为每个教学领域获得良好的知识(主要和次要学习领域)。培养单位需要进行逻辑排序，并需要将理论和实践联系起来。然而，不同的教师教育项目可以自由地构建这些单元，以适应他们自己的环境，无论是分离科学学科单元和科学教学单元，还是对其进行整合。

参加教师职前准备项目的学生还需要完成一些通识教育研究，如"儿童发展""教学论""课程、评估和反思性教学""教育研究"等。国家项目标准在后期进行了补充，要求教师职前教育机构应在其项目中强调国家优先领域，如"识字和计算能力""有特殊教育需要的学生""土著教育""课堂管理""信息和通信技术"。

对于专业经验组成部分，项目标准强调在学校和教师职前教育机构之间建立合作伙伴关系，以提供成功和有效的教师培训经验。每个预备教师教育课程必须包括至少80天的结构良好、有监督和评估的本科课程实践教学和60天的研究生入学课程。在小学和幼儿园的预备教师以任何身份完成其实践经验期间，对具体学科的教授方面并没有具体的要求。

澳大利亚不同州的预备教师培养单位已经能够开发适合他们环境的培养课程体系。对于小学和幼儿园教师教育者来说，一个重要的问题是平衡科学内容和基于研究的学科教学方法，以提高预备教师的教学内容知识。下面提供了一个说明性的例子以解释教师教育项目如何满足这些要求。

澳大利亚圣母大学小学科学教师教育项目案例

澳大利亚圣母大学(University of Notre Dame Australia)是一所天主教高等教育机构,在西澳大利亚州和新南威尔士州都有分校。虽然科学单元以顺序的方式整合了学科特定的课程和教育学研究,但各单元的数量和重点是不同的。在西澳大利亚州的弗里曼特尔,本科学位有教育学士(0~8 年)和教育学士(小学)两种,都在 4 年的学习中提供了两个科学单元。预备教师完成了 32 周结构化的实践经验,并可能有机会教授科学和观察科学课堂。教学硕士(小学)培养提供一个 2 年的科学单元,并要求参与者完成 20 周的实践经验。

在新南威尔士州的悉尼校区,教育学士(0~12 年)、基础教育学士和基础教育学士(宗教教育)的学生被要求完成三个科学单元。不同于弗里曼特尔校园,在悉尼校园的学位需要满足 AITSL 和澳大利亚儿童教育和护理质量机构(Australian Childrens Education and Care Quality Authority, ACECQA)预备教师教育、新南威尔士州教学和教育标准研究委员会以及国家认证机构的要求。新南威尔士州历来专注于科学和技术的学科教学。澳大利亚科学课程的实施需要改变和整合科学课程大纲,随后,需要将国家特定的课程内容纳入教师教育学位的科学单元。悉尼校园的预备教师需要完成 31 周的结构化教学实践。

二、教师资格注册制度

对教师资格的严格要求和审查是确保师资质量的重要举措,是教师专业化发展的前提条件。从 20 世纪 50 年代开始,澳大利亚政府便开始构建教师资格框架,确立了教师资格鉴定和教师资格注册为基本类型的教师认证模式,现已形成了较为完整的体系。

2015 年,澳大利亚联邦出台教师教育课程认证制度对教师教育课程进行严格规范,其以澳大利亚教师专业标准(Australian Professional Standards for Teachers, APST)的师范毕业生标准和国家课程标准为认证依据,在 APST 与大学教师教育课程之间起到了承上启下的作用,APST 成为教师教育课程国家认证的参照依据,而教师教育课程国家认证则通过课程评价对教师教育课程产生影响;在各州层面,APST 通过各州的教师资格注册制度对大学教师教育课程发挥作用,教师资格注册制度以 APST 为注册基准,高校的预备教师教育课程则以教师资格注册制度作为课程设置的依据。

从认可的教师教育项目毕业后，新手教师有资格申请临时教师注册，只要他们已经达到了新手教师阶段教师的专业标准。早期职业教师被要求在其教学生涯的头几年从临时注册到完全注册，证明他们达到了国家熟练职业阶段的专业标准。教育工作者越来越认识到持续的专业发展在提高教师素质过程中的重要性。各种以学校为基础的入职培训课程提供了在预备教师教育计划之外的进一步学习机会，以便新手教师可以扩展他们的专业知识，建立更强大的职业认同和网络。有学者在对小学教师一对一指导的调查后得出结论，指导确实有助于新手教师建立更好的科学内容和教学知识，以及对更加倾向于建构主义的教学方法的态度。

这种入职培训不仅对早期职业教师的专业发展有价值，而且被认为是降低初任教师流失率的支持系统。Burke 等（2013）的研究结果显示，澳大利亚大约 $25\%\sim45\%$ 的新聘教师在其教学的前 3～5 年辞职或"耗尽"。[①] 在乡村和弱势学校的数学和科学学科，新手教师的数量极少，教师流失的问题更为明显和关键，因为高质量教师流失率进一步阻碍了教师招聘的数量以及该领域教学水平的上升。

当新手教师在毕业后开始他们的职业生涯时，他们所面临的不确定性比其他任何职业都要极端，因为新教师一进入学校就承担了"全部的教育责任和法律责任"。没有哪个行业对其新从业者有如此高的期望，这加剧了新教师所感受到的压力。然而，通过发展高质量的结构化归纳和指导项目，可以显著降低年轻教师的人员流失率。有一些具体的实践可以有利于初级教师的职业成长，也得到了早期职业教师本身的高度评价，包括有一个指定的导师、在课堂上观察有经验的教师、参与为新教师设计的培训计划等。澳大利亚"在针对新手职业教师入职培训项目的激增中排名领先"。据报道，"超过 90% 的新教师进行了某种形式的正式入职培训"，这高于 2008 年国际教学调查中报告的 75% 的国际平均水平。

作为在澳大利亚开展的全系统早期职业教师项目的一个例子，西澳大利亚天主教教育办公室（Catholic Education Office of Western Australia,

① BURLE P. Why do early career teachers choose to remain in the profession? The use of best-worst scaling to quantify key factors[J]. International journal of educational research. 2013，V 62：259－268.

CEWA)①与教师工会进行了谈判,并同意了一名新手教师在学习计划的同时,减少了前两年的教学工作量。该项目于 2013 年进行了试点,并在 2014 年和 2015 年在全州范围内实施。该项目的资金由三方分担,分别来自 CEWA、新手教师所在学校和教师自己。此外,目前正在探索减少教师工作量的方法,一些学校确定了通过减少职责或上课来实现这一目标的方法。澳大利亚的其他学校系统也在实施类似的初级教师入职培训计划,通过专门的支持计划和通过减少课堂教学时间和有限的职责来增加额外的教师发展时间。

CEWA 的早期职业教师计划的目标是在天主教学校雇用的新手教师,以支持他们过渡到教学专业。本计划的基础是通过培养早期职业教师的专业能力和适应力来投资于早期职业教师。在这个项目中,学员被指导反思有效性和潜在的发展领域,并熟悉教师专业标准的熟练水平,使教师进入完整的教师标准状态。为了鼓励参与者在他们的学校环境中应用新获得的知识,他们被展示了如何实现基于课堂的学习任务。与同事一起有效合作是成为学校新教师的一个重要方面,该项目旨在培养一种探究性思维模式,让新手教师能够做出反应,并建立在他们成功的基础上。为了解决早期离职的问题,该项目着重培养终身学习的前景,并长期考虑未来的职业发展需求。

三、澳大利亚预备教师教育审查制度

教育审查制度是教师教育质量保障和提高的有效机制。为了进一步提升乡村教师的培养质量,建立乡村教师队伍高标准资格框架,澳大利亚政府定期对教师教育培养项目的开展情况进行审查。

2014 年初,澳大利亚教育部长呼吁全面审查教师教育提高学校教师的质量并任命了一个专家小组教师教育部长级咨询小组"提供建议如何改善教师教育项目,更好地准备新教师课堂所需的实用技能"。然而,正如咨询小组所承认的那样,"教育改革"和"提高教师质量"的修辞并不是什么新鲜事。在澳大利亚,政府大约每三年对全州和全国范围内的教师教育有许多调查和审查。根据 Dyson 的调查,过去 30 年里对教师教育的审查和调查都集中在同样的问题上,包括乡村教师供求关系、吸引高质量的师资以及为师范生提供高质量

---

① Catholic Education Office of Western Australia. The vision for Catholic Education Western Australia（CEWA）is to be a Christ-centred, child-focused community of engaged learning environments, inspiring all to actively live the Gospel. ［EB/OL］.（2021-02-23）［2022-12-18］. https：//www. cewa. edu. au/.

的准备项目。

2021 年 3 月，澳大利亚教育部长图奇（Alan Tudge）指出，在过去的二十年里，澳大利亚学校的教学水平在持续下滑。自 2006 年以来，澳大利亚优秀学生选择教育专业的数量减少了三分之一，而且许多师范生在毕业时还没有做好充分的课堂教学准备。基于此，教育部设定了一项新目标，到 2030 年澳大利亚能够重返全球顶级教育国家行列。2021 年 4 月 15 日，澳大利亚教育部启动了预备教师教育审查，此次审查是澳大利亚政府提高自身学校水准的关键一步。审查将解决两个关键问题：第一，如何吸引和选拔高素质的预备教师进入教学行业？第二，如何使他们成为有影响力的教师？为此，专家小组通过会议、调查、焦点小组、网络研讨会、讲习班和书面提交程序，与教育利益攸关方进行广泛磋商，对上述两个关键问题为基础进行全面审议。

审议的第一部分将回答如下问题：其一，如何进一步鼓励表现出色、积极性高的离校生参与预备教师培训并吸引其以教师为职业；其二，招生和学位要求的何种变化（包括对先前经验的认可）可以更好地吸引和支持来自其他领域的合适的中高级职业人士，并使其转变为高素质的教师；其三，如何提高预备教师培训的完成率，以使高质量的学生毕业并从事该职业；其四，如何解决某些学科领域（尤其是数学）和学校劳动力供应不足的问题；其五，如何吸引更加多样化的教师群体，以更好地满足学生和社会的多样性。教育部希望此次审查有助于吸引高素质人才进入教育行业，将他们丰富的技能和知识带入澳大利亚的学校。

审议的第二部分将回答如下问题：其一，如何确保预备教师培训课程以标准为基础，并且将来所有的教师都有能力进行基于标准的教学实践；其二，教师职前培养单位如何确保学生在开始培训前获得所需的实践经验；其三，如何加强教学绩效评估安排，确保教师为课堂做好充分准备；其四，优秀的教师、校长和学校如何更好地支持培训生的发展；其五，培养单位是否可以在持续的职业发展和教师支持中发挥更重要的作用。

2022 年 9 月 22 日，据澳大利亚教育、技能与培训部官方网站报道，2021 年 4 月澳大利亚启动的预备教师教育审查现已结束，并发布了最终的《下一步：预备教师教育审查报告》（Next Steps：Report of the Quality Initial Teacher Education Review）。该报告提出了针对澳大利亚预备教师教育的 17 项建议和 7 项发现。最终报告对预备教师教育面临的问题进行了广泛的审查，在改进教师职前培养最有效的三个关键领域提出建议：（1）吸引高素质、多样化的预备教师进入预备教师教育;(2)确保其职前教育兼顾理论与实践;(3)支持初任教师,做好初任教师的入门工作。专家组认为,如果建议能够得到实施,使更多高适配人群进入教师行业,教师在职前拥有更充分的准备,入职后能够获得更大支持,澳大利亚教师劳动力短缺问题将得到一定缓解。

此外,澳大利亚政府正在设立教师教育专家小组,以响应报告中提出的第十五条建议,即加强预备教师教育质量与资金之间的联系,为职前教育课程制定质量衡量标准,并就教师劳动力短缺问题和预备教师教育质量审查报告中提出的关键问题提供咨询意见。

澳大利亚的教师教育面临着许多挑战,其中一些挑战是新的,而其他挑战与前几十年遇到的类似。与美国、加拿大和英国的教师教育一样,这些辩论中强烈的政治声音强调国际竞争、考试成绩和教师问责制,有效地将教师教育从学术问题转移到"政策问题"。自从 2000 年初 PISA 结果发布,许多西方国家开始推崇芬兰教育体系。澳大利亚教育政策制定者,如新南威尔士州教育部经常声称他们学习芬兰体系建立一个质量教育体系和提高教师质量,然而,澳大利亚的政策制定者正在引入越来越多的问责制措施,限制了学校教育和教师教育中的自主专业性。在这些探讨中,Sahlberg 指出被遗忘的是芬兰在职教师通过严格的本科和硕士项目训练,且芬兰教师拥有"相当大的权威和自主权,包括课程设计和学生评估"。

第二节　资金保障:美国乡村教师培养资助项目

一、联邦层面:美国教师教育资助计划

2021 年 7 月 1 日,美国教育部宣布改进大学和高等教育教师教育援助(Teacher Education Assistance for College and Higher Education,简称 TEACH)补助计划。TEACH 是唯一一个直接使高需求领域和服务不足学校工作的教师受益的联邦学生援助计划。该计划每年向正在完成或计划完成开始教学生涯所需课程的学生,提供高达 4 000 美元的助学金,要求受资助者同意在高需求领域和服务不足的学校完成四年的教学,作为获得补助金的条件。如果接受者违约,TEACH 助学金将转换为必须全额偿还的直接无补贴

贷款。①

　　教育部宣布实施的一系列规则变化,将使年度拨款金额翻一番,使TEACH资助计划的规则更为灵活,流程设计更为人性化,从而确保更多的教师和学生从计划中受益。规则的变化包括:

　　第一,提供TEACH助学金退出咨询服务。助学金服务机构将为受资助者发送详细的年度通知,其中包括服务义务要求和时间表、文件提醒、应计利息估算以及关于重新转换的解释。

　　第二,如果TEACH助学金接受者在毕业或退学后120天内未证明他们已开始教书或打算开始教书,则他们的助学金将转换为贷款。

　　第三,如果TEACH助学金接受者在完成教学的每一年结束时没有进行认证,他们的助学金不会转换为贷款,直到他们在八年期限内没有完成所需的四年服务。

　　第四,教育部补充了TEACH助学金接受者的服务义务可能会暂停一段时间的原因。即使TEACH助学金接受者的教学时间不足一个完整学年,他们仍能获得整个学年的学分。

　　第五,教育部简化了计划要求,以允许TEACH助学金接受者在可能的情况下将本科生和研究生阶段的服务义务组合在一起。

　　第六,新的规则适用于所有已转换为贷款的TEACH助学金接受者。

　　第七,计划的改进还包括为教学补助金被错误转换为贷款的受助人提供额外补助。

　　拜登政府还将TEACH资助计划的改进,作为美国家庭计划(American Families Plan,简称AFP)的一部分。计划还旨在增加来自低收入背景的学生和有色人种学生获得全面教师培训的机会。除了大一和大二学生将获得的4 000美元之外,AFP还将大三、大四和研究生的TEACH助学金金额从每年4 000美元增加至8 000美元。增加的奖励金额将使补助金与本科教育的平均成本保持一致,并确保教师候选人能够获得支持其开展有效教学的综合课程,他们今后可以进入并留在教师行业,而无须负担沉重的贷款或债务。AFP还将通过改革减轻未完成服务要求的受助人的还款负担,提出支持教师和建

---

　　① Education USA. Teacher Education Assistance for College and Higher Education Grant (TEACH Grant)[EB/OL]. (2021-07-01)[2022-11-08]. https://www. ed. gov/news/ press-releases/ department-education-implements-teach-grant-program-changes-benefit-teacher s-and-students.

立多元化教师渠道的若干建议。美国教育部长 Miguel Cardona 表示："教师是学生潜力的开发者和学生成功的护航者。这些为有最大需求的学生服务的教师值得尊重,我们应确保这些教育工作者们从这项重要的联邦计划中获得支持。美国家庭计划将对 TEACH 计划进行更大的投资,以拓宽教师进入该行业的渠道,支持教师留任,并解决严重的教师短缺问题,使每个孩子都能拥有准备充分而杰出的老师。"①

近期,美国教师现状调查(State of the American Teacher Project)关注如何提高美国有色教师留任率的问题,这是第一个记录有色教师教育经历的全国性调查。研究发现:首先,成为教师并持续留在教师行业,教师花费的成本很高。一部分原因是教师工资低,另一部分原因是成为教师的教育费用以及教师认证费用都比较高,给教师带来压力。美国联邦政府制定的学生贷款减免、成为教师的奖学金计划,以及教学的津贴和补偿都可以帮助教师缓解压力。②

其次,除了加薪,提高教师的留任率还需要提高教师工作的幸福感。教师会面临高强度的工作压力、抑郁,有色人种教师还会面临歧视,这都会影响教师工作的幸福感。为此,需要州、地区和学校领导者采取行动,建立合作的、包容性的环境。州政府管理者可以将发展包容性学校环境的领导力作为校长培训计划的一部分。学校管理者可以采用一些策略,例如"盘点学校的关系状态",专门留出时间,创造教师专业共同体学习和交流的机会,在学校建立信任、包容的环境。

提高教师的留任率,特别是有色人种教师的留任率对提高学生的学习质量至关重要。而这需要政策制定者和教育领导者共同努力,从为教师提供财务支持开始,到在学校和社会建立信任、包容、合作的环境,提高教师工作的幸福感。

二、州级层面:非营利性慈善机构支持计划

2021 年 10 月,全美卓越教学研究所(National Institute for Excellence in Teaching,简称 NIET)称本学年田纳西州的非营利性慈善伙伴关系将继续增加对本州农村地区学生和教师的支持。名为田纳西州农村加速与创新网络

---

① 联合国教科文组织教师教育中心.美国改进 TEACH 教师教育资助计划[EB/OL]. (2021-07-01)[2022-11-22]. http://cice. shnu. edu. cn/64/1f/c18762a746527/page. htm.
② 联合国教科文组织教师教育中心.美国改进 TEACH 教师教育资助计划[EB/OL]. (2021-07-01)[2022-11-22]. http://cice. shnu. edu. cn/64/1f/c18762a746527/ page. htm.

(Tennessee Rural Acceleration and Innovation Network,简称 TRAIN)的伙伴关系将为田纳西州所有的 33 个学区提供支持服务,这些学区均位于该州的农村及偏远地区。TRAIN 由艾尔斯基金会(Ayers Foundation)、NIET、艾尔斯教师学习(Ayers Institute for Teacher Learning and Innovation)和创新研究所及州教育改革合作组织(the State Collaborative on Reforming Education,简称 SCORE)支持建立。[①]

TRAIN 建立于 2020 年,本意是为了应对新冠肺炎大流行期间出现的教学挑战,它强调了深化教育工作者教育能力的重要性,并指出应扩大对田纳西州农村地区教育工作者的支持范围。在此基础上,该伙伴关系在第二年扩大了其覆盖范围,将投资目标放在需求最大的农村学区。在 TRAIN 所支持的学区中,有 5 个被阿巴拉契亚地区委员会认为是经济困难的,19 个被认为是有经济风险的,这 24 个学区占田纳西州 39 个学区的大半。

该基金会主席称:"疫情期间,田纳西州各地的教育工作者们挺身而出,应对教育所面临的诸多挑战。我们的伙伴关系将继续支持农村学区教师的工作。TRAIN 为田纳西州农村地区的教育工作者和领导创造了一个独特的支持系统,提供了大量的学习机会,以共享和创新的方式扩充他们的专业知识,从而确保学生获得成功。我们很荣幸能继续提供支持。"

2020 年,15 个农村学区的学校和学区领导为超过 45 000 名学生提供了全年的支持和专业学习服务,以助力教师培训、支持虚拟教学、有效利用联邦资金、设计暑期和课后计划等。2020 年夏秋两季,他们还获得每周一次的前期支持,以设计和实施持续性学习计划,并根据需求接受虚拟和混合学习的培训。此外,学区领导人每月都会召开小组会议,相互交流想法和学习新策略。

2021 至 2022 年,该伙伴关系将基于 NIET 当前进行的需求评估来确定对每个地区的支持力度,所有专业学习将旨在提高学校领导和教师的能力,以为学校提供定制化支持和指导,满足学生的独特需求。学区领导将继续每月召开一次会议,接收持续性反馈和策略,以推进支持方式的适应和改进。

NIET、SCORE 与艾尔斯基金会根据 TRAIN 第一年的运作情况提出如下建议:第一,为学区领导与学校领导建立合作网络和机会;第二,培训教师和

---

① Tennessee Rural Acceleration and Innovation Network. Nonprofit, philanthropic partnership expands support for Tennessee rural school districts and teachers[EB/OL]. (2021-10-19)[2022-12-22]. https://www. niet. org/newsroom/show/pressrelease/nonprofit-philanthropic-partner-ship-expands-support-Tennessee-rural-districts.

学校领导,增加对教师的支持,分享实践成果;第三,支持虚拟教学和技术融入课堂实践;第四,将虚拟教学应用于课堂实践,并全年提供支持。①

第三节　教育资源保障：建构高效能的资源供给模式

一、美国卓越教学研究所:构建有效的教师专业学习体系

在过去的十年里,美国围绕有关教师专业学习的研究已经有了显著的进步。但许多有关教师专业学习的设计都不能作为整个领域的标准。因此,NIET 通过回顾之前的研究,总结出以下三种有效的专业学习方式：

第一,教师协作改进。在关注教师专业学习如何有效地改善教师实践和学生成果时,"协作改进"是一种有效的方式,证据表明,在合作性更强的工作场所,教师更能改善他们的实践。"协作改进"即以改善教学为中心的对等努力,包括直接讨论、磨课、通过观摩其他教师的课堂进行反思或通过分享经验使学生和家庭参与到他们的学习中。

第二,带教辅导。带教是美国教师专业学习中最强大、最持久的方式之一。带教教师在学校发挥着多种作用,最常见的就是与教师进行一对一的合作,观察并为其提供教学反馈。这种活动可以有多种形式,包括从简略咨询到观课前的共同计划、备课、观课到观课后反馈的详细流程。

第三,经验分享会。许多成功的教师学习项目在最初的项目启动后都会有由教师主导的后续会议,在这些会议中,教师们会分享他们将项目付诸实践的经验,并从同行和项目工作人员那里获得建议。这种形式的有效性在之前的实践中得到证明,研究人员通过对 STEM 教学改进计划的研究发现,后续会议的存在提高了整体计划的有效性。

此外,对于哪些专业学习内容可以增强教师专业学习的成功,报告也进行说明:首先,要针对特定学科进行教学实践,而不是聚焦于学科内容知识。例如让教师在课堂上使用新的教学方法,通过提供详细的备课计划、分析,甚至使用这些方法让教师进行磨课。其次,以课程或形成性评估项目等具体教学材料支持教师的教学,而不是只关注一般化的准则。支持性实践材料的优势

① 联合国教科文组织教师教育中心.美国田纳西州加强对农村学区与教师支持.[EB/OL].(2021-10-19)[2022-12-23]. http://cice.shnu.edu.cn/76/bc/ c26051a7 51292/page.htm.

在于为教师提供实现专业学习目标的具体方法,但这也可能会使教师无法理解新教学方法背后的原理。最后,提供更多专注于处理与学生关系的专业学习项目。学者一致认为教师需要专业学习来满足基于标准的改革和提高学生成绩,而与学生的关系程度对教师专业学习的效果至关重要。且新的证据表明,改善师生关系可能与改善学科教学一样重要,且前者可能更容易解决。

二、英国高等院校:提供预备教师教育中的有效支持

就英国在预备教师教育(Initial Teacher Education,简称 ITE)这方面的政策而言,大学和中小学校一直保持着密切的利益合作关系,这种合作模式也给英国预备教师培养带来明显优势。2021 年 6 月 17 日,英国师资培育大学委员会(Universities' Council for the Education of Teachers,简称 UCET)发布简要报告,报告中着重讨论了高等教育机构对英国预备教师教育的特殊贡献。①

英国每年有 240 家经过认证的预备教师教育(英国教育部称之为 Initial Teacher Training,ITT)机构和大学合作,为公立学校提供教师培训,每年大约有 25 000 名新教师接受培训,占公立学校教师总数的 5.7% 左右,占新教师就职总数的 59%。任何完成预备教师培训课程都能获得合格教师资格(QTS),由英国教育部正式授予,也是教师就业的条件之一。高质量的 ITT 贯穿于这一过程的各个环节,英国高等教育机构在培养新教师方面作出了特别的贡献:

(一) 有能力和自信的专业人士

新教师认识并理解教育是一个需要专业、需要思想、需要智慧的职业,并且教师能够从研究、直接经验以及其他知识来源中学习。

(二) 知行合一

新教师作为独立的思考者,让他们认识到知识是有争议的、临时的、偶然的,因此需要寻找可以支持、阐明、挑战他们实践的理论和研究,使他们能够分析、询证论点,批判性地寻找证据,从而在实践中作出明智的决定。

(三) 能够从事探究性实践

新教师对自己的工作有持续的求知欲,具有创新性、创造性,从个人探究

---

① 联合国教科文组织教师教育中心. 英国大学在职前教师教育中的角色与贡献[EB/OL].
(2021-06-17)[2022-12-23]. http://cice. shnu. edu. cn/66/ca/ c18762a747210/ page. htm.

或同伴合作探究中产生新想法。

（四）负责任的专业人士

新教师认识到教育的社会责任,比如努力建设一个社会公正、可持续发展的世界,理解教育工作者的整体责任,具有自我意识,意识到别人的需要,始终诚信行事。[①]

大学能够很好地支持上述这些特征的实现,因为他们提供了能让教师们聚在一起的空间,以便他们思考、反思、批判、分析和实践。大学能够提供一个安全的环境让老师探索新的想法,提出开放性的问题,以及基于可靠证据的合理解决方案。正是这些责任赋予了大学在教师教育中不可或缺的角色,超越了教师的"培训",而把教师教育视为一个多学科协作的探究领域,是知识生成的源泉,能够满足社会基本需求:即这些优秀的教师能够带给社会最优质的教育。

除上述外,大学还可以:第一,按比例招聘师范生,高等教育机构每年约有70%的师范生直接或间接地参与到教师教育项目中;第二,授予教师资格证书(Postgraduate Certificate in Education, PGCE),其中大部分是硕士学位,这让教师对理论和实践有了更多了解,并且是许多学校和国家公认的资格证书;第三,通过提供专业持续发展课程,在ITE和教师早期专业发展之间建立联系;第四,让受训的教师获得全方位的资源支持,包括精神健康方面的关怀和支持;第五,为师范生的招聘、发展和评估提供一个严格而稳健的架构。

第四节　社会支持保障：提升对教师职业的认知水平

一、芬兰:社交媒体提升大众对教师职业的认识

除了以上的保障手段以外,各国政府还通过提升教师职业的吸引力,来改变年轻人对教师职业及教师教育的看法,增加从业者对行业的信心,并吸引更多的人才加入教师队伍。2020年,芬兰教育与文化部发布《教师教育吸引力》总结报告,提供了年轻人关于教师教育和教师职业的看法,考察了影响教师教

---

① Universities' Council for the Education of Teachers. Promoting quality in teacher education [EB/OL]. (2020-01-01)[2022-12-23]. https://www. ucet. ac. uk/13143/initial-teacher-education-in-england-a-briefing-note-for-mats-teaching-school-hubs-and-individual-schools.

育吸引力的因素。①

芬兰能力和教育的基石是公平教育。芬兰需要足够数量的专业和称职的教师，以确保全国的高水平教育。能否保证充足的教师供应部分取决于教师的工作看起来有多吸引人。长期以来，教师教育一直是申请人的热门学习领域。从 2015 年到 2019 年，教师教育的申请人数一直在下降，这引起了人们的担忧和公开辩论。因此，教育文化部决定委托调查。

高中阶段的年轻人以积极的态度看待教师教育和教师的工作。年轻人对教师工作的性质及其在社会中作用的看法是他们特别感兴趣的方面。根据调查数据，年轻人最大的疑虑是认为学校教师的工作条件恶化了。在他们看来，资源的削减使教师的工作更加困难。学校日益恶化的工作条件降低了当教师的吸引力。积极的消息是，2020 年申请人数再次上升。关于教师教育吸引力的研究考察了哪些因素会增加教师教育的吸引力，哪些因素会降低它。6 300 多名普通高中学生参与了这项研究。②

结果表明，媒体对学校和教师的描述是负面的，另一方面，年轻人觉得他们通过社交媒体对教师的工作有了积极的认识。在芬兰，教师教育和教师职业受到普遍的赞赏与肯定。年轻人认为，教师教育提供良好的知识与技能，是高质量的教育；教师的工作与儿童和年轻人一起，为社会和世界创造更好的未来。他们同样认为，机器无法替代教师，在线学习环境或人工智能不会降低教师的工作意义。提高教师教育吸引力的最主要因素是教师职业的性质及其对社会的意义，削弱教师教育吸引力的最主要因素是教师工作条件恶化的观念。改善这种状况最有效的方法之一就是提高对教师工作条件的认识。重要的是确保教育工作者的工作条件，加强他们的专业自主性，并确保高水平的教师教育。报告同样提到为新教师提供支持、在普通高中一级发展指导和咨询、加强大学和普通高中之间的合作等措施。

此项研究结果突出了教师教育和教师职业的优势和挑战。芬兰教育与文化部部长安妮卡·萨里科（Annika Saarikko）说道："在芬兰，教师一直是对高

---

① Ministry of Education and Culture. Young people consider teacher education to be of high quality and the job of a teacher to be meaningful[EB/OL]. (2020-09-09)[2022-12-28]. https://okm. fi/ en/-/young-people-consider-teacher-education-to-be-of-high-quality-and-the-job-of-a-teacher-to-be-meaningful.

② 联合国教科文组织教师教育中心. 芬兰：确保教师教育高吸引力[EB/OL]. (2020-09-09) [2022-12-26]. http://untec. shnu. edu. cn/16/f4/c26039a726772/page. htm.

中毕业生有着高吸引力的职业,我们必须共同努力,以确保教师教育对那些计划进入高等教育的人来说仍然是有吸引力、有意义的选择。"①确保教师教育在未来保持吸引力的最好方法是保障教师的工作条件。该研究还证实,教师在职业生涯的早期阶段需要支持。研究人员指出,高等教育机构和普通高中之间的密切合作比以前更加重要,有必要继续监测教师教育的吸引力如何演变。②

二、澳大利亚:公开征求解决教师短缺问题意见

2022 年 11 月 9 日澳大利亚发布《国家教师队伍行动计划草案》(The Draft National Teacher Workforce Action Plan)并公开征集意见,旨在吸引和留住更多教师来解决教师短缺问题。该计划草案概述了六个领域的 28 项行动,强调政府、非政府部门和教育机构要为实现共同目标而加强合作。

一是提升专业地位,认可教师价值。其一,开展旨在提高教师地位和重视教师作用的有针对性的全国性运动;其二,创建新的澳大利亚年度教师奖;其三,鼓励公众提名教师获得澳大利亚勋章;其四,增加高成就课堂教师的数量。

二是改善教师供给。其一,在大学增加合适学科和专业的教学名额;其二,提供 5 000 个奖学金名额以吸引优秀人才进入教学职业;其三,增加"高成就教师计划"(High Achieving Teachers program)名额,鼓励更多专业人士转行从事教学工作。其四,在急需师资的学校尝试新方法以吸引和留住教师。其五,优先处理合格教师的签证,并优先考虑各州/地区提名签证分配的教师。

三是加强预备教师教育。其一,审查预备教师教育质量,提高毕业率,确保毕业教师为课堂做好充足准备。其二,承认先前的学习、工作经验与技能。其三,采取行动以吸引和留住原住民教师。其四,学生将在第一年接受读写和计算能力的初步评估,以确保能够获得有针对性的支持。

四是使教学时间最大化。其一,设立"减少工作量基金",试行新方法减轻教师工作量,使教师的时间价值发挥到最大。其二,最大限度地利用时间专注于教师教学、规划和合作,并评估已有措施对教师时间的有效性。其三,研究

①　Young people consider teacher education to be of high quality and the job of a teacher to be meaningful [EB/OL].（2020-09-09）[2022-12-28]. https://okm. fi/en/-/young-people-consider-teacher-education-to-be-of-high-quality-and-the-job-of-a-teacher-to-be-meaningful.

②　联合国教科文组织教师教育中心. 芬兰:确保教师教育高吸引力 [EB/OL].（2020-09-09）[2022-12-26]. http://untec. shnu. edu. cn/16/f4/c26039a726772/page. htm.

如何支持国家课程的实施以及提高读写和计算能力。其四,《全国学校改革协定》中的每项倡议都将接受教师工作量影响评估。其五,有效调配和发挥预备教师教育学生、助教和其他非教学人员的作用。

五是更好地了解未来教师队伍的需求。具体包括:第一,建立和发布全国统一的教师队伍供需预测及毕业生供应数据,以便在全国范围内了解教师的供求情况;第二,建立国家质量框架,指导教师认证工作,优先考虑有条件或临时注册,以增加教师的供应;第三,发布全面数据,说明教师的离职原因、从事教学的原因,如何提高留任率,以及行业转行者选择教学的原因。

六是提供更好的职业发展途径。包括:第一,简化"高成就和领导教师"(Highly Accomplished and Lead Teacher, HALT)的认证程序,为教师提供更好的专业支持;第二,制定国家指导方针,加强初任教师和学校领导的指导和入职培训;第三,改善获取高质量原住民文化能力资源的途径;第四,简化教师资格认证程序;第五,利用微证书和短期课程,支持教师持续专业发展。①

关于该计划的咨询反馈将为教育部门后续的讨论和行动计划的进一步完善提供信息。

---

① Australian Government Department of Education. National teacher workforce action plan [EB/OL]. (2022-12-15) [2022-12-20]. https:// www. education. gov. au/resources/ teaching-and-school-leadership.

第六章 他国乡村卓越教师职前培养的启示

高等师范院校开展的预备教师教育对于卓越教师的养成起着决定性的作用。现阶段的高等师范院校乡村定向师范生培养模式有一定的特色,但仍存在一些问题。比较教育学的先驱 Sadler 曾说:"当我们以学术的严谨态度来做研究时,我们会发现,研究外国教育将帮助我们更好地思考并了解自己。"①基于我国教育改革与发展的现状,我们还必须向有经验、有成效的国家学习培养乡村卓越教师的经验,再结合我国乡村教育与乡村教师教育的发展现状及其中存在的问题,调整我们的教育改革路线和策略。

第一节 构建乡村卓越教师职前培养体系

从美国、澳大利亚等国家乡村教师培养的做法给予的启示,我们可以从政策制定、培养标准、课程设置、培养方式、外部保障几个方面入手,即可以通过形成影响乡村教师教育的多重话语体系,制定更为细化的乡村教师专业标准框架,持续强调以实践为基础的职前培养取向,促进信息技术与乡村教师职前教育融合,建立多方问责的教师培养质量保障机制来优化乡村卓越教师职前培养的成效。

一、政策制定:形成影响乡村教师教育的多重话语体系

教师教育者受到多重高质量话语的影响。教师教育者在思考自己作为教育主体的同时,以及教育结构和未来教师之间的关系,面临着影响他们和未来教师的教育结构和政策的挑战。教师焦虑和教学困境的证据可以作为教师教育者、系统领导者和政策领导者的警告。质量标准可以是一种保证、标准和法规的制度,其中遵守标准化行动的清单表明准备就绪和有效性是由价值附加

---

① 贝磊,梅森,鲍勃. 比较教育研究[M]. 李梅,译. 北京:北京大学出版社,2010:32.

性决定的。

对于教师教育者来说,在议程相互竞争的政策气候下,教学和教师教育的复杂性造成了不平衡。为了解决持续的紧张关系,教师教育者了解这些政治话语是至关重要的。首先,认识到高质量的课程如何与问责制政策相关联,可以为教师教育者在设计和教学预备教师方面的持续工作提供信息。通过这种方式,教师教育工作者可以回到危机的叙述,并有效地让政策制定者和教育当局就政策影响他们的工作。其次,这些话语告知了教师教育者的乡村教师培养的方向,它们塑造和影响了职前培养课堂实践的框架。教师教育者参与高质量的教师话语,可能更好地帮助新手教师同事超越合规级联,专注于平衡理论和实践,准备好面对入职后的挑战。关于质量的论述在不同程度的教师质量政策议程中都很突出。而许多政府工作报告的建议明确指出了提高教师质量的必要性,质量的话语和定义从未明确定义。最主要的质量话语可以通过可见的实践来识别,这些实践引入了确保该质量的方法,最显著的是澳大利亚教师专业标准(APST)和教师准备课程认证(AITSL)作为设置方法,并根据标准进行评估。

新西兰自20世纪80年代起开始了教师教育的一系列改革,如绩效责任制、质量控制等被提上日程。重视问责制和教师标准已成为新时期教师专业化的典范。从近年来标准文件的制定目的来看,标准的功能定位是在问责功能的基础上逐步发展其功能的,现在依然如此。2018年9月,新西兰颁布了教育修正法案(Education Amendment Act),该法案中除了更改委员会名称外,还将委员会成员从9人增加到13人。2018年,新版教师专业标准开始应用于教师发展。新西兰教学委员会负责制定标准、教师注册、提供专业领导、支持教师理解教师专业标准和对教学专业的承诺、促进核心政策制定、解决教师能力和纪律问题、制定和批准预备教师教育计划的要求、委托或开展研究以支持高质量的教学和学习。以现行标准为例,其研制经过草案颁布和意见征询;与专家组的磋商和试点反馈;发布正式标准的几项工作来完成。向委员会提供标准草案反馈意见的大多数参与者是直接与学生"打交道"的一线教师,其余则是担任领导职务和专业学科的教师。那些被认定为"其他"的人主要是学校的一些支持性的角色(包括学习与行为资源教师、救济人员、资源教师、职业顾问等)。其中教师占了64%,领导角色占比15%,其他人员占比9%,中心管理者或者班主任占比 7%,校长占 5%。①

二、培养标准:制定更为细化的乡村教师专业标准框架

乡村教师的专业发展标准是乡村教师培养实施的指南针与方向标,对于乡村教师队伍建设乃至整个乡村教育的发展都起着至关重要的影响。从我国过去的教师专业标准体系中可以发现,就算是最高层级的专业标准也存在着表述不够清晰、培养目标不明确的问题,对教师优质教育教学能力的要求表述得过于笼统、专业标准的制定缺乏理论依据等问题。制定更细化的乡村教师专业标准框架对实现乡村教师培养质量的标准化、程序化、可控化和规范化都有着不可估量的价值。乡村教师职前培养工作应予以统筹规划和整体设计,构建科学有效的规范制度覆盖乡村教师职前培养的全过程。此外,还要完善准入和退出机制,提高乡村教师准备项目的准入门槛,选拔品学兼优的学生加以培养。

新自由主义的视域下,政府将"市场经济"理论引入职前教育领域,使得教师教育商品化。市场驱动的教育方法优化了商业概念,如绩效衡量、质量保证和标准化,以激发预备教师专业发展的进取心。通过使用绩效指标作为达到一套专业标准的指标来确保质量,使用审计来量化有效性和透明度。关键绩效指标(KPI)的使用是管理政策寻求质量和效率证据的常态化。标准提供了可见的属性,赋予市场(和管理)责任特权,这意味着教师行为现在是为了满足基于市场的需求,需要设置和实现标准作为质量保证。然而,当教师遵守标准而不是接受标准时,所期望的质量并不总是能达到。

如澳大利亚教师专业标准(APST)是目前用于判断教师质量的框架。APST 是一种指导教师教育工作者和教师实践的技术。该标准被分为三个领域:专业知识、专业实践和专业参与,以及四个职业阶段(毕业、精通、高度成就和领导),反映了教师发展专业知识的连续过程。APST 被期望为专业发展提供信息,并成为一个自我评估框架。使用标准的方法有两种。第一,发展性,使用自我评估和专业发展来提高教学质量;第二,监管性,这是关于通过强对外部市场驱动的问责要求来控制质量。使用标准来提高教师质量取决于指导

---

① Education in New Zealand. The teaching council of Aotearoa New Zealand[EB/OL]. (2021-01-01)〔2022-10-23〕. https://www. govt. nz/organisations/teaching-council-of-aote/aroa-new-zealand.

实践的系统价值和信念。有学者将职业化与认证和标准联系起来,认为标准的使用为教学提供了明确的框架。使用 APST 为教师教育者提供一种媒介,以反驳对课堂准备教师不足的指控,认为 APST 的共享语言满足了 PST 的需求,促进了有助于教师可信度、自我评估和质量概念化的专业对话。Allard 等人(2014)认为 APST 是决定毕业教师准备程度的一个因素①,而 Adoniou 和 Gallagher(2017)则认为早期职业教师、导师和校长都支持该标准,特别是在指导专业学习和职业发展方面。② 新南威尔士州在此基础上制定了预备教师毕业标准,以保障所培养的教师能够最大限度地适应乡村教学。

鉴于培养标准在乡村教师职前培养过程中的重要地位,我国需逐步完善乡村教师专业标准的研制过程,不断修订各项专业标准,确保乡村教师专业标准的专门性、先进性、方向性、可行性和激励性。应立足我国乡村教育现实和基础教育培养目标,强化当前教师教育所提倡的核心素养的同时,体现乡村教师与其他教师相比的特殊性与差异性,放眼于培养适应乡村教育发展的卓越教师。

三、课程设置:持续强调以实践为基础的职前培养取向

在世界各地,政策制定者和教师教育者越来越关注预备教师如何在实践中教学,以及如何将教师教育更深入地融入课堂教学。纵观澳大利亚、智利、中国、印度、南非和乌干达等国的教师教育案例,基于大学内的教师教育增加了教师教育的地位和范围,但同时也造成了理论和实践之间的鸿沟。乡村教师职前培养的重点是在课堂内外了解乡村。乡村实习将提供在特定乡村环境中工作的真正机会,它将涉及与同行的互动和讨论,以分享教学策略,以加强乡村环境中的教学文化。预备教师通过沉浸和嵌入到上下文本身中来最好地了解上下文并获得在乡村教育环境中有效教学的技能。因此,预备教师将体验和探索乡村社区的多样性生活。培养院校应让乡村定向师范生在实习期间亲身感受乡村的教育环境和乡村教师的生活,这样他们未来在乡村小学任教时能熟悉乡村的教育环境,熟悉乡村小学生的学习和心理特征,对于他们涵养

---

① ALLARD A. Professional knowledge and standards-Based reforms: Learning from the experiences of early career teachers[J]. English teaching: practice and critique, 2014, V13(1): 39 - 54.

② ADONIOU M, GALLAGHER M. Professional standards for teachers-what are they good for? [J]. Oxford review of education, 2017, V43(1): 109 - 126.

乡村情怀、提高教学实践能力大有裨益。

（一）强调职前乡村教师乡村生活体验与经历

一般来说,大学课程基本上没有乡村生活,这限制了乡村教师准备成功的可能性。乡村教师面临的最特殊挑战就是这种情况,包括在多年级和混龄教室中教授多学科和年级水平,因为教师准备计划倾向于满足对这些问题可能缺乏适用性的城市或郊区学校的需求。要设计以培养卓越乡村教师为目标的乡村教师准备项目,了解和审问乡村教学的普遍叙述很重要。在已有的相关研究中,乡村教师常常被描述为:（1）职业孤立;（2）不同于城市或郊区的教师;（3）缺乏专业知识/教学资格;（4）特别抗拒改变。然而,这些文献中对乡村教师的描述可能说明了研究人员迫切需要反思和批判乡村教师这一职业隐含。

乡村定向师范生课程方面没有或者缺少与乡村有关的知识,会使得乡村定向师范生缺少对乡村文化、乡村教育的了解。教师准备中位置的细微定义有助于消除对乡村人的偏见和陈旧的刻板印象,并有助于乡村教师的实践进行反思和批判性研究,进而促进知识的进步成功的乡村教师培训实践。鉴于乡村空间的相互关联和复杂的观点,教师准备计划可以专注于相互关联的世界中乡村社区的可持续性。此类计划可能会在乡村地区解决特定地点的问题和不公平的权力结构,同时认识到多个地点之间的相互联系以及更广泛的影响范围。乡村实习是向预备教师灌输乡村社会空间知识的最广泛支持的方法之一。乡村实习为预备教师提供在乡村学校的真实体验,目的是通过提供乡村学校和社区问题的第一手资料来克服对乡村工作和生活的先入之见。

乡村师范生定向单位应做好定向师范生的培养方案计划,与高校联合优化课程设置。第一,协助高校积极掌握地方乡村学校的现状及其现实需求,联合高校进行针对性优化课程设置,设置适合乡村教育的特色课程。第二,定向单位不仅在实习方面对定向师范生进行本地培养,在课程设置实施过程中定向单位可派遣优秀教师走进高校进行本土文化本土特色教育。第三,定向单位给的考核标准在学校成绩的比例可以适当提高,改良定向师范生松散的现状,给予学生紧迫感,使定向师范生在学校学习中更加关注自我能力提高,拥有一个积极的职业生涯规划。

（二）加强教育实践与学生学习表现间的联系

Moon（2016）的研究得出结论,认为教师教育需深化实践环节,以提高实践在教师培养中的地位。① Darrin-Hammond 等在国际学生评估项目（PISA）的学生表现方面，关注三大洲和五个被确定为"高绩效"司法管辖区的国家，同样发现，增加与教师教育实践的联系是一个关键问题。② 作为回应，这些司法管辖区的项目正在努力将实习经验与课程作业更紧密地联系起来。这些同样的担忧在美国也很明显，为 21 世纪的课堂培养教师的挑战需要将教师教育"颠倒"，从而使实践成为学习教学的基础。来自美国和荷兰越来越多的证据表明，将准备工作与实践更紧密地联系起来会对学生的学习产生重大影响。此外，研究表明，以实践为基础的教师准备可以提高教师保留率，并提高预备教师未来在课堂上的实践能力。世界各地的教师教育工作者已经采取了各种努力，使教师教育更加以实践为基础。在国际上，这些战略包括扩大对学生教师的实习或现场安置，将教师安置在学校实习，以确保他们的大部分学习经历发生在学校。其他努力包括与专门关注新教师学习的学校建立明确的伙伴关系，如芬兰的教师培训学校、挪威的大学学校和美国的专业发展学校，或将实地安置扩大到社区组织。然而，正如许多教师教育工作者所主张的那样，与实践有更紧密的联系不应该局限于学校场所或实践，应将专业学习集中在实践中，以其为中心的概念扩展到学校实习的现场学习。课程作业和基于大学的经验也是这种联系的关键领域。

（三）强化教师准备以探究为基础的培养方式

北欧国家在教师教育方面取得了卓越成就，主要是因为他们研究型的教师教育导向。挪威在 2010 年引入了强调研究的全国教师教育改革。教师教育方案要求应使学生准备以研究为基础的方式工作，并为他们提供对科学方法和科学哲学的见解，以及对小规模研究项目的经验。该改革将于 2017 年全面实施，届时所有的教师教育项目都将以硕士学位为基础。挪威以研究为基础的方法类似于芬兰以研究为基础的教师教育，但主要区别在于芬兰的教师教育自 1971 年以来一直以大学为基础。芬兰的教师教育采用以研究为基础的方法，鉴于其在国际评估中的高分数，因此得到了广泛的宣传。该方案的结构是基于对教育的系统分析，所有的教学都是以研究为基础的。学生可以在

---

① MOON BVILLET C. Digital learning: Reforming teacher education to promote access, equity and quality in sub-Saharan Africa[M]. Burnaby: Commonwealth of Learning, 2016.

② DARLING-HAMMOND L. What can PISA tell us about U. S. education policy? [J]. New England journal of public policy, 2014, V26(1): 1-14.

学习过程中练习论证、决策和论证,他们也可以学习研究技能。因此,这种方法说明了 Menter(2017)所定义的扩展的专业性,与美国和英国教师教育的发展形成了鲜明对比。[①]

芬兰以研究为基础的教师教育的目的是培养自主、负责任和反思的专业教师,他们能够基于研究原则和成功地使用这些原则来解决该专业的实际挑战。研究方法促进了个人和集体的发展。在个人层面上,它意味着发展分析的能力,即解构问题和重建解决方案,发展批判性意识,促进智力和个人的发展,其目标是提高教师的教学决策能力,并激励他们在日常工作中采用研究方法;在集体层面上,目标是将认知暴露在集体考试中,发展系统思考的能力,发展专业语言,并打开集体反思的变革潜力。教师教育的另一个目标是支持教师在其整个职业生涯中的职业发展。基于自己的研究项目,如硕士论文,学生也获得了有关教学过程的知识和能力。他们学会了如何提问,以及如何与父母和孩子交流。他们开始理解老师作为学生榜样的角色,以及家长与老师一起工作的重要性。以研究为基础的方法支持学生发展为专业教师。然而,挑战在于以一种促进预备教师专业发展的方式来平衡以研究为导向的活动。

四、培养方式:促进信息技术与乡村教师职前教育融合

当今社会发展日新月异,尤其是互联网技术发展迅速,作为与时俱进的未来教师,必须对网络技术有深入的了解,学校可以在培养计划中加强网络建设课程,优化课程内容。让师范生熟练掌握网络技术,进行课件制作,熟练地运用多媒体进行辅助教学。城镇几乎每一个教室里都安装着电脑、投影仪等设备,因此,信息技术辅助教学已经成为当下教学活动的主流现象。

乡村和偏远地区需要合格和称职的教师。然而,除非他们搬到城市中心或中心校,否则潜在的学生几乎无法获得教师教育课程。虽然在美国和澳大利亚等国家部分地区存在一些混合和在线预备教师教育计划,但初步的网络搜索显示大多数仅限于小学和幼儿教育。在加拿大,获得教学认证的在线或混合教育学士课程数量有限。加拿大目前针对乡村和偏远学生的计划要求他们搬到更大的中心或中心校,通过面对面的指导接受预备教师教育。如果他

---

① MENTER I, VALEEVA R, KALIMULLIN A. A tale of two countries-forty years[J]// Politics and teacher education in Russia and England. European journal of teacher education, 2017, V40(5):616-629.

们离开乡村和偏远地区去上大专,大多数毕业后将不会返回他们的社区。住在远离城市大学的学生处于不利地位。乡村和偏远地区的教师将通过技术教学生,其中一些教师将在线授课以及面对面授课,但是,他们会在没有获得在线学习经验或没有明确在线教学的情况下这样做。Grant 等(2010)坚持认为,通过在线教学培训的预备教师能够更好地为当今的年轻人为数字全球经济做好准备。在线培训的预备教师可以提高在课堂上整合技术的能力,而线上学习可以通过全天候的学习来提高学生在课程中的参与度。①

批评者怀疑教师教育能否以除面对面教学以外的任何形式有效地进行。管理者对在线预备教师教育的看法是消极多于积极。特别是,当以在线或混合形式进行教学时,人们担心教学的社会方面可能会受到影响。因此,负责招聘的管理人员可能不愿意聘用从在线或混合项目毕业的学生。缺乏机构管理部门的支持可能是开发或投资需要技术的资源或项目的重大障碍。这可能是因为这些决定被认为是根据支持技术的人的信念做出的,而不是技术对学习的有效性的实质性证据。在线和混合式预备教师教育的缺点包括对注册人员和课程教学人员的时间要求过高。对使用技术可能存在困难的信念也是将技术融入学习的关键障碍。技术的数量或可用性似乎并不像其可靠性那么重要。当资源不起作用或需要故障排除时,或者设置技术的步骤很烦琐时,技术就会成为负担而不是资产。当这种情况发生时,教师可能会放弃技术,转而使用经过验证的真正传统资源,它们可以立即使用。

(一) 将信息技术融入预备教师专业实践环节

旨在提升信息技术水平的教师培训经验可以更好地帮助教师将信息技术融入他们的专业实践。对于预备教师来说,在培训期间拥有信息技术实践经验非常重要。教师对学生最终如何在课堂上使用信息技术具有相当大的影响力。教师被视为学习者和学习技术之间的"连接器"。教师与学习者交流技术的方式有助于促进和改进以学生为中心的方法,将信息技术融入学习。对于教师来说,信息技术可以为学习带来的可能性发出积极的信息是很重要的。即使在今天,一些预备教师对使用信息技术的有效性和价值仍有误解。当教师对学习技术持怀疑态度或不屑一顾时,他们会发出一个信息,即他们不支持

---

① GRANT L, HINDMAN J, STRONGE J. Planning, Instruction, and Assessment: effective teaching practices. James H. stronge research-to-practice series[M]. Larchmont: Eye on Education, 2010.

学生提高数字素养技能的想法。随着教师技术能力的提高,他们对技术的舒适程度也会提高。当这种情况发生时,信心会增强,教师会感到更有准备将技术融入他们的专业实践。培养能力、舒适度和信心是教师是否可能将技术融入实践的关键因素。学习信息技术并将其融入学习需要时间和耐心。准备和提供整合技术的课程可能需要更长的时间,仅提供工具安装技术是不够的。技术本身必须对学习者和教师都具有互动性和吸引力,这样才能被认为对学习体验有价值。当教育技术与明确定义的学习任务和目标相关联并得到教师的支持时,它是最有效的。

（二）提供在线的预备教师培养计划

接受在线培训的预备教师必须具备足够的技术才能成功完成课程。这包括但不限于拥有可以随时访问的硬件(如他们自己的计算机),以及具有出色的网络连接。教育者有时很难接受这样一个事实,即他们所设想的在线学习可能与现实之间可能存在巨大差距。对于项目管理员、教师和学习者来说,保持对在线学习体验中可实现的目标的现实看法非常重要。如果给予足够的支持,对技术缺乏信心的预备教师可以克服焦虑和恐惧。一对一的指导、与教师的高水平互动、对作业的个性化反馈以及开发支持性的在线环境是帮助在线教育学生在整个课程中建立信心的关键要素。小组研讨会可能被视为提供技术培训的一种具有成本效益的模式,但这并不意味着它们一定是最有效的。对于一些预备教师来说,在线课程是唯一可行的选择。他们必须得到全力支持才能帮助他们取得成功。与接受传统面对面教师教育计划培训的专业同行相比,接受过在线培训的预备教师可能更容易成为虚拟学校的教师。即使在在线教师培训计划中,面对面的现场体验也很重要,因此预备教师可以体验课堂环境作为他们培训的一部分。将技术有效整合到乡村和偏远学校的障碍包括拥有足够的连接性(带宽)、学校缺乏技术支持、教师缺乏培训和专业发展等。提高乡村和偏远地区教师的技术素养对他们来说至关重要,进而培养将技术成功融入教学实践的能力和信心。

（三）提供混合形式的预备教师培养课程

混合型教师教育计划不仅是完全在线计划的助力器,而且是预备教师培养项目的有效替代方法。值得注意的是,教师教育计划与其他类型的专业教育计划不同,因为它们具有实地经验和学生教学等必要元素。在制定混合型教师教育计划时,必须仔细考虑这些要素。现场体验的混合方法可能包括面对面的课堂体验,以及与同行和教师的在线反思和讨论。与那些在完全在线环境中接受教师教育的人相比,接受混合计划培训的预备教师可能会被培养出更强的社区意识,并减少孤立感。课程结束后,讨论板对学生开放是新校友与同龄人继续培养专业社区意识的一种方式。在混合的预备教师教育计划中,必须将技术与意图和目的感结合起来。对于预备教师来说,重要的是要明确了解技术是如何以及为什么被整合到他们的培训中的,并且为了自身的利益而使用技术既无用也无帮助。技术必须与教师的专业背景相关。教师必须让预备教师意识到他们课程的在线部分可能需要大量时间投入。仅仅因为一个程序部分在线并不意味着它需要更少的时间或精力。相反,时间管理是在线和混合学习成功的关键因素。

传统的线上培养项目评估侧重于流程和系统如何导致预期结果。在教育中,这样的结果通常不是成功的有效指标。在线和混合教育计划的评估通常侧重于技术的有效性,而不是学习。对职前混合和在线教师教育的评估似乎还处于起步阶段,尚未开发出有效的方法来充分评估此类计划在教师为未来的专业实践做好准备方面的有效性。

五、外部保障:建立多方问责的教师培养质量保障机制

当前,我国的乡村教师职前教育通过正常的职业认证制度,对预备教师教育的培训过程和结果实施了质量问责制度,但尚未建立长期的乡村教师职前教育质量问责制度,因此,质量问责很难从外部监督转变为高校内部自我质量监测和改进要求的重要策略。基于 Burke(2005)提出的"问责三角"(Accountability Triangle)分析框架,我国应构建乡村预备教师教育领域的三大质量问责主体,即由行政与立法机构实施的政治问责(Political Accountability)、由学术共同体实施的专业问责(Professional Accountability)和由社会公民实施的社会问责(Social Accountability)。[①] 这三大问责主体分别对应政府力量、学术力量和市场力量,以及代表了三种不同的问责需求、问责文化,共同支撑起我国预备教师教育质量问责机制基本框架。预备教师教育质量体系的问责内容应聚焦于政治责任、道德责任、专业责任与法律责任,如表6-1所示。

---

① BURKE J. The three corners of the accountability triangle: serving all, submitting to None [C]//in J. C. Burke, Editor. Achieving accountability in higher education: balancing public, academic and market demands. San Francisco: Jossey-Bass, 2005: 296 - 324.

表 6-1　预备教师教育质量问责体系的问责内容①

维度	核心	根本目标
政治责任	督查预备教师教育是否坚持中国特色社会主义教育的发展方向及遵守党和国家相关方针政策等。	确保我国预备教师教育沿着正确的政治方向迈进。
道德责任	督查预备教师教育是否坚持做到立德树人,教师是否做到严以律己、为人师表和潜心钻研业务,以及教育过程是否遵守科学伦理规范等。	激励预备教师教育主体切实做到爱岗敬业,全面提升教育质量。
专业责任	督查预备教师教育是否优化学科课程设置和专业布局,是否加强人才素质标准、人才培养模式、教学质量管控、教育管理运行等方面的实践探索,是否做到科教融合和理实融合等。	确保预备教师教育不断实现内涵式发展,加快培养卓越教师。
法律责任	督查预备教师教育过程是否遵守国家各项法律法规,并按相关法规的要求形成规范化运作模式。	促进预备教师教育在法治框架内实现科学发展。

应发挥评价机制的作用,建立起针对我国乡村教师职前培养的约束机制。以评价为手段,建立起一套完整的现成教师职前教育的约束机制,对于提高培养的质量与效率是非常必要的。以美国的 INTASC 模式核心教学标准为例,为了正确评估教师培训计划,重要的是要知道成功的专业表现需要哪些能力。美国国家专业教学标准委员会制定了创建此类知识库的提案,以指导教师评估。在这些标准的基础上,1992 年,州际新教师评估和支持联盟(INTASC)在首席州立学校官员委员会(CCSSO)内运作,为新教师制定了 10 项核心能力,由来自 17 个州教育机构的人员和教学专业的代表对 INTASC 标准进行了一些重组,因而在后续版本中,有关激励和管理标准的内容被划分为其他标准,并增加了一个新的标准,即内容的应用(INTASC,2013)。这些标准现在旨在为所有年级和学科领域的所有基础教育教师呈现良好教学实践的基础(INTASC,2013),每个标准进一步分为几个单独的项目从而来衡量一个特定的领域。INTASC 标准已被用于编写用于评估目的的调查项目,而且在美国的教师评估中大受欢迎。

我国可以根据 Hanushek 的"问责四要素"认识论框架,按照以国家取向、专业取向、市场取向为经,以问责的总体目标、基本标准、评估工具、结果奖惩

---

①　胡洪彬. 我国研究生教育质量问责的理论解构与机制重构[J]. 学位与研究生教育,2021(10):1-9.

为纬的整体框架,构建乡村预备教师教育质量问责的关键环节。① 首先,确定以提升乡村教师专业素养为核心的问责目标。其次,制定以乡村教师专业能力提升为旨归的问责标准,包括培养标准、课程标准、教学标准和毕业标准等。再次,制定综合性的评估工具。再次,收集和分析评估资料。最后,问责结果反馈。问责反馈是增强问责有效性的关键,而后者又是提升预备教师教育质量、提高人才培养质量的重要保障。另外,落实问责结果处理,既要做到监督与惩罚问责对象(惩罚性问责),又要促进问责对象的改善与发展(教育性问责)。②

第二节　优化乡村卓越教师职前培养模式

师范院校作为师范生的培养机构,承担着为国家培养优秀教师资源的重任。乡村师范生作为乡村教育事业的储备力量,学校更应予以重视,要发挥学校的主导作用,注视培养乡村定向师范生的专业素养。师范院校应进一步健全人才培养计划,把培养学生的专业发展能力纳入计划,在培养师范生基础技能的同时,还应重视培养学生的专业发展能力。

一、适当提高定向培养招生准入门槛,提高师范生培养效率

从根源上分析,要整体提升乡村定向师范生的职业认同感便对师范院校的生源提出了一定的要求,思想觉悟水平高、学习基础扎实、学习能力强的生源有利于定向师范专业的整体发展。针对乡村定向师范生专业选择时对定向师范专业了解不够深入的情况,在招生的时候,师范院校工作人员应全面宣传"定向师范生"政策相关内容,完善准入和退出机制,让学生和家长明确自己的权利和义务,理智报考。学生在全面了解定向师范专业的情况下自愿报考,说明实施的政策具有约束性、稳定性与号召性,能招到真正愿意投身于乡村教育的学生。

由于签订了定向就业协议,没有就业压力,一些乡村定向师范生在培养过

---

① 麦爱弟.澳大利亚预备教师教育外部质量保障体系研究[D].昆明:云南师范大学硕士论文,2022:141.

② HANUSHEK E. Pay, working conditions, and teacher quality[J]. The future of children [Future child], 2007, V17 (1): 69-86.

程中出现学习积极性、主动性不强,专业发展内力不足的情况,部分学生在达到毕业考核要求后,专业发展便停滞不前。针对这样的情况,建议培养院校加强对乡村定向师范生的毕业考核力度,适当调高要求,以此激励乡村定向师范生们不断进行专业发展。时间频率上,可以进行不定时考核抽查,这样可以让学生们意识到平时积累的重要性,注重专业发展的过程。根据学生的表现,可以对他们进行奖励和惩罚,让他们既有物质上的奖励,又有精神上的奖励。总之,培养院校需要提高对乡村定向师范生的专业发展要求,不断提高他们的专业发展能力,这样对他们未来投身乡村教育事业有着莫大的好处。

单纯通过物质条件优势吸引人才投身乡村教育,对于乡村教育事业的振兴是治标不治本的,一旦物质条件受损人才就会流失。针对乡村定向师范生缺乏职业理想信念的情况,师范院校需要加强乡村定向师范生的师德教育,通过多种形式的课程和活动相结合,例如必修课、选修课、主题班会、乡村优秀教师先进事迹学习活动等,帮助他们明确教师职责,树立正确的职业理想和信念。同时,针对乡村定向师范生对从事乡村教育幸福感不强的情况,师范院校要帮助乡村定向师范生建立与乡村教育事业的情感联系,尽可能创造机会让他们见习或教育实习,通过实践亲身体验乡村教育的乐趣,培养他们对乡村教育的兴趣,促进乡村定向师范生认知结构的调整,逐渐形成乡村教师职业认同。

二、加强乡村定向培养职业规划指导,提升师范生执业能力

职业生涯设计是学生统筹考虑各种主客观因素,综合分析自己的兴趣能力,确定自己未来所要从事的职业和最佳职业奋斗目标,并为实现这一目标制定行之有效的计划。这可以消除师范生择业时的迷茫与困惑,明确教师选择,尽早适应教师岗位。尽管乡村定向师范生与地方教育局签订了定向服务合同,不存在就业压力,但职业生涯指导是必不可少的,这有助于促进其专业发展,从长远角度对整个乡村教师队伍的良性发展都有着深远意义。高等院校应帮助乡村定向师范生了解乡村教育政策,并提高学生主动掌握政策导向的意识,对乡村定向师范生进行生涯规划指导,增强师范生对未来专业发展的理解和规划。

（一）宣传乡村教育政策,培养学生教育政策掌握主动性

由于大多数师范生不会主动地去了解国家教育方针政策教育现状以及教育发展趋势,基本依赖于学校信息的发布,以及一些活动的实施要求。因此,

师范院校可以在现有的此类课程中培养学生主动了解国家教育政策的意识，以及认识教育现状和趋势的能力和习惯。学校要经常组织一些有关于国家教育政策和方针的研究，对国家颁布的教育政策和方针进行解读，帮助师范生理解政策，并且可以通过教育政策方针分析教育现状和发展趋势。此外，学校可以在新的国家教育政策方针颁布后组织学生会议，让师范生们能够最快地得到最新教育政策消息。学校还可以通过课间的广播，向同学们发布国家教育政策消息。

学校教育活动的实施帮助学生最直观地面对国家教育政策和教育现状的需求。学校可以通过细化教育活动的实施要求，让师范生深刻地体验到国家政策。例如，2019年颁布的《关于加强和改进中小学实验教学的意见》中提出要强化教学安全管理，健全评价机制，加强教师研究与探索能力。对此，学校可以开设关于安全教学的课程，一是帮助师范生增强安全意识，二是帮助师范生在面临突发事件时能有快速准确的解决方案。同时，学校可以开设有关教学评价的课程，让学生了解到各种评价方式以及评价依据，学校还可以组织教学竞赛活动，例如技能大赛、课件制作大赛，让师范生相互评价以及接受指导老师的评价，从而提高他们的教学评价能力。这可以帮助学生了解到自身的不足，也可以帮助学生认识到他人的优点并学习。这需要学校在活动前期进行充分的宣传和鼓励，发布评价机制，准备适当的奖励激励学生的竞赛精神，帮助学生提高自信心。同样学校可以组织试教试讲活动，并安排老师进行指导和学生互评环节。每位指导老师都应当拥有严谨负责的态度，认真听每位师范生的试讲和其他学生对其的评价，做出合理的点评，提出恰当建议，帮助提高师范生的专业能力。

（二）进行生涯规划指导，加强师范生对专业发展长远规划

教师的职业生涯规划和其他职业的生涯规划有所不同，教师的职业生涯规划要求教师不断地成长，关注学生和社会利益，并且努力在自己所教授领域做到最好。教师的教学对象是按周期变化，学生在不断地成长，以及教学环境不断地变化，教师的生涯规划也要随之变化。因此，师范生的职业生涯规划是不断地发展的，师范生应当制定近期和远期的发展目标，促进自身职业生涯不断发展。每一个师范生的专业素养和心理状态都是不一样的，他们对教师这个职业的解读也是不一样的。很多师范生对自己的专业发展没有一个很好的规划，对未来的工作也保持着一个惶恐的状态，这时候就需要教师对他们进行指导。

在规划职业生涯的过程中,指导老师应当帮助学生了解到自我所需和社会所求,帮助学生把两者结合起来,为未来的教育工作做好心理准备。指导老师还要帮助师范生明确他们所处的状态,在教学、管理、思想、技能等各个方面分析自己的特点、挖掘自身的潜能、找出自己的缺陷。同时,指导老师应帮助学生分析教育现状,因为师范生个人的生涯规划应当与我国教育发展目标相协调。总之,这种一对一导师式的职业生涯规划指导的好处在教师可以照顾到每一位师范生的心理状态和实际能力,让他们对自己的潜能和发展空间有了一定的了解,并根据他们的实际情况和切实需要与师范生一同制定适宜的近期和远期的发展目标。

应对学生进行一定的就业指导,一是要让学生了解目前就业形势、本专业的就业信息以及学会简历制作等一些求职技巧,二是要让学生认识自身的具体情况,不盲目跟风。所以学校要开展讲座、模拟招聘等多种形式的活动为学生进行指导教育。在其中要向师范生灌输职业价值观的相关理念,帮助师范生形成正向的职业价值观。身处乡村可能会面临许多问题,很容易产生消极心理,磨灭他们的自信心。所以开展就业心理咨询是很有必要的,帮助他们排解坏情绪,树立自信心,保持积极健康的心态。

三、优化职前培养教学技能训练体系,增强师范生专业能力

作为未来教师支柱的身份,就更应该重视专业知识和专业技能的学习。课程是最直接的教育培养方式,师范生要在课堂上学习教师讲授的与教师职业相关的专业知识理论。通过调查研究发现,师范院校有关师范生专业发展的课程还存在着重理论轻实操、重通识轻学科的情况,并不能满足师范生专业发展的需求。尽管卓越教师培养应加强教育理论知识的传授,帮助学生树立高远的教育理想及科学教育理念,但作为乡村教育教学工作的主要承担者,扎实的学科教学技能对于乡村定向师范生来说更能体现其培养质量。师范院校应把理论和实际结合起来,尤其是要重视师范生的学科教学能力培养,为师范生提供不同的专业发展课程。师范院校还可以对乡村定向师范生的专业发展能力进行评定,根据他们专业发展水平的高低程度,制定相应的措施。

(一) 系统规划并逐步推进教学技能训练

对乡村定向师范生教学实践能力的训练,不应仅仅局限于课内的模拟教学,要最大限度地丰富课外的培养途径,使得课内训练与课外培养结合起来,相得益彰地提升乡村定向师范生教学实践能力。

1. 集中训练与分散训练相结合

在师范生开始进行技能训练之前,就要明确这一技能训练的训练目标、训练内容和训练要求。在整个大学过程中师范生的技能训练应该按照基础知识、基本技能、基本思想和基本活动经验这四个方面展开训练。这四个方面又可以划分为若干个组块,将这几个训练组块分配到每一学期,要求师范生按照计划参加集中训练或者自主训练,严格完成每一个阶段的训练任务,在完成的基础上参加考核评价,通过考核的可以进行下一阶段的技能训练,未达标的还需要继续加强,直到考核达标。

2. 开展微格教学

微格教学是一种利用现代化教学技术手段来培训师范生教学技能的系统方法,由于它在训练师范生的教学技能、技巧方面成绩显著,因此被很多师范院校所采纳,能够有效培养高素质、专业的教师。利用微格教学,可以对师范生进行小班化教学,将复杂的某一技能训练分解成多个简单容易操作的单一的技能,使师范生能够集中的学习和训练某一项特定的技能,直到达到目标为止,再进行下一项技能训练,有利于师范生在短时间内学习和掌握某一项教学技能。微格教学在展开时是用摄像机将训练过程准确、真实地记录下师范生职业技能训练的全过程,这样,师范生就可以通过观看录像回放看到自己训练的全过程,从中发现自己的不足,自我分析,及时听取指导教师的意见,所以,通过微格教学进行职业技能训练,能够得到及时且全面的反馈。

(二) 建立职业技能训练考核评价体系

为了不让师范生职业技能训练不只是一种空有形式的训练,真正使得师范生的职业技能有质性的提高,需要有一个科学的、规范的评价标准来支撑。

1. 制定完备的考核体系

培养单位可以建立职业技能训练的督察小组,以此来保证技能训练的规范性和严谨性,建立具体的考核评价体系,在考核中督促训练、促进训练。为了考核的全面性,评价的方式要多元化,应将诊断性评价、过程性评价和终结性评价相结合,着重建设乡村定向师范生"课程考核、中期技能考核、毕业资格考核"三位一体的考核体系,对师范生的每一次技能训练做出及时且准确的评价,发挥考核的评价功能。同时,师范生通过每一次技能考核暴露出的问题,进行自我反思,具体问题具体分析,充分发挥主观能动性,更加积极主动地参与到职业技能培训中,努力达到考核标准,促使技能训练中的需求得到满足。

2. 严格执行考核计划

技能训练必须是在规定时间由专业教师进行考核,未在指定时间参加考核的师范生,考核成绩降低一个等级,考核等级分为优秀、良好、中等和合格四个层次,考核不过关者可在指定时间进行补考,考核成绩与评奖评优挂钩。平时的常规训练,主要由班级的班干部进行负责,一般针对集体训练,考核主要是查看班级同学的出勤状况,缺勤达到一定的次数,也将影响最后的考核成绩。在大三下学期和大四上学期的实习中也将实行技能训练的考核,主要对师范生的上课质量进行不间隔的监测,通过实习学校的反馈,以及实习后的汇报展示给予师范生一定的评价。

(三)"五练一熟"训练师范生教学基本功

"五练一熟"的内容是练写、练讲、练艺、练做、练管和熟悉行业基本功。"五练"也就是各行各业的技能都要有所涉及,通用技能要掌握,而"一熟"就是学生要从所学专业出发,考虑到大学毕业后的就业情况,熟练地掌握一门职业的特殊技能,有着该项技能的突出优势。针对小学教育师范生来说,"五练"中"练写"的具体内容是练习正确书写 3 500 常用字和练习写应用文,所以说,师范生技能训练中的钢笔字训练在每一个阶段都要训练,指导教师要挑选典型汉字进行练习,应用文写作对于教师今后职业生涯的提高也十分必要;"练讲"即练习讲课、一般演讲与普通话,在练讲这一项技能方面,该院校实施的效果比较显著,困难在于如何实现突破;"练艺"需要师范生掌握一项音体美特长,小学教育不像学前教育需要能歌善舞,在这一方面的训练安排并不多,但当今的学校需要的是全面发展的教师,所以师范生最好能有自己的特长;"练做"做是练习计算机制作和教具制作;"练管"是练习管理自己、管理学校和班级,教师是传道者和授业者,同时教师也是学生的榜样,师范生就应该严格管理自己,为今后的执业做好准备,班级管理也是技能训练中容易被忽略的一项,一个好的教师一定是能管理好班级的教师,只有形成良好的班级氛围,才能培养好良好的班集体。以小学教育专业为例,"一熟"对于本专业师范生来说,就是需要熟悉小学教材、小学教学大纲和新课程标准。师范生职业技能训练的内容要按照"五熟一练"来实施和开展,不重不漏地让师范生进行训练,师范生在师范生职业技能过程中的需求只会被满足,所以说,要用好"五熟一练"这一师范生技能训练的有效手段。

(四)乡村定向师范生要不断反思实践,重视教学实践能力的发展

针对乡村定向师范生提升自我教学实践能力的积极性、主动性不强的问

题,笔者认为乡村定向师范生要提升教学实践能力发展的自觉性,不断学习、实践、反思,从而取得进步。

首先,乡村定向师范生要树立终身学习的理念,勤于学习实践。乡村定向师范生要求知若渴,认真汲取教学理论性知识,不断完善自己的学科知识体系,加强对学科教材的整体认识,利用网络资源认真学习观摩优质小学教学课程;还要重视实践性知识的积累,积极参与到教学实践能力训练与竞赛中来,在各种实践活动中,如微格教学、听评课、模拟教学中提升教学实践能力,在与同学互相交流切磋的过程中实现教学实践能力的提高。在实习时更要抓住一切学习的机会,积极主动向指导老师请教,勤与老师交流教学实践方面的内容,在交流中学习学情分析、课堂管理、课程实施和学生评价等技巧,改进自己的不足之处。此外,在平时,乡村定向师范生要注意培养自己说话的语音语调,使自己在课堂上口语表达更加有感染力。

其次,乡村定向师范生要不断反思,反思自己在实习中、在模拟讲课中的教学表现,在反思中进步、成长。乡村定向师范生可利用摄像机等器材,或请实习指导老师听课记录,记录下自己的教学过程,课后认真回顾并撰写反思心得,总结自己在教学时教学技术能力方面、课堂应变能力方面的优点、缺点。通过回忆教学过程、发现教学问题、总结经验教训,逐步形成较强的反思能力,促进教学实践能力的提高。

(五) 形成常态化专业技能展示与竞赛活动,激发师范生训练积极性

高等师范院校可以通过以下策略激发学生技能训练的积极性与主动性:第一,经常性地开展多种多样的技能比赛活动,诸如:说课比赛、“三字一话”比赛、演讲比赛等,还要辅之以必要的奖励手段来激发乡村定向师范生的参与兴趣,促使乡村定向师范生竞争意识的形成,从而增强乡村定向师范生提升教学实践能力的意识,最终提升技能。此外,还要保证比赛活动开展的经常性,每学期每个项目要计划开展 3 次及以上,高频次的活动开展也能很好地保持乡村定向师范生的教学实践能力的效果;再通过奖励获奖者来激发后来者的参与热情,从而让更多的乡村定向师范生参与进来。第二,要充分利用培养院校校内的先进设备,积极开展微格教学等教学实践活动,为乡村定向师范生提供听课评课、试教与相互探讨交流的机会,使乡村定向师范生在观摩交流中汲取教学经验,在反馈评价中反思自己的教学不足之处,从而通过长期的训练和收获来提升教学实践能力。

四、强化乡村卓越教师培养实践环节,涵养师范生乡村情怀

教育实践活动可以帮助师范生提高自身的专业能力,是提高师范生专业素养的有效方法。通过教学实践,师范生可以体验到真实的课堂。教学实践形式包括见习和实习两种。有效的教学实践会促进师范生专业素养的提升,对未来的教育教学工作有很大的帮助。部分高师院校的实习制度缺少明确的规章制度对实习管理,有待完善。为了进一步加强实习对师范生的管理,提高师范生的实习效率,乡村定向师范生培养单位应增加学生见习、实习在培养计划中的比重,并建立健全师范生实习制度,做到实习前有明确要求、实习中有严格监督、实习后有考核评价,将师范生实习制度落实到每一处。

(一)加强调研力度科学分配实习任务,帮助师范生形成正确的职业素养认知

培养院校要在实习开展之前与当地教育局和实习学校联系,了解当地的教育情况,知道当地中小学需要什么样的实习生,能够接收多少实习生,而不是直接将实习生随意地分配到学校。在调查中发现,培养院校对实习的学生开始时是有分配的,他们一般将实习生分配在师资较好的学校,但当实习学生到教育局咨询时,教育局又将他们重新分配,大多将他们分配到比较缺老师的学校,很多实习生表示工作压力较大,疲于完成实习单位安排的教学任务,而缺少观摩学习、沟通交流、教学反思的机会。所以在分配前各部门要统一分配标准,避免前后不一致的现象。在实习前期,高校还应该做好对当地学校的课程进度了解,避免“重理论,轻实践”的现状,重视培养实习生的技能和教育教学能力。实习生在实习之前也应该提前了解自己的实习内容,合理规划时间和工作,提前备课,做好准备工作。在实习中后期主管部门应组织教育实习生谈实习收获和困惑,帮助他们解决问题,并对后期的实习提出要求,帮助教育实习生在实习中了解怎样才能做好一名合格的教师,从而形成正确的职业素养认知。

(二)多方合作加强对实习工作的跟踪与监督,提升乡村定向师范生实习成效

师范生进入教育实习,关注的主要问题是“教什么”和“怎么教”。师范生在实习中形成的教学能力和教学模式主要途径:一是模仿,即师范生通过对名师的观摩,将其教学方法进行模仿;二是接受指导,即实习学校指导老师对实

习生进行指导和帮助,实习生从而获得教育教学的知识。所以培养院校在实习开始之前应该与当地教育局和实习学校进行沟通,确保为教育实习的学生安排经验丰富的指导老师,并将实习指导情况形成文字性记录,作为实习考核的一项指标。另外在实习之前,师范生也应该加强学习,提升技能,了解教授内容,在实习过程中及时与指导老师交流。在教育实习的过程中,实习学校应对教育实习生和实习指导老师提出要求,避免出现"形同虚设"情况的发生,在实习期间,教育实习生应与指导老师形成密切的关系,通过观察指导老师的教学风格和教学特色,初步建立教师职业到底是什么样的主观感受,以便后期形成正确的教师职业认知。

为保证实习效果,使乡村定向师范生的教学实践能力得到最大限度地提升,高校、地方教育部门、实习学校三方应合作优化对实习工作的安排,加强对实习工作的监督。

具体策略如下:第一,高校与地方教育部门要告知实习学校负责人相关的实习安排,要求其深入理解实习的目标、计划,并为乡村定向师范生配备教学经验丰富、认真负责的学科指导老师;同时,实习学校应当要求实习老师落实实习计划,让实习生听足量的课,听实习生上足量的课,指导实习生设计教案、撰写教学反思,不定期检查实习生相关的听课记录,这样才能真正帮助提高乡村定向师范生的教学实践能力。第二,高校、地方教育部门要与乡村定向师范生保持联系,跟进实习真实情况。在实习期间,高校要通过高校指导老师跟进实习情况,地方教育部门的负责人也可通过微信群、QQ群跟进实习的真实情况,确保乡村定向师范生有更多学习提升的机会,进行各项与提升教学实践能力相关的实习任务。如若乡村定向师范生发现要完成与实习无关的、浪费大量时间的、对提升教学实践能力无益的工作内容,则要及时与实习学校负责人进行沟通。第三,高校与地方教育部门的负责人要不定期去往实习学校进行工作抽查,通过访谈乡村定向师范生等方式,了解他们实习的日常工作内容,对影响乡村定向师范生教学实践能力发展的状况提出意见,督促实习学校贯彻实习计划。

(三)完善实习保障制度维护实习生利益,帮助师范生形成正确的职业价值认知

在教育实习中,很多实习生的基本生活没有得到保障,这就要求高校要和实习学校保持联系,保障好实习生的基本生活,满足其合理需求。教育实习的实习生在工作内容上与本校老师基本没有差别,但享受到的待遇却有天壤之

别,高校应当注意到这一点,对实习生进行心理疏导,同时也与当地教育局和实习学校联系,保障实习生的利益。在调查研究过程中发现,很多的教育实习生在实习中都存在关于实习回报的相关诉求,他们表示,自己在教育实习期间就应该是实习学校的一分子,他们做了与其他老师一样甚至更多的工作,但得到的回报却是很少的,甚至他们还需要"倒贴费用",这让他们感觉到很不值,也无法获得成为教师给他们带来的快乐和满足。这种情况下,教育实习生很难形成正确的职业个人价值认知,乃至于会对成为教师丧失兴趣,所以,在教育实习期间,给予教育实习生相应的物质回报是很有必要的。

（四）完备教育实习岗前培训体系及标准,规范培训以提高实习生的实习质量

师范生在见实习的教学环境中具有双重身份,他们既是教育者也是受教育者。作为教育者,他们的任务是完成学校安排的教学任务,而作为受教育者,他们是通过实践去增加对教师职业的理解,并提升自身的教育教学能力,所以,对教育实习的师范生进行岗前培训是非常有必要的,这也要求高校在实习之前应当对实习生进行考核,以确保教育实习的实习生有能力进入当地小学顶岗。实习生在校期间,高校应加强对他们的技能考核和专业知识考核,对没有顶岗能力的学生考虑暂缓实习等,保障教育实习生的专业能力。同时,在教育实习前当地教育局和实习小学也应该对实习生进行培训和考核,让通过考核的实习生进入学校顶岗,对未通过考核的学生进行再培训,从而提高实习生的实习质量。

在教育实习生参加岗前培训前,高校和教育主管部门应科学规划培训内容,以保证培训的有效性和合理性。教育实习生在参加岗前培训后,应对教师职业是什么样的和成为教师需要具备什么有一个初步的理解,以便于在后期的教育实习中具备合适的教师职业特征和教师职业素养认知。

（五）拓宽乡村定向师范生见习实习渠道,加强与优秀基础教育一线教师对接

1. 实习地点灵活化

以小学教育专业为例,该专业定向师范生实习的地点主要是小学,教育实习的地点都是由学校统一和当地的优质小学进行对接,根据师范生的学科不同安排师范生前往相对应的学校,师范生没有自主选择学校的权利。学校的这种实习安排方式是从管理的角度出发,方便学校的考察和管理,但是对于师

范生来说,师范生对自己实习的着重点有着不同的想法,有些师范生可能侧重于学习教学管理模式,有些师范生可能侧重于课堂的教学,每个师范生对所想实习的内容都不相同。所以学校可以为师范生提供优质的小学实习地点,师范生根据自身需求进行选择,如果师范生有更好的资源,也可以尊重师范生的想法,在保证完成实习任务的情况下,由师范生自主选择实习地点。

2. 实习方式多样化

师范生职业情感培养不只是靠理论知识的教学,更重要的是进行实际的锻炼,只有通过实践活动才会真正将理论应用起来,对教师活动有更深刻的理解,丰富师范生本人的职业情感,因此增加见习次数或延长实习时间可以增强师范生的职业情感。在大三第二学期或大四第一学期集中实习是进行教育实践的一贯做法,这种做法直接导致了定向师范生在大一、大二及大三上半学期只能掌握类似钢笔字、粉笔字、毛笔字、普通话等这样的基础教师职业技能,而对于组织教育教学、进行教育管理及其他教师职业技能均只有一个初步了解,停留在"纸上谈兵"阶段。技能的形成必定是通过长期、反复的训练而逐渐完成的,一蹴而就的技能并不实际,因此教育实践应当是贯穿到整个本科学习期间分散进行。规划好总计需要多少课时进行教育实践,每一学年共计安排多少课时进行教育实践并且如何分配,每一学期共计安排多少课时进行教育实践又如何分配,明确教育实践总课时,然后将其有序地分配到大学四年的各个阶段,以达到教育实践贯穿本科四年的目的。

(六) 加强校内外实训实习基地建设,为师范生教学技能训练提供充分条件

实训室是高等院校教学基本建设最重要的部分。学校可以增加建设实训室,让更多的师范生同时在实训室进行相关技能的训练。同时,学校也可以增加实训室的种类,除了常规的"三字一话"训练,还可以增加建设真实的课堂环境以供师范生开展模拟授课训练。

见习和实习是师范生将理论知识应用于实践的重要表现方式,也是师范生得到快速发展的一个重要途径。根据调查显示,小学教育专业的师范生往往是就近原则,在城镇小学进行见习与实习,但是往往城镇与乡村的学校环境、教学设备是有很大差异的。因此,学校不仅可以将师范生就近安排在城镇小学里进行实习,也需要将师范生安排在乡村小学进行实习,还可以增加支教的名额,让更多的师范生了解全国范围内各地区小学办学的情况。

五、持续推进乡村教师培养师资建设，强化师资后备军保障

师范生能力的高低和教师的自身素质的强弱有很大的关联。为了使师范生职业技能训练过程中的需求得到满足，关键是要重视以及加强职业技能培训师资队伍的建设。目前高等师范院校的教师结构不合理，因此没有配备专业指导师范生进行职业技能训练的教师，从而导致师范生职业技能的水平很难有提高。

（一）学校定期展开专业教师培训

针对缺乏专门指导师范生职业技能训练的教师这一问题，可以开展教师培训工作。学校需要从实际出发，有目的地挑选一批素质良好、专业理论知识、勤学苦干、爱学习的青年教师进行重点培养。学校可以先派发一部分教师外出到专业地点进行培训，提升教师的专业技能和专业素养，这批教师培训结束后，可以组织学校教师，大面积、集中地培养技能训练方面的教师队伍。学校也可以组建教学团队，不定时邀请技能培训方面的专家展开教学讲座，还定期展开教学研讨会议，不断探讨与解决提升师范生职业技能训练的教学方法和策略，以提升教师的专业能力和培训能力。

（二）吸收一线教师加入教学团队

高等院校教师队伍中往往缺少具有基础教育学科教学经验的教师，此类教师在学科教学法、学科教学技能等方面的经历经验均优于高层次教育背景的教师。现阶段高等院校的人才招聘上追求高层次学历，重视人才的学术背景，而在乡村基础教育师资的培养上，学科教学知识传授与技能训练更需要具有一线教学经验的教师指导。因此，在师资队伍的构成上，需要兼顾理论型教师与实践型教师的配备，积极吸纳具有基础教育一线教学、管理经历的教师加入人才培养师资队伍。

（三）展开技能比赛磨砺职业技能

教师要能去指导师范生的职业技能，首先要认识到职业技能训练的重要性，其次是自身的职业技能也需要加强，所以可以借助在教师队伍中展开技能比赛的方式，让教师高度重视技能培训，教师能够去精心准备、不断地调整，从自身角度意识到师范生职业技能训练的重要意义，形成一种相互学习、共同促进的教学氛围，由此达到提升教师自身素质的目的，从而推进师资力量的建设。

主要参考文献

专著类：

[1] 贝磊,梅森,鲍勃.比较教育研究[M].李梅,译.北京:北京大学出版社,2010.

[2] 陈时见.比较教育基本理论[M].北京:高等教育出版社,2014.

[3] 陈霞.教师专业发展的时效性研究[M].北京:北京大学出版社,2012.

[4] 戴伟芬.农村教师培训的第三空间路径研究[M].北京:科学出版社,2017.

[5] 高靓.与美国国家年度教师面对面[M].福州:福建教育出版社,2014.

[6] 范良火.教师教学知识发展研究[M].上海:华东师范大学出版社,2013.

[7] 顾建民.教师专业化与教师专业发展[M].杭州:浙江大学出版社,2014.

[8] 李新翠.G20国家教育研究丛书澳大利亚基础教育[M].上海:同济大学出版社,2015.

[9] 迈克尔·富兰.变革的力量[M].北京:教育科学出版社,2006.

[10] 姜美玲.教师实践性知识研究[M].上海:华东师范大学出版社,2008.

[11] 帕尔默.教学勇气[M].上海:华东师范大学出版社,2005.

[12] 乔晖等.走向卓越:面向乡村的教师教育课程整体优化[M].北京:中国社会科学出版社,2023.

[13] 魏建培.教师专业发展理论与实践[M].北京:科学出版社,2016.

[14] 吴艳.准教师的困惑及愿[M].北京:北京大学出版社,2015.

[15] 赵凌.质量至上与层层保障:澳大利亚教师教育研究[M].北京:中国社会科学出版社,2015.

[16] 郑丹丹.教师教育者及其专业标准的国际比较研究[M].杭州:浙江大学出版社,2015.

[17] 周钧.美国教师教育理论与实践[M].北京:北京师范大学出版社,2015.

[18] 中国社会科学院语言研究所词典编译室.现代汉语词典(修订版)[M].北京:商务印书馆.1990.

[19] 佐藤学.教师的挑战[M].上海:华东师范大学出版社,2012.

[20] ANDERSON L, KRATHWOLH D, AIRASIANP, CRUIKSHANK K, MAYERM R, PINTRICH P, RATHS J (Eds). Taxonomy for learning, teaching, and assessing: a revision of bloom's taxonomy of educational objectives[M]. London:

Pearson Education Inc. , 2001.

[21] BRYK A, et al. Learning to improve: how America's schools can get better at getting better[M]. Cambridge: Harvard Education Press, 2015.

[22] DARLING-HAMMOND L, MEYERSON D, LA POINTE M, ORR M. Preparing principals for a changing world: lessons from effective school leadership programs [M]. San Francisco, CA: Jossey-Bass,2010.

[23] MOON B, VILLET C. Digital learning: reforming teacher education to promote access, equity and quality in sub-Saharan Africa[M]. Burnaby: Commonwealth of Learning, 2016.

[24] GAY G. Culturally responsive teaching. second edition. multicultural education series [M]. New York: Teachers College Press, 2010.

[25] GRANT L, HINMAN J, STRONGE J. Planning, instruction, and assessment: effective teaching practices. James H. Stronge research-to-practice series [M]. Larchmont: Eye on Education, 2010.

[26] RRID J, WHITE S, GREEN B, LOCK G, COPPER M, HASTINGS W. TERRA nova: renewing teacher education for rural and regional Australia. Volume 2: Case study reports[M]. New South Wales: CSU Print, 2012.

期刊论文类:

[1] 陈莉. 乡村教师队伍建设的困境与对策[J]. 教学与管理,2020(3):53-55.

[2] 陈时见,李培彤. 教师教育一体化的时代内涵与实现路径[J]. 教师教育研究,2020,32 (2):1-6.

[3] 付淑琼,张家雯. 为农村准备教师:澳大利亚政府的系列项目研究[J]. 教师教育研究, 2015,27(4):106-112.

[4] 付卫东,曾新. "十四五"时期我国乡村教师队伍建设:主要形势与重点任务[J]. 中国电 化教育,2020(11):119-124.

[5] 金华,蒋亦华. 乡村教师政策执行:评价尺度建构、现状考察及提升路径设计[J]. 教师 发展研究,2021,5(4):45-52.

[6] 孔养涛. 乡村振兴战略中乡村教师队伍的本土化建设[J]. 教学与管理,2020(12):55- 58.

[7] 马多秀. 乡村教师的乡土情怀及其生成[J]. 教育理论与实践,2017,37(13):42-45.

[8] 马宽斌. 新时代乡村教师乡土情怀认同的失落与回归[J]. 内蒙古社会科学,2020,41 (5):201-206.

[9] 乔雪峰,杨佳露,卢乃桂. 澳大利亚乡村教师支持路径转变:从"不足模式"到"拟合模

式"[J].比较教育研究,2018,40(5):26-32.

[10] 石灯明,蒋志平.新时代视域下乡村教师队伍建设的政策意蕴、弱势表征及路径选择[J].当代教育论坛,2020(1):1-5.

[11] 时广军.澳大利亚乡村教师体验:价值与实践——以 TERRR Network 项目为例[J].比较教育研究,2019,41(9):106-112.

[12] 滕云.澳大利亚农村教师教育的特点和策略[J].教学月刊小学版(综合),2011(Z1):88-89.

[13] 汪明帅,郑秋香.从"边缘人"走向"传承者"——回归乡土的乡村教师发展研究[J].教育发展研究,2016,36(8):13-19.

[14] 唐松林.理想的寂灭与复燃:重新发现乡村教师[J].中国教育学刊,2012(7):28-31.

[15] 吴清山.教师专业学习社群与学生学习[J].教育人力与专业发展,2012(2):25-30.

[16] 邬志辉.乡村教育现代化三问[J].教育发展研究,2015(1):53-56.

[17] 史静寰,王振权.适合教师的个性化专业发展方式[J].教育理论与实践,2013(10):35-39.

[18] 张莉莉,林玲.城市化进程中乡村教师的境遇:倦怠与坚守[J].河北师范大学学报(教育科学版),2014(1):16-20.

[19] 徐红,董泽芳.发达国家乡村教师研究的特点及启示[J].教育科学,2014(36):43-50.

[20] 蔡敏.美国中小学教师评估改革的有益经验分析[J].中国教育学刊(7),2007(7):65-68.

[21] 曹霞,梁燕玲.地方师范大学卓越教师培养模式探索与实践反思[J].教师教育论坛,2015(11):8-12.

[22] 初铭铜.高校与地方政府、中小学"三位一体"协同培养教师新机制建立的难点解析[J].教师教育论坛,2016(3):22-28.

[23] 陈德云.美国基于标准的优秀教师认证评价开发研究[J].全球教育展望,2011(12):67-71.

[24] 陈殿兵,杨新晓.由合格到卓越:美国基础教育教师职业能力标准的导向及启示[J].外国中小学教育,2018(3):57-63.

[25] 陈罡.美国教室里的秘密(下)——微观视角中的美国中小学教育[J].中小学管理,2018(2):48-51.

[26] 陈莉欣.小学卓越教师专业成长路径研究[J].教师教育论坛,2015(2):18-20.

[27] 陈群,戴立益.卓越教师的培养模式与实践路径[J].中国高等教育,2014(20):27-29.

[28] 程耀忠,吕云峰,刘春明.基于卓越教师培养的——大实践‖教学体系的构建与实施[J].教育理论与实践,2017(19):30-33.

[29] 戴水姣. 卓越教师教育研究进展与前瞻[J]. 当代教育理论与实践,2018(5):141 - 145.

[30] 王建梁,赵鹤,姚林. 澳大利亚农村预备教师培养研究——以"农村学校预备教师吸引与留任策略"项目为例[J]. 教育研究与实验,2018(4):70 - 75.

[31] 杨婕. 澳大利亚农村及偏远地区教师培养模式研究——以"为澳大利亚而教"项目为例[J]. 当代教育科学,2015(18):47 - 51.

[32] 杨妮. 澳大利亚农村教师招募与保留策略及其启示[J]. 教育导刊,2015(4):83 - 86.

[33] 乔雪峰,杨佳露,卢乃桂. 澳大利亚乡村教师支持路径转变:从"不足模式"到"拟合模式"[J]. 比较教育研究,2018,40(5):26 - 32.

[34] 田恒平. 乡村教师培养与补充的现实路径思考[J]. 教师教育研究,2016,28(3):30 - 35.

[35] 胡习之. 乡村卓越教师培养的路径[J]. 阜阳师范学院学报(社会科学版),2017(4):146 - 149.

[36] 胡洪彬. 我国研究生教育质量问责的理论解构与机制重构[J]. 学位与研究生教育,2021(10):1 - 9.

[37] 蒋喜锋,刘小强. 美国 INTASC/InTASC 核心教学标准评析[J]. 比较教育研究,2019(5):58 - 66.

[38] 高涵,周明星. 乡村卓越中职教师师范素质及其养成机制探析[J]. 河北师范大学学报,2016,18(2):66 - 70.

[39] 吴倩莲,李祥. 民族地区乡村教师队伍高质量建设赋能乡村振兴[J]. 中国民族教育,2022(10):15 - 17.

[40] 孙兴华,马云鹏. 乡村教师能力素质提升的检视与思考[J]. 教育研究,2015(5):105 - 113.

[41] 曾晓洁. 教育变革力:乡村定向师范生的一项关键能力[J]. 教育评论,2017(2):12 - 15.

[42] ADONIOU M, GALLAGHER M. Professional standards for teachers—what are they good for? [J]. Oxford review of education, 2017, V43(1): 109 - 126.

[43] ALLARD A. Professional knowledge and standards-based reforms: learning from the experiences of early career teachers[J]. English teaching: practice and critique, 2014, V13(1): 39 - 54.

[44] ALEXANDER C, BOURKE T. It's all just a little bit of history repeating: 40 years of political review and reform in teacher education[J]. Asia-Pacific journal of teacher education, 2021, V49(5): 471 - 486.

[45] AZANO A, STEWART T. Confronting challenges at the intersection of rurality, place, and teacher preparation: improving efforts in teacher education to staff rural

schools[J]. Global education review, 2016, 3(1): 108 – 128.

[46] BELSON S, HUSTED T. Impact of national board for the professional teaching standards(NBPTS) certification on student achievement[J]. Education policy analysis archives, 2015, (23): 91.

[47] BIESTA G. Why "what works" still won't work: from evidence-based education to value-based education. Studies in philosophy and education, 2010, 29 (5), 491 – 503.

[48] BORKO H, etc. Teacher facilitation of elementary science discourse after a professional development initiative[J]. Elementary school journal, 2021, V121 (4): 561 – 585.

[49] BRAD M, MAGUTH A, DAVISO W. A-lived-in model ‖ to teacher education: the impact of embedding pre-service teacher education on secondary student learning[J]. Creative education, 2018, (9): 1504 – 1524.

[50] BULLOUGH R. Attachment, identification, emulation, and identity: distant teachers and becoming a teacher educator[J]. Teacher development, 2023, V 27(2): 203 – 213.

[51] BURKE P. Why do early career teachers choose to remain in the profession? The use of best-worst scaling to quantify key factors[J]. International journal of educational research, 2013, V 62: 259 – 268.

[52] BUTLER D, SCHNELLERT L, MACNEIL K. Collaborative inquiry and distributed agency in educational change: a case study of a multi-level community of inquiry[J]. Journal of educational change, 2015, 16 (1), 1 – 26.

[53] BURTON M, BROWN K, JOHNSON A. Storylines about rural teachers in the united states: a narrative analysis of the literature[J]. Journal of research in rural education, 2013, 28(12): 1 – 18.

[54] BUZZA D. ALLINOTTE T. Pre-service teachers' self-regulated learning and their developing concepts of SRL[J]. Brock education: ajournal of educational research and practice, 2013, V23(1): 58 – 76.

[55] CARL J, DUNST M, BRUDER B. Preservice professional preparation and teachers' self-efficacy appraisals of natural environment and inclusion practices[J]. Teacher education and special education, 2014, 37(2): 121 – 132.

[56] WELLS C. Lindson Feun. Educational change and professional learning communities: a study of two di-stricts[J]. Journal of educational change, 2013,(2): 87 – 95.

[57] LIM C, LEE J. Teaching eportfolios and the development of professional learning communities(PLCs) in higher education institutions[J]. The internet and higher

education,2014,20(1)：57 - 59.

[58] CORBETT M, BRETT P. HAWKINS C. What we're about out here：the resilience and relevance of school farms in rural tasmania[J]. Journal of research in rural education, 2017, 32(4)：34 - 39.

[59] COCHRAN-SMITH M. et al. The accountability era in US teacher education：looking back, looking forward[J]. European journal of teacher education, 2017, V40(5)：572 - 588.

[60] DARLING-HAMMOND L. What can pisa tell us about U. S. education policy? [J]. New England journal of public policy, 2014, V26(1)：1 - 14.

[61] HARDWICK-FRANCO K. Music education in remote rural south australian schools：does a partnership with a non-government organisation work? [J]. Australian and international journal of rural education, 2018, 28(1)：104 - 120.

[62] HAYNES J, MILLER J. Transitioning from university to teaching in schools located in rural and remote settings [J]. Australian and International Journal of Rural Education, 2016, 26(3)：34 - 48.

[63] RENSBURG H, NOBLE K, MCILVEEN P. Influencing pre-service teachers' intentions to teach in rural locations[J]. Australian and international journal of rural education, 2015, 25(1)：15 - 24.

[64] LAVERY S, CAIN G, HAMPTON P. Walk beside me, learn together：a service-learning immersion to a remote aboriginal school and community[J]. Australian and international journal of rural education, 2018, 28(1)：31 - 35.

[65] LEWIS C, PERRY R. Lesson study to scale up research-based knowledge：a randomized, controlled trial of fractions learning [J]. Journal for research in mathematics education, 2017, V48(3)：261 - 299.

[66] MENTER I, VALEEVA R, KALIMULLIN A. A tale of two countries-forty years on：politics and teacher education in Russia and England[J]. European journal of teacher education, 2017, V40(5)：616 - 629.

[67] MOCKLER N. Early career teachers in australia：a critical policy historiography[J]. Journal of education policy, 2018, V33(2)：262 - 278.

[68] PAPPANO L. The rural minority[J]. New York times, Education life, 2017, 2(166)：12 - 15.

[69] REAGAN E, HAMBACHER E, SCHRAM T, et al. Place matters：review of the literature on rural teacher education [J]. Teaching and teacher education：an international journal of research and studies, 2019, 80(1)：83 - 93.

[70] SHIN M, LEE J, NELSON F. Funds of knowledge in making：reenvisioning maker

education in teacher prepar-ation[J]. Journal of research on technology in education，2022，10. V54(4)：635 – 653.

[71] ROSS V，CHAN E. Multicultural teacher knowledge：examining curriculum informed by teacher and student exp-eriences of diversity[J]. Journal of curriculum studies，2023，V55(3)：339 – 351.

[72] SHORT C，GRAHAM C，HOLMES T，OVIATT L. BATEMAN H. Preparing teachers to teach in k-12 blended environm-ents：a systematic mapping review of research trends，impact，and themes[J]. Tech trends：linking research &·practice to improve learning，2021，V 65(6)：993 – 1009.

[73] WHITE S，KLINE J. Developing a rural teacher education curriculum package[J]. Rural educator，2012，33(2)：36 – 43.

[74] WHITE S，LOVK G，HASTINGS W，COOPER M，REID J. GREEN B. Investing in sustainable and resilient rural social space：lessons for teacher education[J]. Education in rural Australia，2011，21 (1)：67 – 78.

学位论文类：

[1] 刘玲. 21 世纪澳大利亚农村学校师资保障策略研究[D]. 桂林：广西师范大学，2017.

[2] 程海婵. 澳大利亚乡土情怀取向的乡村教师职前培养模式研究——以新南威尔士州为例[D]. 天津：天津师范大学，2022.

[3] 牛莹. 澳大利亚乡村教师职前培养机制研究[D]. 武汉：华中师范大学，2019.

[4] 泮梦婷. 回归乡土——乡村教师职前培养课程设置研究[D]. 安庆：安庆师范大学，2018.

[5] 王建. 美国预备教师本土化培养模式研究[D]. 重庆：西南大学，2018.

[6] 颜贝贝. 美国乡村教师职前培养策略研究[D]. 武汉：华中师范大学，2019.

[7] 杨柳. 当代美国卓越教师的职前培养[D]. 哈尔滨：哈尔滨师范大学，2020.

[8] 陈灿. 从传统走向现代：我国小学教师教育模式改革研究[D]. 长沙：湖南师范大学，2011.

[9] 陈登福. 中国基础教育管理体制改革研究[D]. 武汉：武汉大学，2010.

[10] 陈旭. 中美教师教育课程设置比较研究[D]. 西安：陕西师范大学，2010.

[11] 贺美玲. U-G-S 协同的卓越中小学教师教育模式研究[D]. 镇江：江苏大学，2015.

[12] 黄淑艳. 美国教师档案袋评估研究[D]. 长春：东北师范大学，2010.

[13] 李佳. 我国高校小学卓越教师教育模式研究[D]. 烟台：鲁东大学，2016.

[14] 刘淑琪. 公平而卓越：21 世纪美国基础教育政策研究[D]. 桂林：广西师范大学，2017.

[15] 向可红. 美国教师教育职前实践的 PDS 模式研究[D]. 重庆：重庆师范大学，2016.

[16] 余小红. 农村小学全科教师职前培养研究[D]. 上海:华东师范大学,2018.

[17] 李彤. 美国乡村教师职前培养机制研究——以蒙大拿州乡村教师职前培养项目为例[D]. 天津:天津师范大学,2022.

[18] 张玉娴. 追求公平和卓越—新世纪以来澳大利亚基础教育改革研究[D]. 上海:华东师范大学,2015.

[19] 罗娴. "为澳大利亚而教"项目研究[D]. 重庆:西南大学,2013.

[20] 田洁. 澳大利亚农村教师合作培养项目研究[D]. 武汉:华中师范大学,2017.

[21] 丛玉婷. 澳大利亚志愿者教师培养策略研究[D]. 沈阳:辽宁师范大学,2018.

[22] 刘玲. 21 世纪澳大利亚农村学校师资保障策略研究[D]. 桂林:广西师范大学,2017.

[23] 黄欣荣. 复杂性科学的方法论研究[D]. 北京:清华大学,2005.

[24] 张衡. 农村留守儿童受教育权益保障政策研究[D]. 武汉:华中师范大学,2015.

[25] 聂雯. 社会公益组织参与教育扶贫模式的优化研究[D]. 南京:南京大学,2019.

[26] 麦爱弟. 澳大利亚预备教师教育外部质量保障体系研究[D]. 昆明:云南师范大学,2022.

[27] FUQUA M. Australian Rural Pathways Advisors: Narratives of Place and Practice [D]. Melbourne: Monash University, 2019.

[28] HAL A. National Board Certification: The Impact on Teaching Practices of Three Elementary Teachers[D]. East Tennessee State University, 2012.

[29] HEIDLEBAUGH-BUSKEY P. A Multiple Case Study on the Phenomenon of Culturally Responsive Pedagogy in Rural Western North Carolina[D]. Cullowhee, NC: Western Carolina University, 2013.

[30] OLIVEIRA J. Predicatiblity of Teacher Retention in Montana's Rural Elementary Schools[D]. Missoula, MT: University of Montana, 2015.

[31] SCHAFFT K, JACKSON A. Rural Education for the Twenty-First Century: Identity, Place, and Community in a Globalizing World[D]. University Park, PA: The Pennsylvania State University Press, 2010.

报告类:

[1] RANDELL S. Learning to Share: A Report on the Disadvantaged Country Areas Program for 1978. Volume Two[R]. Australia, 1978-01-12.

报刊类:

[1] 李晶晶. 乡村振兴战略下乡村教育何以赋能"三农"发展[N]. 光明日报,2022-12-17.

[2] 白芸. 他们为什么能扎根乡村教育大地[N]. 中国教师报,2023-03-22.

[3] 周明星等. 乡村职业教育呼唤"浓乡型"教师[N]. 中国教育报,2015-12-17.

[4] HUDSON S, DOSSEL K, HUDSON P. Reading Squadron: Crossing Borders in Literacy Experiences for Preservice Teachers [N]. Australian Teacher Education Association,2009.

电子文献类:

[1] 美国田纳西州加强对农村学区与教师支持. [EB/OL]. (2021-10-19)[2022-12-23]. http://cice. shnu. edu. cn/76/bc/c26051a751292/page. htm.

[2] 美国改进 TEACH 教师教育资助计划[EB/OL]. (2021-07-01)[2022-11-22]. http://cice. shnu. edu. cn/64/1f/c18762a746527/page. htm.

[3] 英国大学在职前教师教育中的角色与贡献[EB/OL]. (2021-06-17)[2022-12-23]. http://cice. shnu. edu. cn/66/ca/c18762a747210/page. htm.

[4] 芬兰:确保教师教育高吸引力[EB/OL]. (2020-09-09)[2022-12-26]. http://untec. shnu. edu. cn/16/f4/c26039a726772/page. htm.

[5] 教育部推进教育脱贫攻坚有关情况[EB/OL]. (2018-12-28)[2022-4-22]. http://www. moe. gov. cn/jyb_xwfb/xw_fbh/moe_2069/xwfbh_2018n/xwfb_20181228/sfcl/201812/t20181228_365166. html.

[6] 2018 年全国义务教育均衡发展督导评估工作报告[EB/OL]. (2019-3-26)[2023-1-31]. http://www. moe. gov. cn/fbh/live/2019/50415/sfcl/201903/t20190326_375275. html.

[7] 教育部关于实施卓越教师培养计划 2.0 的意见. [EB/OL]. (2018-09-30)[2022-11-17]. http://www. moe. gov. cn/srcsite/A10/s7011/201810/t20181010_350998. html.

[8] 教育部等六部门关于加强新时代乡村教师队伍建设的意见. [EB/OL]. (2020-07-31)[2022-06-25]. http://www. gov. cn/zhengce/zhengceku/2020/09/04/content_5540386. htm.

[9] 国务院办公厅关于印发乡村教师支持计划(2015—2020 年)的通知. [EB/OL]. (2015-06-08)[2021-11-17]. http://www. gov. cn/zhengce/content/2015-06/08/content_9833. htm.

[10] 中共中央 国务院关于全面深化新时代教师队伍建设改革的意见. [EB/OL]. (2018-01-31)[2022-11-17]. http://www. gov. cn/zhengce/2018-01/31/content_5262659. htm? tdsourcetag=s_pcqq_aiomsg.

[11] National Teacher Workforce Action Plan [EB/OL]. (2022-12-15)[2022-12-20]. https://www. education. gov. au/resources/teaching-and-school-leadership.

[12] Australian professional standards for teachers. [EB/OL]. (2020-01-01)[2022-12-23]. https://www. aitsl. edu. au/standards.

［13］Colorado Rural Teaching Fellowship. ［EB/OL］. （2023-04-15）［2023-7-23］. https：//www. unco. edu/colorado-center-for-rural-education/stipends/rural-teaching-fellow. aspx.

［14］2022 CAEP Standards. ［EB/OL］. （2022-01-24）［2023-06-15］. http：//www. caepnet. org/standards/2022-itp/introduction.

［15］2022 CAEP Advanced-Level Standar-ds［EB/OL］. （2022-01-24）［2022-12-16］. https：//caepnet. org/standards/2022-adv.

［16］States are Leading to Deliver a High-Quality Education to Each and Every Child. ［EB/OL］. （2021-01-12）［2022-11-30］. https：//ccsso. org/about.

［17］Teacher Education Assistance for College and Higher Education Grant （TEACH Grant）［EB/OL］. （2021-07-01）［2022-11-08］. https：//www. ed. gov/news/press-releases/department-education-implements-teach-grant-program-changes-benefit-teacher s-and-students.

［18］MAT Elementary Education. ［EB/OL］. （2021-06-24）［2022-03-05］. https：//www. montana. edu/education/grad/mat/matelementary. html.

［19］Report on the Condition of Education 2021［EB/OL］. （2021-11-01）［2022-1-16］. https：//nces. ed. gov/pubs2021/2021144. pdf.

［20］Young people consider teacher education to be of high quality and the job of a teacher to be meaningful［EB/OL］. （2020-09-09）［2022-12-28］. https：//okm. fi/en/-/young-people-consider-teacher-education-to-be-of-high-quality-and-the-job-of-a-teacher-to-be-meaningful.

［21］National ProgramStandards-Application of the ProgramStandards. ［EB/OL］. （2019-10-23）［2022-12-23］. https：//www. aitsl. edu. au/deliver-ite-programs/standards-and-procedures.

［22］Next Steps：Report of the Quality Initial Teacher Education Review［EB/OL］. （2022-02-24）［2022-12-29］. https：//www. education. gov. au/quality-initial-teacher-education-review.

［23］Programmefor International Student Assessment（PISA）Resultsfrom PISA 2018：Australia［EB/OL］. （2019-02-27）［2022-4-24］. https：//www. oecd. org/pisa/publications/PISA2018_CN_AUS. pdf.

［24］Professional Development School （PDS） State College Area School District-Penn State College of Education［EB/OL］. （2017-12-14）［2022-12-24］. https：//www. scasd. org/domain/30.

［25］Nonprofit, philanthropic partnership expands support for Tennessee rural school districts and teachers［EB/OL］. （2021-10-19）［2022-12-22］. https：//www. niet. org/newsroom/show/pressrelease/nonprofit-philanthropic-partnership-expands-support-

Tennessee-rural-districts.

[26] Education (Vocational Education and Training Reform) Amendment Act 2020[EB/OL]. (2019-08-01) [2022-12-24], https://www.govt.nz/organisations/teaching-council-of-aote/aroa-new-zealand.

[27] Initial teacher education discussion paper launched. [EB/OL]. (2021-07-19)[2022-12-20]. https://ministers.dese.gov.au/tudge/initial-teacher-education-discussion-paper-launched.

[28] The Teaching Council of Aotearoa New Zealand[EB/OL]. (2021-01-01) [2022-10-23]. https://www.govt.nz/organisations/teaching-council-of-aote/aroa-new-zealand.

[29] Rural and Remote Education: A blueprint for action[EB/OL]. (2023-02-09)[2022-4-23]. https://education.nsw.gov.au/teaching-and-learning/curriculum/rural-and-distance-education/media/documents/Rural-and-Remote-Education-Blueprint-accessible.pdf.

附　录

附录一：

小学教育专业乡村定向师范生培养现状调查问卷

亲爱的同学：

你好，非常感谢你参加本次调查！请你认真阅读指导语，按实际情况作答，本次调查为匿名调查，调查内容仅做科学研究使用，请放心填写。祝你生活愉快！

小教师范生培养现状调研组

2022 年 10 月

基本信息

1. 性别：□ 男　□ 女

2. 年级：□ 一年级　□ 二年级　□ 三年级　□ 四年级

3. 户籍：□ 城镇　□ 农村

4. 家庭月人均收入(元)：

　　□ 2 000 以下　□ 2 000～3 000　□ 3 000～4 000　□ 4 000～5 000

　　□ 5 000 以上

5. 主修学科：□ 语文　□ 数学　□ 英语

6. 辅修学科：□ 音乐　□ 美术　□ 科学

7. 专业报考动机：□ 自主选择　□ 父母和他人建议　□ 谋求一份工作　□ 其他

8. 专业录取方式：□ 第一志愿　□ 其他方式　□ 调剂、转专业等

9. 请你对自己选择专业的考虑因素从强到弱进行排序。

考虑因素	排序
就业形势	
经济收入	
工作条件	
社会地位	
竞争压力	
其他	

乡村定向师范生职业认知情况

单选题(1. 非常同意;2. 比较同意;3. 既不同意也不反对;4. 比较不同意;5. 非常不同意。)

序号	题干	选项				
		1	2	3	4	5
1	乡村教师社会地位高。					
2	乡村教师工作稳定、有保障。					
3	乡村教师收入高、福利好。					
4	乡村教师对社会贡献大。					
5	乡村教师工作富有挑战性。					
6	乡村教师能从工作中获得快乐和满足。					
7	乡村教师能实现自身价值。					
8	乡村教师能对学生的发展创造有利条件。					
9	乡村教师能实现我的人生价值。					
10	乡村教师和城镇教师同样有价值,甚至更伟大。					
11	当乡村老师能实现我的理想。					
12	毕业后即使有选择其他职业的机会,我仍会选择当教师。					
13	我愿意我的亲戚朋友做乡村教师。					
14	我感觉乡村教育与自己密切相关。					
15	当听到赞扬乡村教师的话语时,我会很开心。					
16	我能从乡村教育工作中获得快乐和幸福感。					
17	从事乡村教育使我的生活充满激情与活力。					
18	我会主动关注国家的乡村教育政策。					
19	我会为帮助乡村留守儿童努力学习心理学知识。					

乡村定向师范生培养课程评价情况

单选题(1. 非常同意;2. 比较同意;3. 既不同意也不反对;4. 比较不同意;5. 非常不同意。)

序号	题干	选项				
		1	2	3	4	5
1	我认为教育认知方面的课程设置很合理。					
2	我认为教学设计方面的课程设置很合理。					
3	我认为交流互动方面的课程设置很合理。					
4	我认为班级管理方面的课程设置很合理。					
5	我认为教学策略方面的课程设置很合理。					
6	我从教学设计方面的课程中收获颇丰。					
7	我从交流互动方面的课程中收获颇丰。					
8	我从班级管理方面的课程中收获颇丰。					
9	我从教学策略方面的课程中收获颇丰。					
10	我认为教学设计方面的课程能帮助我成为一名合格甚至卓越的乡村教师。					
11	我认为交流互动方面的课程能帮助我成为一名合格甚至卓越的乡村教师。					
12	我认为班级管理方面的课程能帮助我成为一名合格甚至卓越的乡村教师。					
13	我认为教学策略方面的课程能帮助我成为一名合格甚至卓越的乡村教师。					
14	我从教育认知方面的课程中收获颇丰。					
15	我认为教学设计方面的课程实施质量很高。					
16	我认为交流互动方面的课程实施质量很高。					
17	我认为班级管理方面的课程实施质量很高。					
18	我认为教学策略方面的课程实施质量很高。					
19	我认为教育认知方面的课程能帮助我成为一名合格甚至卓越的乡村教师。					
20	我认为教育认知方面的课程实施质量很高。					

附录二：

小学教育专业乡村定向师范生培养现状调查访谈提纲
（实习指导教师）

1. 贵学校的教育实习是安排在什么时期？学校安排的教育实习周期是多久？

2. 您认为关于师范生的实习期时间够吗？在这个时间段中，您认为师范生是否能够从专业意识、知识、技能、情感、能力方面产生性质层面的变化？

3. 贵校教育实习指导教师针对学生实习工作与师范院校指导教师，进行沟通的频率如何？

4. 实习结束后，对师范生的教育实习采取怎样的评价形式呢？

5. 师范生有没有参与到你们本校的课题研讨、教育变革分析等活动？

6. 您认为乡村定向师范生专业课程设置的与实施过程中有什么问题？

7. 定向单位为高校定向师范生培养工作提供哪些支持与帮助？

8. 乡村定向师范生在课程设置实施过程中存在什么问题吗？

附录三：

小学教育专业乡村定向师范生培养现状调查访谈提纲
（定向师范生）

1. 你如何评价学校给你们安排的见习、实习活动，你认为帮助大吗？

2. 你对学校的见习、实习的安排有没有什么建议？

3. 你认为学习现有的专业课程设置的与实施过程中有什么问题？

4. 你所签订协议的教育局有没有对你们提要求？

5. 你对课题研究感兴趣吗？你觉得你的科研素养如何？你有没有参与过老师的课题研究活动？